U0142105

新白話六法系列 015

強制執行法

增訂第 5 版

蘇盈貴 · 著／蘇銘翔 · 校訂

THE LAW

書泉出版社 印行

出版緣起

　　談到法律，會給您什麼樣的聯想？是厚厚一本《六法全書》，或是莊嚴肅穆的法庭？是《洛城法網》式的腦力激盪，或是《法外情》般的感人熱淚？是權利義務的準繩，或是善惡是非的分界？是公平正義、弱勢者的保障，或是知法玩法、強權者的工具？其實，法律儘管只是文字、條文的組合，卻是有法律學說思想作為基礎架構。法律的制定是人為的，法律的執行也是人為的，或許有人會因而認為法律是一種工具，但是卻忽略了：法律事實上是人心與現實的反映。

　　翻閱任何一本標題為《法學緒論》的著作，對於法律的概念，共同的法學原理原則及其應用，現行法律體系的概述，以及法學發展、法學思想的介紹……等等，一定會說明清楚。然而在我國，有多少人唸過《法學概論》？有識之士感歎：我國國民缺乏法治精神、守法觀念。問題就出在：法治教育的貧乏。試看九年國民義務教育的教材，在「生活與倫理」、「公民與道德」之中，又有多少是教導未來的主人翁們對於「法律」的瞭解與認識？除了大學法律系的培育以外，各級中學、專科與大學教育中，又有多少法律的課程？回想起自己的求學過程，或許您也會驚覺：關於法律的知識，似乎是從報章雜誌上得知的占大多數。另一方面，即使是與您生活上切身相關的「民法」、「刑法」等等，其中的權利是否也常因您所謂的

「不懂法律」而睡著了？

當您想多充實法律方面的知識時，可能會有些失望的。因為《六法全書》太厚重，而一般法律教科書又太艱深，大多數案例式法律常識介紹，又顯得割裂不夠完整……

有鑑於此，本公司特別邀請法律專業人士編寫「白話六法」叢書，針對常用的法律，作一完整的介紹。對於撰文我們要求：使用淺顯的白話文體解說條文，用字遣詞不能艱深難懂，除非必要，儘量避免使用法律專有名詞。對於內容我們強調：除了對法條作字面上的解釋外，還要進一步分析、解釋、闡述，對於法律專有名詞務必加以說明；不同法規或特別法的相關規定，必須特別標明；似是而非的概念或容易混淆的觀念，一定舉例闡明。縱使您沒有受過法律專業教育，也一定看得懂。

希望這一套叢書，對普及法律知識以及使社會大眾深入瞭解法律條文的意義與內容等方面都有貢獻。

修訂序

　　修訂者先後任教於國立嘉義大學、國立台北護理健康大學、淡江大學、真理大學、致理科技大學、德明財經科技大學、台北城市科技大學等學校講授法律科目，深切瞭解法學用語的艱澀難懂足以使一般民眾望而生怯，並阻礙法治教育的推廣普及，從而將法律「平民化」，使其更容易被讀者理解，一直是修訂者努力的目標。此次能有機會參與蘇盈貴律師所著《新白話六法──強制執行法》的修訂工作，除了是在實踐自己的理想之外，亦感到萬分榮幸。

　　綜觀本書內容，一來運用較為平易通順的文字解釋強制執行法，使法律「平民化」；二來運用充足的篇幅，對於強制執行法的重要理論、實務見解、相關法律等進行完整闡述，因此已足供欲進一步研習強制執行法的讀者入門之用。此次修訂，主要係針對民國107年至今的法律修正進行內容調整，並就細部文字進行勘誤，本書既存的法學論點及意旨等，均未更動，以維其原本風貌。

　　筆者的父親蘇德濱先生及母親楊玉秀女士原本出生於台灣宜蘭的鄉村，為了使子嗣有較好的成長環境，當年不辭勞苦移居台北，使筆者得以接受教育、長大成人。人活得愈久，愈覺得自身渺小，今後仍將秉持「散發光與熱，直至生命盡頭」的

信念，把從上帝而來的愛、喜樂和正面能量帶向人群，回饋社會。

蘇銘翔
民國110年2月
於台灣淡水

自序

　　法律到底是世俗，還是理想？

　　對於過去，法律的確是理想；面對未來，法律只是世俗，也應該是世俗。

　　但是身為人世間規範的標竿，法律又不應該是世俗，所以它只好通俗。

　　畢竟只有通俗的法律，才能自然而然的融入人們的日常生活當中，變成人們的意識、下意識或是潛意識的一部分，法律才能真正的發揮它的力量。

　　作個不倫不類的比擬吧，這就有點像美國的好萊塢，它的成功，是因為它可以把電影變得很簡單、很有趣、很生動；它的成功是因為再怎麼枯燥的東西，也可以變得不複雜、不沉悶。

　　這些特質，才能叫作通俗，因為它照顧而且打動了人民的心。

　　簡單的說，法律或法治會成功，是因為制定法律的目的，不只是為了給那些學法律的人來研究法律，而是為了人民。

　　而西方法治之所以成功，是因為它們的法律已經紆尊降貴，走入了群眾。

　　然而，在臺灣，法律似是一件極為嚴肅的事，似乎也不是大家的事，而只是少數菁英的事而已。

　　問題是，法律有必要那麼嚴肅而乏味嗎？法律難道不能簡明扼要，直接的走入生活？

　　書泉出版社有這份抱負，希望把法律通俗化，承續民國8年五四白話文運動的努力，作為這波白話六法運動的精神標竿。

　　筆者有幸，值此強制執行法全盤修正之際，能夠受邀參與這個艱鉅的工程，為法律的通俗化，略盡棉薄之力，因此本書的撰寫，將建構在似下三個原則之上：

　　一、簡易：我國法律書籍的編寫，常反覆詰問在莫衷一是，眾說紛紜的學說裡頭，而使讀者頭昏眼花，無所適從，本書將一反傳統，力求簡易，使無法學背景或素養的人，也都能輕易瞭解，並樂於閱讀。

　　二、實務：本書的撰寫，內容上的變革，主要是依條文順序編排，捨棄龐雜學說體系，撮要刪繁，依循法條意旨，輔以參考慣例，以與實務運作相互配合。

　　三、普遍：以強制執行法規範之形式，儘可能將理論條理分明，納入其中，一反教科書及專業書籍之傳統，係以理論為架構，而將條文條理分明，打散納編之作法，希望有法學背景及無法學背景的人都能普遍適用。

　　然而，由於所學淺陋，本書誤謬之處，必然不少，對於有心於學術上更見一步者，本書誠然亦有待深究之處，凡此所憾，尚祈見諒。

　　最後，本書出版過程，承蒙王翠華、張琳、王耀安、彭惠萍四位女士，出力甚多，幫助不少，於此順致謝意。

蘇盈貴

凡例

（一）本書之法規條例，依循下列方式輯印：

1. 法規條文，悉以總統府公報為準，以免坊間版本登載歧異之缺點。

2. 法條分項，如遇滿行結束時，則在該項末加「。」符號，以與另項區別。

（二）本書體例如下：

1. 導讀：針對該法之立法理由、立法沿革、立法準則等逐一說明，並就該法之內容作扼要簡介。

2. 條文要旨：置於條次之下，以（　）表示。

3. 解說：於條文之後，以淺近白話解釋條文意義及相關規定。

4. 實例：於解說之後舉出實例，並就案例狀況與條文規定之牽涉性加以分析說明。

（三）參照之法規，以簡稱註明。條、項、款及判解之表示如下……

條：1、2、3……

項：Ⅰ、Ⅱ、Ⅲ……

款：①、②、③……

但書規定：但

前段：前、後段：後

司法院34年以前之解釋例：院……

司法院34年以後之解釋例：院解……

大法官會議解釋：釋……

最高法院判例：……臺上……

行政法院判例：行……判……

沿革

── 強制執行法 ──

1. 民國29年1月19日國民政府公布全文142條。
2. 民國34年5月16日國民政府修正公布第128、129條條文。
3. 民國37年12月31日總統令修正公布第128、129條條文。
4. 民國64年4月22日總統令修正公布第4至7、11、18、25、32、39、43、50、70、75、91、92、94至96、99、114至116、119、124、129、131、132、140條條文，並增訂第114-1至114-4條條文。
5. 民國85年10月9日總統令修正公布全文。
6. 民國89年2月2日純統令修正公布第10、20、25、27、77-1、80-1、95、115-1條條文。
7. 民國96年12月12日總統令修正公布第2、3條條文。
8. 民國100年6月29日總統令修正公布第20、21、22、23、25、28-2、77-1、122、128、129條條文；增訂第28-3條條文。
9. 民國103年6月4日總統令修正公布第1、77、77-1、81條條文。
10. 民國107年6月13日總統令修正公布第65、84、122、142條條文。
11. 民國108年5月29日總統令修正公布第115-1條條文。

目　錄
Contents

第一章

總　則

　　強制執行制度攸關私法權利之實現，係民事程序的最後階段。

　　強制執行既為求實現私法上的請求權，則如何維護其執行債權程序的合法性及實體的正當性，並求迅速執行，以發揮其功能所在此強制執行法之所由設也。

　　惟我國強制執行法制定於民國25年7月3日，公布施行於民國29年1月19日，其間，分別於民國34年及37年稍作修正，民國64年雖有較大幅度之修正，然迄今凡三十餘年，社會邊動，係當初所難想像。

　　因此，為因應社會之變動，民國85年9月17日，第四次為全面性的檢討修正，總統則於同年10月9日正式公布。

　　本書將有關總則部分計分為：

（一）執行機關。

（二）執行名義。

（三）如何聲請強制執行。

（四）強制執行的救濟。

（五）責任財產之發見。

（六）對人的執行。

（七）執行費用。

　　七個部分，凡四十七條。

第一節　執行機關

第1條（執行機關及強制執行之原則）
民事強制執行事務，於地方法院及其分院設民事執行處辦理之。
強制執行應依公平合理之原則，兼顧債權人、債務人及其他利害關係人權益，以適當之方法為之，不得逾達成執行目的之必要限度。

解說

　　強制執行之目的，在於為求滿足債權人私法上的請求權，因此，必須藉助執行機關，俾對債務人施予強制力，始能強制債務人履行債務。

　　至於相關的執行機關為何？本法明定地方法院及其分院均應設民事執行處，辦理強制執行事項。即我國強制執行機關採單元制，由民事執行處負責辦理，而民事執行處則僅設於地方法院及其分院，蓋地方法院與執行標的物所在地及債務人住所地較為接近，是由地方法院或其分院為強制執行，較為便捷之故。

　　另外，強制執行雖與行政執行不同，前者在滿足債權人私法上的請求權，後者則在求國家有關公法上目的規範的實現。

　　強制執行為國家為滿足債權人私法上請求權所為的執行程序，因此在執行時，自應受到公平合理原則、比例原則（適當性原則、必要性原則、衡平性原則）等的約束，因此本條第2項規定，強制執行應依公平合理之原則，兼顧債權人、債務人

及其他利害關係人權益（利益衡平原則），以適當之方法為之（適當性原則），不得逾達成執行目的之必要限度（必要性原則）。

（一）釋字第16號解釋：

強制執行法施行後，強制執行僅得由法院為之。行政官署依法科處之罰鍰，除依法移送法院辦理外，不得逕就抗不繳納者之財產，而為強制執行。本院院解字第3308號解釋，仍應適用。

（二）釋字第35號解釋：

對人民財產為強制執行，非有強制執行法第4條所列之執行名義，不得為之。行政機關係依法科處罰鍰之公文書，如法律定有送由法院強制執行或得移送法院辦理者，自得認為同法第4條第6款所規定之執行名義，否則不能逕據以為強制執行。

> **第2條**（民事執行處之組織）
> 民事執行處置法官或司法事務官、書記官及執達員，辦理執行事務。

解說

地方法院民事執行處原本設置之法定人員，僅有法官、書記官及執達員。後司法院為建構所謂「金字塔型的訴訟制度」，使法官能專心致力於審判工作並減輕其工作負擔，因此修正法院組織法，增設司法事務官，使其能代替法官處理一些

3

性質上非屬審判的非訟事務，包括：強制執行事件、非訟事件
返還擔保金事件、調解程序事件、督促程序事件、保全程序事
件、公示催告程序裁定事件、確定訴訟費用額事件等。為配合
法院組織法之修正，因此本條亦將「司法事務官」置入民事執
行處之法定人員中。關於法官、司法事務官、書記官及執達員
所負責之職務內容，請參閱第3條的解說。

法院組織法第17條之2

　　司法事務官辦理下列事務：

　　一、返還擔保金事件、調解程序事件、督促程序事件、保
　　　　全程序事件、公示催告程序裁定事件、確定訴訟費用
　　　　額事件。

　　二、拘提、管收以外之強制執行事件。

　　三、非訟事件法及其他法律所定之非訟事件。

　　四、其他法律所定之事務。

　　司法事務官得承法官之命，彙整起訴及答辯要旨，分析卷
證資料，整理事實及法律疑義，並製作報告書。

　　司法事務官辦理第1項各款事件之範圍及日期，由司法院
定之。

第3條（執行事件之辦理人員）
強制執行事件，由法官或司法事務官命書記官督同執達員辦
理之。
本法所規定由法官辦理之事項，除拘提、管收外，均得由司
法事務官辦理之。

解說

　　強制執行法第1條第1項：「民事強制執行事務，於地方法院及其分院設民事執行處辦理之。」

　　第2條：「民事執行處置法官或司法事務官、書記官及執達員，辦理執行事務。」

　　第3條第1項：「強制執行事件，由法官或司法事務官命書記官督同執達員辦理之。」

　　此三條條文明確指出，所謂民事執行處之組織，包括法官或司法事務官、書記官以及執達員。

　　在民事執行機關中，以執行法官或司法事務官為主體。因此，辦理強制執行事件，執行法官或司法事務官可自行處理，也可命令書記官督同執達員處理。

　　而書記官辦理民事執行，不論是查封（動產或不動產）、製作查封筆錄或拍賣筆錄、分配表、分配筆錄、拍賣動產等，都應依照法官或司法事務官的命令為之。

　　執達員辦理民事執行，應受執行法官或司法事務官及書記官的指揮監督。

　　但是，有關聲請或聲明異議的裁定。強制執行法定要件有無欠缺的調查、不動產拍賣的開標、指定分配期日、許可為休息日或日出前日沒後的查封等，則應由法官或司法事務官自行辦理，不能交由書記官、執達員辦理。

 參考資料

53臺抗字第195號：

　　強制執行法第86條既僅規定以投標方法拍賣不動產時，執行法院得酌定保證金額命投標人於開標前繳納之，而未定明應

繳何處,則投標人投標前果將應繳之保證金遵命繳交執行推事或書記官,按諸同法第3條即難謂其繳納不符法定要件,而有同法第89條所謂投標應繳納保證金而未繳納者,其投標無效規定之適用。

第3條之1（強制力之實施）
執行人員於執行職務時,遇有抗拒者,得用強制力實施之。但不得逾必要之程度。
實施強制執行時,為防止抗拒或遇有其他必要之情形者,得請警察或有關機關協助。
前項情形,警察或有關機關有協助之義務。

解說

　　執行法官、書記官、執達員於為民事執行時,遇有抗拒,則得以強制力加以排除,但仍不得逾越必要程度。

　　所謂強制力,指執行人員直接對抵抗者或障礙物為排除抗拒的措施,例如將債務人抬離現場,或以強力打開或破壞鑰匙等。

　　所謂不得逾必要程度,指權衡比較實施強制執行所得的利益與使用強制力所造成的損害,兩者是否相當而言。

　　執行人員於民事執行時,雖得使用強制力,然債務人若認為此強制力之使用已逾必要程度時,得聲明異議。

　　而執行人員亦得請求警察或有關機關協助;且此協助,不必一定於發生抗拒時,也可以於事前,以期能防患未然。

第二節　執行名義

第4條（執行名義）

強制執行，依下列執行名義為之：

一、確定之終局判決。

二、假扣押、假處分、假執行之裁判及其他依民事訴訟法得為強制執行之裁判。

三、依民事訴訟法成立之和解或調解。

四、依公證法規定得為強制執行之公證書。

五、抵押權人或質權人，為拍賣抵押物或質物之聲請，經法院為許可強制執行之裁定者。

六、其他依法律之規定，得為強制執行名義者。

執行名義附有條件、期限或須債權人提供擔保者，於條件成就、期限屆至或供擔保後，始得開始強制執行。

執行名義有對待給付者，以債權人已為給付或已提出給付後，始得開始強制執行。

解說

　　所謂執行名義，係指債權人據以聲請民事強制執行的依據，即強制執行的基礎所在，也是為強制執行必備的法定要件。

　　執行名義是表示私法上給付請求權存在及範圍如何的公文書。

　　有執行名義，債權人才可以聲請強制執行，執行機關也才可據以強制執行。因此，只要債權人提出執行名義，執行機關

就應該立刻進行強制執行，不需要再調查債權人依照實體法是否有執行名義上所說的請求權。

萬一債權人實體上的權利，在執行名義成立後，已經消滅，例如債務人已經清償。這時，債務人仍可藉由提起債務人異議之訴，取得反對強制執行的依據（名義），而排除強制執行，以保障自己的權利。

執行機關依據執行名義所作的強制執行，不問是否與實際相符，也不問執行名義所表示的請求權是否存在，均有效力，拍定人仍可取得拍賣物的所有權；債務人在執行程序終結後，只能依照不當得利或侵權行為的規定，另行請求救濟。

執行名義的要件

執行名義必須同時具備形式要件與實質要件。

（一）執行名義的形式要件有三：

1.必須是公文書：如果是私文書則不得為執行名義。

2.必須表明強制執行的債權人與債務人：執行法院如果依據非債權人的聲請，或是對於非債務人的人為強制執行，這些強制執行都是無效。

3.必須具體表明強制執行的給付種類、態樣及範圍。

（二）執行名義的實質要件亦有三：

1.必須是命令債務人為給付行為：因此如果是判決，必須是給付判決，否則，確認判決在判決確定時，原被告間法律關係已確定存在或不存在，無待事後的強制執行，而形成判決，因為判決的形成力，已形成新的法律關係，也不需要強制執行，故均不許為執行名義。

2.必須給付的性質適於強制執行：例如命夫妻履行同居義

務的確定判決，如果予以強制執行，有侵害人權之虞，故不許為強制執行。

3. 必須給付的內容是客觀上可能、確定、適法：如果判決命被告交付美金一定的金額，但在判決確定後，法律上已禁止外匯流通，則該給付自不得強制執行。

執行名義的種類

執行名義以法律列舉明定者為限，不許類推解釋，亦不許當事人自己合意，因此，得為執行名義者，只有六種：

（一）**確定的終局判決**：所謂確定的終局判決，指當事人對該判決已經不能依照通常的聲明不服或上訴的方式，請求廢棄或變更者而言。

（二）**假扣押、假處分、假執行之裁判及其他依民事訴訟法得為強制執行的裁判**：所謂假扣押裁定，係債權人就金錢請求或可變更為金錢請求的請求，在判決確定前，以日後有不能強制執行或甚難執行之虞為由，欲保全強制執行，而聲講法院所為的裁定（參見民訴§522、523）。所謂假處分裁定，亦在判決確定前，但係就金錢以外的請求，因為請求標的物的現狀變更，有日後不能強制執行或甚難執行之虞，或就爭執的法律關係，有定暫時狀態的必要，聲請法院所為的裁定（參見民訴§532、538-4）。

所謂假執行裁判，則係對於還沒有確定的終局判決有宣告假執行者，賦予與確定判決相同的執行力。其目的，在於防止「歹戲拖棚」，防止敗訴的債務人濫用上訴制度以拖延執行，而損及債權人的利益。

至於所謂其他依民事訴訟法得為強制執行之裁判，則散見於民事訴訟法中，例如民事訴訟法第521條所定的支付命令、第89條至第91條所定的訴訟費用等。

（三）**依民事訴訟法成立的和解或調解**：本款之和解，非指一般當事人的和解，而係指訴訟上的和解，也就是說係法院依照民事訴訟法第377條之規定，於言詞辯論時，或使受命法官試行和解而成立者；此訴訟中之和解成立與確定判決有同一的效力（參見民訴§380Ⅰ），因此得為執行名義。

所謂依民事訴訟法成立的調解，係指法院依民事訴訟法所定的調解程序所成立的調解而言；調解成立與訴訟上和解有同一的效力（參見民訴§416），因此，若該調解內容所定的給付，適於強制執行者，則該調解筆錄自得為執行名義。

（四）**依公證法規定得為強制執行的公證書**：指法院的公證人依公證法規定作成的公證書，並不包括經公證人依公證法認證的私文書。

（五）**法院許可拍賣抵押物或質物的裁定**：抵押權人聲請法院裁定拍賣抵押物，如抵押權已登記、債權清償期已屆期，法院應即為准許拍賣的裁定，此種裁定，不必確定，即得為執行名義（參見民§873）。

又，質權人於債權已屆清償期，而未受清償，得拍賣質物，就其賣得價金受償（參見民§893），亦得聲清法院為許可拍賣質物之裁定，以之為執行名義。

（六）**其他依法律之規定，得為強制執行名義者**：所謂其他法律，不問公法或私法均屬之，但不包括命令。

（一）22抗字第2692號：

　　違法判決並非當然無效，故給付判決一經確定，無論其判斷是否違法，執行法院均應依債權人之聲請開始執行，債務人不得以判決違法為理由聲明異議。

（二）41臺抗字第87號：

　　黃金自民國40年4月9日禁止自由買賣後，關於判令給付黃金之裁判，即未為「無黃金時應按照臺灣銀行牌價折算現款」之明白宣示，亦應認為有此含義，執行法院應按此原則處理，此為當然之解釋。

（三）49臺抗字第137號：

　　執行法院就訴訟上成立之和解而為強制執行，應依其已確定之內容為之，如未經和解內容確定之事項，於執行中發生爭執時，除另案起訴求解決外，自不得貿予執行。

（四）56臺抗字第224號：

　　和解成立者與確定判決有同一之效力，且得為執行名義，民事訴訟法第380條第1項及強制執行法第4條第3款定有明文。故土地登記規則第26條第2項所謂確定判決書，應包括與確定判決有同一效力之和解在內。

（五）56臺抗字第492號：

　　有執行名義之債權人聲明參與分配者，固僅須提出該執行名義之證明文件為已足，而無執行名義之債權人聲明參與分配時，除應提出其債權之證明外，並需釋明債務人無其他財產足供清償，始得准許，此就強制執行法第34條第1、2項之規定觀之甚明。至債權人提出第一審法院之民事判決聲明參與分配，其能否認為有執行名義，參照同法第4條第1、2款所定，當視

其是否為確定之終局判決，抑或宣告假執行之判決為斷。

（六）釋字第35號解釋：

　　對人民財產為強制執行，非有強制執行法第4條所列之執行名義，不得為之。行政機關依法科處罰鍰之公文書，如法律定有送由法院強制執行，或得移送法院辦理者，自得認為同法第4條第6款所規定之執行名義，否則不能逕據以為強制執行。

（七）63臺抗字第376號：

　　強制執行事件之當事人，依執行名義之記載定之。應為如何之執行則依執行名義之內容定之。至於執行事件之債權人有無執行名義所載之請求權，執行法院無審認判斷之權。

（八）70臺上字第468號：

　　票據上之權利對支票發票人，自發票日起算一年間不行使，因時效而消滅，為票據法第22條第1項所明定。又強制執行法第4條第3項固規定：依該法條第1項第1款或第3款之執行名義，聲請強制執行者，自執行名義成立之日起，其原有請求權之消滅時效期間，不滿五年者延長為五年。惟強制執行法係民國64年4月22日修正公布此種關於實體上權利義務效力之規定，依法律不溯既往之原則，應限於新法施行後成立之執行名義，始有其適用，至成立於該法修正施行前者，仍應依原權利之性質，定其長短，不因裁判上之確定或已聲請強制執行而變更。

（九）75臺上字第1035號：

　　鄉鎮市（區）調解委員會依鄉鎮市調解條例調解成立之民事調解，如經法院核定，即與民事確定判決有同一之效力，該條例第24條第2項前段定有明文。而經法院核定之民事調解，有得撤銷之原因者，依同條例第26條第1項規定，當事人得向

原核定法院提起撤銷調解之訴。當事人欲求救濟，唯有循此方法為之，殊無依民法第92條第1項規定聲明撤銷之餘地。兩造依鄉鎮市調解條例成立之調解，業經法院核定，即令有如上訴人所稱得撤銷之原因，在上訴人提起撤銷調解之訴，並得有勝訴之確定判決以前，被上訴人仍得據為執行名義，聲請強制執行。

第4條之1（許可執行之訴之管轄法院）
依外國法院確定判決聲請強制執行者，以該判決無民事訴訟法第四百零二條各款情形之一，並經中華民國法院以判決宣示許可其執行者為限，得為強制執行。
前項請求許可執行之訴，由債務人住所地之法院管轄。債務人於中華民國無住所者，由執行標的物所在地或應為執行行為地之法院管轄。

解說

有關本條規定應注意者，在於外國判決之執行，並不同於對外國判決之承認，簡言之，承認外國判決，只是基於國與國之間的尊重，至於外國判決之執行，則須我國法院以裁判加以授權，此外國判決在我國始有執行力可言，依此，執行判決應具備下述三要件：

（一）須為外國法院所為之確定判決。

（二）此外國判決須無民事訴訟法第402條所列之情形，即：

　　　1.依中華民國之法律，外國法院無管轄權者。2.敗訴之被告未應訴者。但開始訴訟之通知或命令已於相當時期

在該國合法送達，或依中華民國法律上之協助送達者，不在此限。3.判決之內容或訴訟程序，有背中華民國之公共秩序或善良風俗者。4.無相互之承認者。

（三）仍須經由我國法院以判決宣示許可為強制執行。

第4條之2（執行名義對第三人之效力）

執行名義為確定終局判決者，除當事人外，對於下列之人亦有效力：

一、訴訟繫屬後為當事人之繼受人及為當事人或其繼受人占有請求之標的物者。

二、為他人而為原告或被告者之該他人及訴訟繫屬後為該他人之繼受人，及為該他人或其繼受人占有請求之標的物者。

前項規定，於第四條第一項第二款至第六款規定之執行名義，準用之。

解說

對於具體的執行名義，何人可以聲請強制執行，或是對於何人可以實施強制執行，也就是執行當事人如何才是適格，已有明確的規定，亦稱執行力的主觀範圍；可分為確定判決及確定判決以外的執行名義：

（一）確定判決。確定判決執行力的主觀範圍有五：

　　1.當事人。

　　2.訴訟繫屬後為當事人的繼受人：此種情形又可一分為二：即(1)一般繼受人：指自然人死亡或法人消滅，概括

繼承其權利義務者；(2)特定繼受人：指受讓訴訟標的之人。訴訟標的如果是對人的關係，必須繼受該訴訟標的之權利或義務者始為特定繼受人，訴訟標的如果是對物的關係，只要是繼受該訴訟標的物者就是特定繼受人。

3.訴訟繫屬後為當事人或其繼受人占有請求的標的物者：指專為當事人或其繼受人的利益，占有標的物之人，例如保管人、受寄人、受任人等。

4.對於為他人為原告或被告者之該他人及訴訟繫屬後為該他人之繼受人及為該他人或其繼受人占有請求的標的物者：例如遺產管理人或遺囑執行人，就遺產之訴訟為當事人，其判決效力及於繼承人。破產管理人就屬於破產財團的財產為訴訟當事人，其判決效力及於破產人。被選定人為當事人訴訟，判決的效力及於該選定人等。

5.因參加人承控訴訟而脫離訴訟的當事人：依民事訴訟法第64條，參加人承當訴訟時，其所輔助的當事人脫離訴訟，但該案判決對脫離的當事人，仍有效力。

（二）確定判決以外的執行名義：確定判決以外的執行名義，其執行力的主觀範圍，得準用前述有關確定判決執行力的主觀範圍，固無疑義；但如本票裁定後，執票人再將本票債權讓與第三人者，受讓人是否可以主張其為特定繼受人而聲請強制執行？在舊法時期，因為強制執行法沒有特別規定，故無法援用；新法既已規定確定判決以外執行名義的執行力，準用確定判決的規定，則本票裁定後的特定繼受人，自亦應為執行力所及。

參考資料

（一）民事訴訟法第401條：

　　確定判決，除當事人外，對於訴訟繫屬後為當事人之繼受人者，及為當事人或其繼受人占有請求之標的物者，亦有效力。

　　對於為他人而為原告或被告者之確定判決，對於該他人亦有效力。

　　前二項之規定，於假執行之宣告準用之。

（二）18上字第2521號：

　　確定判決，對於當事人及訴訟拘束後為當事人之承繼人，俱有效力。

（三）19上字第2378號：

　　判決對於案外之第三人，無拘束之效力。

（四）23上字第3618號：

　　參加人對於其所輔助當事人，雖不得主張本訴訟之裁判不當，但參加人非民事訴訟法第391條第1項所謂當事人，其與他造當事人間之關係，自非確定判決之既判力所能及。

（五）26渝上字第247號：

　　繼承人對於被繼承人之債務，雖與他繼承人負連帶責任，但連帶債務人中之一人所受之確定判決，除依民法第275條之規定，其判決非基於該債務人之個人關係者，為他債務人之利益亦生效力外，對於他債務人不生效力。故債權人對於繼承人甲未得有確定判決或其他之執行名義時，不得依其與他繼承人間之確定判決，就該繼承人甲所有或與他繼承人公同共有之財產，為強制執行。

（六）29抗字第125號：

　　訴訟繫屬前已將請求標的物之所有權移轉於第三人者，依民事訴訟法第400條第1項之規定，該訴訟之確定判決，對於該第三人及為該第三人占有此項請求標的物之人，不生效力，即不能對於該第三人或為該第三人占有此項請求標的物之人，為強制執行。

（七）30上字第125號：

　　本件訟爭房地原為某甲所有，民國18年由某甲賣與被上訴人管業，民國23年3月23日，某甲對被上訴人提起確認契約無效，即房地所有權存在之訴，經長安地方法院於民國25年12月11日判決，認被上訴人已受讓訟爭房地之所有權，將某甲之訴駁回確定在案，既為原審合法認定之事宜，則上訴人雖於民國23年11月30日因對某甲求償債款事件，強制執行之結果，受訟爭房地所有權之移轉，然已在某甲對被上訴人訴請確認契約無效事件之訴訟繫屬後，前開之確定判決對於就訟爭房地居特定繼承人地位之上訴人，亦有效力，上訴人自不得否認其已受讓訟爭房地之所有權。

（八）33上字第1567號：

　　確定判決，除當事人外，對於訴訟繫屬後為當事人之繼承人，亦有效力，民事訴訟法第400條第1項定有明文。所謂繼承人，包括因法律行為而受讓訴訟標的之特定繼承人在內。

（九）33上字第6056號：

　　遺產管理人或遺囑執行人就遺產為訴訟，破產管理人就屬於破產財團之財產為訴訟，被選定之訴訟當事人為全體有共同利益之人為訴訟，依民事訴訟法第400條第2項之規定，其所受判決對於遺產繼承人、破產人或其他有共同和益之人固亦有既

判力，惟夫或妻以自己名義與人涉訟，所受之判決，對於妻或夫非當然亦有效力。

（十）42臺上字第1115號：

　　某乙移轉系爭房屋所有權於上訴人，已在被上訴人對某乙訴請拆屋交地事件之訴訟繫屬以後，既為上訴人所不否認，則被上訴人與某乙間拆屋交地之確定判決，依民事訴訟法第400條第1項之規定，對於就系爭房屋居於特定繼承之地位之上訴人，亦有效力。

（十一）44臺上字第76號：

　　土地法第104條第1項後段所謂房屋優先購買權，係指買賣契約訂立請求權而言，兩造別一訴訟事件確定判決，既經確認系爭房屋被上訴人有優先購買權存在，則上訴人即應受其既判力之拘束，負有就系爭房屋與被上訴人訂立買賣契約之義務。

（十二）61臺上字第2835號：

　　在日據時期，訴訟法上和解之成立，記載於和解調書者，與確定判決有同一之效力；又確定判決，對於當事人及於言詞辯論終結後為當事人之繼承人者，有其效力。分別為當時有效之日本民事訴訟法第203條、第201條第1項所明定。本件土地之當時共有人某甲、某乙、某丙、某丁於日據昭和17年12月21日在臺南地方法院控訴審受命推事履勘現場時，成立訴訟上之和解分割共有土地（持分四分之一），由某丙取得五分之二，某甲、某乙、某丁各取得五分之一，其詳細分割方法載明於和解調書，並有圖面表示。原審既認兩造對於上開和解之事實及和解調書之真正，均不爭執，則依當時之日本民法第176條之規定（物權之設定及移轉僅因當事人意思表示一致而生效力），自和解成立時起，已生如和解調書所載分割之效力，不

因未依約定於一個月內申請分割登記而受影響。此項日據時期
訴訟上和解之效力，與我民事訴訟法第380條第1項、第401條
第1項之規定相同，依同法第402條規定，自應認其效力。至於
臺灣光復後仍依日據時期之土地登記簿持分各四分之一登記，
係不合真實情形之登記，亦不影響當時因和解成立而各已取得
之單獨所有權。被上訴人某己、某戊、某庚，係和解當事人某
丁之特定繼承人，為和解確定力之所及，依民事訴訟法第380
條第1項、第400條第1項規定，不得更行訴請分割。

（十三）61臺再字第186號：

　　民事訴訟法第401條第1項所謂繼受人，依本院33年上字第
1567號判例意旨，包括因法律行為而受讓訴訟標的之特定繼承
人在內。而所謂訴訟標的，係指為確定私權所主張或不認之法
律關係，欲法院對之加以裁判者而言。至法律關係，乃法律所
定為權利主體之人，對於人或物所生之權利義務關係。惟所謂
對人之關係與所謂對物之關係，則異其性質。前者係指依實
體法規定為權利主體之人，得請求特定人為特定行為之權利義
務關係，此種權利義務關係僅存在於特定之債權人與債務人之
間，倘以此項對人之關係為訴訟標的，必繼受該法律關係中之
權利或義務人始足當之，同法第254條第1項亦指此項特定繼受
人而言。後者則指依實體法規定為權利主體之人，基於物權，
對於某物得行使之權利關係而言，此種權利關係，具有對世效
力與直接支配物之效力，如離標的物，其權利失所依據，倘以
此項對物之關係為訴訟標的時，其所謂繼受人凡受讓標的物之
人，均包括在內。本件訴訟既本於買賣契約請求辦理所有權移
轉登記，自係以對人之債權關係為其訴訟標的，而訴外人某甲
僅為受讓權利標的物之人，並未繼受該債權關係中之權利或義

務，原確定判決之效力，自不及於訴外人某甲。

（十四）71臺抗字第8號：

確定判決，除當事人外，對於訴訟繫屬後為當事人之繼受人者，及為當事人或其繼受人占有請求之標的物者，亦有效力，民事訴訟法第401條第1項定有明文。倘現時占有執行標的房屋之第三人，係本案訴訟繫屬後為再抗告人之繼受人，或為再抗告人占有前開房屋時，自不能謂非本件執行名義效力所及之人。

執行名義的時間範圍

執行名義的時間範圍，原規定於舊法的第4條第3項民國71年1月4日修正的民法總則第137條第3項復加規定，因此新法予以刪除，俾免重複。

民法第137條第3項：經確定判決或其他與確定判決有同一效力之執行名義所確定之請求權，其原有消滅時效期間不滿五年者，因中斷而重行起算之時效期間為五年。

說明：

請求權消滅時效期間，依其各別性質，各不相同。

債權人於消滅時效期間屆滿前起訴者，請求權時效因起訴而中斷，在判決確定時才又開始計算。

惟判決確定後重新起算的消滅時效期間，其原超過五年者，仍然依照其本來的時效計算，固無疑義。

若原有消滅時效期間不滿五年者，因中斷而重行起算之時效期間，則延長為五年。

例如依票據法第22條第1項規定，對支票發票人的追索權時效期間為一年，因起訴而時效中斷，自判決確定重新起算，其時效期間則延長為五年。

第三節　如何聲請強制執行

第5條（執行名義應載事項）

債權人聲請強制執行，應以書狀表明下列各款事項，提出於執行法院為之：

一、當事人及法定代理人。

二、請求實現之權利。

書狀內宜記載執行之標的物、應為之執行行為或本法所定其他事項。

強制執行開始後，債務人死亡者，得續行強制執行。

債務人死亡，有下列情形之一者，執行法院得依債權人或利害關係人聲請，選任特別代理人，但有遺囑執行人或遺產管理人者，不在此限：

一、繼承人有無不明者。

二、繼承人所在不明者。

三、繼承人是否承認繼承不明者。

四、繼承人因故不能管理遺產者。

解說

　　強制執行在於實現私權，故須基於債權人之聲請，始得開始強制執行。

　　惟強制執行開始後，除法律另有規定外（強§18Ⅱ），並無剎車機制，是以執行法院應依法定定型化程序繼續為職權進行，直到執行程序終結為止。

　　因此，強制執行的開始，固係採當事人進行主義，聲請強

制執行之後，則係採職權進行主義。

29抗字第408號：

　　債權人依確定之終局判決，聲請對於連帶債務人中之一人
為強制執行時，雖該判決並命其他連帶債務人為全部之給付，
執行法院亦不得依該連帶債務人之聲請，就其他連帶債務人之
財產逐為強制執行。

第5條之1（分期給付的繼續執行）
**債權人聲請強制執行之執行名義係命債務人分期給付者，於
各期履行期屆至時，執行法院得經債權人之聲請，繼續執行
之。**

解說

　　執行法院於債權人就其清償期屆至部分以言詞或書面聲請
繼續執行者，應併原案繼續執行，並另徵執行費。

辦理強制執行事件應行注意事項第3項第5款：

　　執行名義係命債務人分期給付者，債權人就其清償期屆至
部分以言詞或書面聲請繼續執行時如原案尚未執行完畢者，應
併原案繼續執行，並另徵執行費。

第5條之2（自助行為之執行）
有執行名義之債權人依民法第一百五十一條規定，自行拘束債務人之自由或押收其財產，而聲請法院處理者，依本法規定有關執行程序辦理之。
前項情形，如債權人尚未聲請強制執行者，視為強制執行之聲請。

解說

　　依民法第152條第1項規定，債權人因自助行為拘束債務人自由或押收其財產者，應即向法院聲請處理。

　　新修正強制執行法為配合前項規定，乃增列下述兩種處理的模式：

（一）債權人有執行名義且已聲請強制執行者：執行法院應即查明債務人有無第22條第1項所規定的事由，決定應否對債務人管收或限制住居，並即依執行名義的內容及押收財產的種類，依本法規定為強制執行。

（二）債權人有執行名義但尚未聲請執行者：則以聲請法院處理，視為強制執行之聲請。

參考資料

（一）民法第151條：自助行為

　　為保護自己權利對於他人之自由或財產施以拘束、押收或毀損者，不負損害賠償之責。但以不及受法院或其他有關機關援助，並非於其時為之，則請求權不得實行或其實行顯有困難者為限。

（二）民法第152條：自助行為人之責任

依前條之規定，拘束他人自由或押收他人財產者，應即時向法院聲請處理。

前項聲請被駁回或其聲請遲延者，行為人應負損害賠償之責。

（三）強制執行法第22條：拘提事由

債務人有下列情形之一者，執行法院得依債權人聲請或依職權命其提供擔保或限期履行：

一、有事實足認顯有履行義務之可能故不履行。

二、就應供強制執行之財產有隱匿或處分之情事。

債務人有前項各款情形之一，而有事實足認顯有逃匿之虞或其他必要事由者，執行法院得依債權人聲請或依職權，限制債務人住居於一定之地域。但債務人已提供相當擔保、限制住居原因消滅或執行完結者，應解除其限制。

前項限制住居及其解除，應通知債務人及有關機關。

債務人無正當理由違反第2項限制住居命令者，執行法院得拘提之。

債務人未依第1項命令提供相當擔保、遵期履行或無正當理由違反第2項限制住居命令者，執行法院得依債權人聲請或依職權管收債務人。但未經訊問債務人，並認非予管收，顯難進行強制執行程序者，不得為之。

債務人經拘提、通知或自行到場，司法事務官於詢問後，認有前項事由，而有管收之必要者，應報請執行法院依前項規定辦理。

第6條（執行名義之證明文件）

債權人聲請強制執行，應依下列規定，提出證明文件：

一、依第四條第一項第一款聲請者，應提出判決正本並判決
　　確定證明書或各審級之判決正本。

二、依第四條第一項第二款聲請者，應提出裁判正本。

三、依第四條第一項第三款聲請者，應提出筆錄正本。

四、依第四條第一項第四款聲請者，應提出公證書。

五、依第四條第一項第五款聲請者，應提出債權及抵押權或
　　質權之證明文件及裁定正本。

六、依第四條第一項第六款聲請者，應提出得為強制執行名
　　義之證明文件。

前項證明文件，未經提出者，執行法院應調閱卷宗。但受聲
請之法院非係原第一審法院時，不在此限。

解說

（一）**聲請程序**：聲請強制執行，應以書狀表明：1.當事人及
　　　法定代理人；2.請求實現的權利。此項權利應與執行名
　　　義記載的權利相符；3.執行的標的物或執行行為。

（二）**提出執行名義的證明文件**：強制執行應依執行名義為
　　　之。故聲請強制執行，應提出執行名義的證明文件。

（三）**繳納執行費**：聲請強制執行，除法律有免徵執行費的規
　　　定外，應依強制執行法第28條之2之規定繳納執行費。
　　　應繳納而未繳納者，執行法院應限期命其補正，逾期不
　　　補正，駁回。

　　　以上三項，均係強制執行的法定要件，欠一不可，否則執
行法院應以裁定駁回強制執行之聲請。

第7條（執行事件之管轄法院）

強制執行由應執行之標的物所在地或應為執行行為地之法院管轄。

應執行之標的物所在地或應為執行行為地不明者，由債務人之住、居所、公務所、事務所、營業所所在地之法院管轄。

同一強制執行，數法院有管轄權者，債權人得向其中一法院聲請。

受理強制執行事件之法院，須在他法院管轄區內為執行行為時，應囑託讓他法院為之。

解說

本條文規定執行事件之土地管轄，有以下三種：

（一）應執行標的物的所在地：例如金錢債權之執行，係指應查封的動產、不動產、船舶，或其他財產權所在地。如係債務人對第三人的金錢債權（例如薪水、工程款、借款等），則應以該第三債務人的住所地為標的物所在地。若是物的交付執行，指應交付的動產、不動產、船舶所在地。

（二）應為執行行為地：指執行法院應實施執行行為的處所。

（三）債務人的住居所：若是執行標的物所在地或應為執行行為地不明，債權人有時仍聲請強制執行，俾能請求執行法院調查債務人的財產，或聲請法院發給債權憑證，以中斷時效。此時，可逕向債務人的住居所所在地的法院聲請。

第8條（調卷義務）
關於強制執行事項及範圍發生疑義時，執行法院應調閱卷宗。
前項卷宗，如為他法院所需用時，應自作繕本或節本，或囑託他法院移送繕本或節本。

解說

　　有關強制執行事項及範圍，執行法院應依執行名義認定，惟執行名義內容如有疑義，執行法院必須調閱卷宗始能明白。

　　執行法院調閱卷宗，不限於同感第一審的法院，即不同級、不同院，亦均可調閱。

第9條（訊問當事人之限制）
開始強制執行前，除因調查關於強制執行之法定要件或執行之標的物認為必要者外，無庸傳訊當事人。

解說

　　總括而言，強制執行事件之調查，情況有三，即：
（一）調查法定要件：強制執行之法定要件可分為實體要件與程序要件。
　　　所謂實體要件，指執行名義是否有效，是否存在，執行當事人是否適格，附條件的執行名義條件是否成就，附期限的執行名義期限是否屆至。
　　　所謂程序要件，指執行的當事人能力，執行名義是否送達，應供擔保的執行名義是否已供擔保，有無管轄權等。

（二）調查執行標的物是否為債務人所有。

（三）認閱卷宗。

第10條（延緩執行之要件）

實施強制執行時，經債權人同意者，執行法院得延緩執行。前項延緩執行之期限不得逾三個月。債權人聲請續行執行而再同意延緩執行者，以一次為限。每次延緩期間屆滿後，債權人經執行法院通知而不於十日內聲請續行執行者，視為撤回其強制執行之聲請。

實施強制執行時，如有特別情事繼續執行顯非適當者，執行法院得變更或延展執行期日。

解說

　　強制執行程序進行中，可基於債權人與債務人雙方的同意，而使程序暫時停止，俟延緩期限屆滿後再繼續執行。

　　因延緩執行係債權人與債務人雙方對執行程序的自治，故需得到債權人的同意，為最基本的要件。

　　至於除聲請執行的債權人外，另有參與分配的債權人，是否應一併得其同意？目前實務上一般認為，參與分配者，僅就強制執行所得的金額發生參與分配的效力而已，故不需得其同意。

　　新法規定延緩執行期限不得逾三個月，債權人聲請續行執行而再同意延緩執行者，以一次為限。意即，延緩執行最多只能二次，期間不得逾六個月。而且，每次延緩期間屆滿後，債權人經執行法院通知而不於十日內聲請繼續執行者，視為撤回

強制執行之聲請。

> **第11條**（執行財產登記通知）
> 供強制執行之財產權，其取得、設定、喪失或變更，依法應登記者，為強制執行時，執行法院應即通知該管登記機關登記其事由。
> 前項通知，執行法院得依債權人之聲請，交債權人逕行持送登記機關登記。
> 債務人因繼承、強制執行、徵收或法院之判決，於登記前已取得不動產物權者，執行法院得因債權人之聲請，以債務人費用，通知登記機關登記為債務人所有後而為執行。
> 前項規定，於第五條第三項之續行強制執行而有辦理繼承登記之必要者，準用之。但不影響繼承人拋棄繼承或限定繼承之權利。

解說

　　依法應登記之供強制執行財產，有三：

（一）非經登記不生效力者：例如不動產物權（民§758）、礦業權（礦§14）、漁業權（漁業§21）、水權（水利§27Ⅰ）等。

（二）非經登記不得對抗第三人者：例如船舶所有權、船舶抵押權、動產抵押權等。

（三）於行政上應為登記：例如汽車、機車，雖未登記，並不影響私權的得喪變更，但行政機關基於行政管理，規定應該辦理登記。

通知登記的方法，通常由法院函主管機關登記。

惟為防止債務人先行移轉，債權人亦得向執行法院聲請，請求執行法院將通知登記機關之通知書，逕行交由債權人，持向登記機關登記。

參考資料

（一）民法第758條：物權的登記生效要件主義

不動產物權，依法律行為而取得、設定、喪失及變更者，非經登記，不生效力。

前項行為，應以書面為之。

（二）民法第759條：物權的宣示登記

因繼承、強制執行、徵收、法院之判決或其他非因法律行為，於登記前已取得不動產物權者，應經登記，始得處分其物權。

（三）礦業法第8條：礦業權之準物權性質

礦業權視為物權，除本法有特別規定外，準用民法關於不動產物權之規定。

（四）漁業法第9條：漁業經營核準之限制

為開發或保育水產資源，或為公共利益之必要，主管機關於漁業經營之核准時，得加以限制或附以條件。

（五）水利法第27條：登記生效主義

水權之取得、設定、移轉、變更或消滅，非依本法登記不生效力。

前項規定，於航行天然通航水道者，不適用之。

（六）動產擔保交易法第5條第1項：登記對抗要件

動產擔保交易，應以書面訂立契約。非經登記，不得對抗

善意第三人。

（七）海商法第9條：移轉登記之效力

　　船舶所有權之移轉，非經登記，不得對抗第三人。

（八）海商法第36條：船舶抵押權登記之效力

　　船舶抵押權之設定，非經登記，不得對抗第三人。

（九）土地法第75條之1：優先辦理法院之囑託登記

　　前條之登記，尚未完畢前，登記機關接獲法院查封、假扣押、假處分或破產登記之囑託時，應即改辦查封、假扣押、假處分或破產登記，並通知登記聲請人。

（十）土地登記規則第141條：查封登記效力

　　土地經法院囑託辦理查封、假扣押、假處分或破產登記後，未為塗銷前，登記機關應停止與其權利有關之新登記。但有下列情形之一為登記者，不在此限：

　　一、徵收、區段徵收或照價收買。

　　二、依法院確定判決申請移轉、設定或塗銷登記之權利人　　　為原假處分登記之債權人。

　　三、繼承。

　　四、其他無礙禁止處分之登記。

　　前項第2款情形者，應檢具法院民事執行處核發查無其他債權人併案查封或調卷拍賣證明書件。

（十一）著作權法第2條：主管機關

　　本法主管機關為經濟部。

（十二）民法第1147條：繼承之開始

　　繼承，因被繼承人死亡而開始。

（十三）民法第1148條：繼承之標的

　　繼承人自繼承開始時，除本法另有規定外，承受被繼承人

財產上之一切權利、義務。但權利、義務專屬於被繼承人本身者，不在此限。

繼承人對於被繼承人之債務，以因繼承所得遺產為限，負清償責任。

（十四）強制執行法第98條：領得權利移轉證書之效力

拍賣之不動產，買受人自領得執行法院所發給權利移轉證書之日起，取得該不動產所有權，債權人承受債務人之不動產者亦同。

前項不動產原有之地上權、永佃權、地役權、典權及租賃關係隨同移轉。但發生於設定抵押權之後，並對抵押權有影響，經執行法院除去後拍賣者，不在此限。

存於不動產上之抵押權及其他優先受償權，因拍賣而消滅。但抵押權所擔保之債權未定清償期或其清償期尚未屆至，而拍定人或承受抵押物之債權人聲明願在拍定或承受之抵押物價額範圍內清償債務，經抵押權人同意者，不在此限。

（十五）51臺上字第1819號：

查封有使債務人就查封標的物之處分對於債權人為無效之效力，對於不動產之查封雖應為預告登記，然查封既不屬於法定非經登記不生效力之事項，其效力自不待於登記而發生。

第四節　強制執行的救濟

強制執行的救濟，其對象為二：

（一）違法的執行。

（二）不當的執行。

違法與否有法律的明確規定，較無疑義。

然不當執行，往往難由法律作判斷，而必須從事理是否得宜，是否符合衡平觀念去判斷，是常滋疑義，例如：

執行名義成立後，債權人之債權實際上已消滅，而執行法院仍依債權人所提出的執行名義為強制執行。

執行法院對第三人所有之動產，認定係為債務人占有之動產，而實施查封等。

救濟方式

違法的執行行為，因較為明確，容易即時從客觀上為判斷，故對此違法執行行為的救濟方法，只須向執行法院為聲請或聲明異議即可。

至若不當執行，因係欠缺實體法上權利，不易判別，故其救濟方法，應由債務人或第三人提起異議之訴，經由訴訟來解決紛爭。

責任

不過，不論係違法執行或不當執行，就其所致之損害，均須負一定之責任。

簡言之對於違法執行，其行為人如係公務員，債務人可依法請求國家賠償。若債權人因自己之故意或過失，而使執行機關為違法的執行行為，債務人亦得對債權人請求損害賠償。

而不當執行，因本質上並非不法，故不發生國家賠償的問題，只能視債權人是否有故意過失，而依法請求其負損害賠償責任，或請求返還不當得利。

第12條（聲請及聲明異議）

當事人或利害關係人，對於執行法院強制執行之命令，或對於執行法官、書記官、執達員實施強制執行之方法，強制執行時應遵守之程序，或其他侵害利益之情事，得於強制執行程序終結前，為聲請或聲明異議。但強制執行不因而停止。

前項聲請及聲明異議，由執行法院裁定之。

不服前項裁定者，得為抗告。

解說

本條文係規範違法執行之事由及其救濟方式。

違法執行之事由有四：

（一）強制執行的命令：所謂執行命令，指強制執行程序進行中，法院所發的命令，例如就債務人對第三人之金錢債權所為的扣押命令、收取命令、移轉命令（參見強§115）；命令將債務人對於第三人得請求交付之權利移轉債權人（強§126）；或是執行法院許可夜間或假日執行的命令（強§55）等。

命令應發而未發，得聲請其頒發。

不應發而發，得聲明異議請求除去。

（二）對於強制執行的方法：指執行人員實施強制執行的手段：例如對不動產查封，方法為揭示、封閉或追繳契據（強§76）；對動產的查封方法為執行人員實施占有，其將查封物交付保管者，應為標封、烙印、火漆印等（強§47）。

（三）對於強制執行應遵守的程序：例如拍賣應先期公告（強§64、81）；查封應製作筆錄及清單（強§54Ⅰ），動

產拍賣自查封日至拍買日至少應留七天（強§57）；不動產拍賣，由公告日至拍賣日，不得少於十四天（強§82）；不動產拍賣，應經鑑定（強§80）。

（四）**對於其他侵害利益之情事**：指前述三種情形以外，例如逾越執行名義的範圍、對法律禁止強制執行之財產實施強制執行（強§53），或苛酷執行，例如遷讓房屋期日，債務人或其家屬重病在家等。

對於違法執行的救濟

對於違法執行行為的救濟方式，一般而言有二：

（一）**聲請**：係對於執行機關怠於為執行行為時，請求為執行行為或不行為，屬於積極的救濟。

（二）**聲明異議**：係對於執行機關所為的違法執行行為，請求除去該執行行為，屬於消極的救濟。

惟，若執行法院之處分，係以裁定的形式為執行方法者，如有不服，現行實務上，亦允許當事人提起抗告，以為救濟的第三種方式，而由上級法院加以裁判。

聲請或聲明異議的程序

（一）**當事人**：包括債權人、債務人以及利害關係人。

所謂利害關係人指其法律上權益，因強制執行而受侵害之人。例如占有執行標的物的第三人或是參與投標而未得標之投標人等。

（二）**程式**：當事人或利害關係人聲請或聲明異議，得以言詞或書面為之，但應表明理由。若對法院之裁定提起抗告，現行實務上，應以書狀，表明理由為之。

（三）**時期**：聲請或聲明異議之時期，法無明文，但應於強制

執行程序終結前為之。（強§12Ⅰ）

聲請或聲明異議無停止執行之效力

為防止當事人或利害關係人；藉聲明異議以拖延執行，故當事人或利害關係人，雖聲請或聲明異議，強制執行程序並不當然因而停止（強§12Ⅰ），惟執行法院在實務上之作法，仍會視情況而為適當的處分。

抗告

因執行法院對聲請或聲明異議所為之裁定，或執行法院直接之裁定，而不利益之債權人、債務人或第三人，不論是否為原聲請人或原聲明異議人，均得提起抗告。

抗告期間

新法與舊法不同者，在於將抗告期間改為十天。

此十天之抗告期間為不變期間。

参考資料

（一）民事訴訟法第491條：抗告之效力

抗告，除別有規定外，無停止執行之效力。

原法院或審判長或抗告院得在抗告法院裁定前，停止原裁定之執行或為其他必要處分。

前項裁定，不得抗告。

（二）民事訴訟法第492條：抗告法院之裁定

抗告法院認抗告為有理由者，應廢棄或變更原裁定；非有必要，不得命原法院或審判長更為裁定。

（三）民事訴訟法第487條：

提起抗告除別有規定外應於裁定送達後十日之不變期間內為之。但送達前之抗告，亦有效力。

（四）37上字第7672號：

執行事件當事人對於強制執行之命令，或對於執行推事、書記官、執達員實施強制執行之方法，固得於執行程序終結以前為聲請或聲明異議，但執行程序一經終結，除執行程序所為之拍賣有無效原因，不能發生移轉所有權之效力外，即不容再有所主張。

（五）49臺抗字第83號：

強制執行法上之拍賣應解釋為買賣之一種，即拍定人為買受人，而以拍賣機關代替債務人立於出賣人之地位，故出賣人於出賣時所應踐行之程序，例如依耕地三七五減租條例第15條規定，應將買賣條件以書面通知有優先承買權之承租人，使其表示意願等等，因無妨由拍賣機關為之踐行。但此究非強制執行法第12條所謂執行時應遵守之程序，縱令執行法院未經踐行或踐行不當，足以影響於承租人之權益，該承租人亦只能以訴請救濟，要不能引用該條規定為聲請或聲明異議。

（六）51臺上字第2016號：

動員時期應徵召服役之軍人，於在營服役期間其家屬賴以維持生活所必需之財產，依軍人及其家家屬待條例第10條之規定，僅生目下得否強制執行之問題，對於債權人即被上訴人依執行名義所得行使之損害賠償請求權，不能認為有消滅或妨礙之事由，債務人即上訴人只得依同法第12條聲明異議，無依同法第14條提起異議之訴之餘地。

（七）55臺上字第3100號：

廢棄執行名義或宣告不許強制執行之裁判已有執行力，例如廢棄確定判決之再審判決已確定，廢棄宣告假執行之本案判決之判決已宣示，認聲明異議為有理由之裁定已宣示或送達，或認異議之訴為有理由之判決已確定時，其裁判正本一經提出，執行法院即應停止強制執行，並撤銷已為之執行處分，司法院33年院字第2776號之（10）已有解釋。是執行法院或抗告法院認聲明異議為有理由之裁定，須經聲明異議之當事人或利害關係人提出執行法院，請求撤銷已為之執行處分，並非一經執行法院或抗告法院為撤銷之裁定，執行法院已為之執行處分即當然失其效力。

（八）56臺抗字第337號：

受訴法院所為停止執行之裁定，一經當事人提出，執行法院僅須停止執行，不得將已為執行之處分撤銷，違之者乃屬執行方法之錯誤，當事人或利害關係人就此應依強制執行法第12條規定，先為聲請或聲明異議，由執行法院予以裁定，不服此項裁定時，始得提起抗告。茲再抗告人對於執行法院撤銷命令逕行提起抗告，顯有未合。

（九）63臺上字第2055號：

被上訴人主張執行法院將系爭土地之全部作為農地拍賣，不准無自耕能力者參加投標，限制應買人資格等，拍賣程序有瑕疵而不合法云云，係屬強制執行法第12條第1項聲明異議之範圍，而非拍賣無效之問題。

（十）65臺抗字第172號：

公用物屬於私有者，如附以仍作公用之限制（即不妨礙原來公用之目的），亦得作為交易之標的物。本件拍賣公告中載

明：拍賣之土地由民航局占用，拍賣後不點交等語，可見拍賣後，仍可照舊供機場使用，應無不得查封拍賣之法律上理由。

（十一）66臺抗字第26號：

　　本院56年臺抗字第337號判例係謂執行法院不得依停止執行之裁定將已為之執行處分撤銷，並非謂已為之執行處分縱有違法或不當情形，在停止執行中，亦不得將其撤銷，此觀該判例要旨，不難明瞭。

（十二）67臺抗字第574號：

　　執行法院依強制執行法第127條第1項及第2項規定，命第三人代為履行，及命債務人預付費用之裁定，均屬執行方法之一種，對之如有不服，僅得依同法第12條第1項規定聲明異議，不得逕行提起抗告。

（十三）69臺上字第3989號：

　　准許本票強制執行之裁定，如經債務人以本票係偽造而提起確認該債權不存在之訴，獲得勝訴判決確定時，應認原執行名義之執行力，即因而不存在。若尚在強制執行中，債務人可依強制執行法第12條規定聲明異議。此與同法第14條所謂執行名義成立後，有消滅或妨礙債權人請求之事由發生之情形有別，債務人自無由依該條規定提起異議之訴。

（十四）70臺上字第3443號：

　　分配表異議之訴，僅以對分配表所列金額之計算及分配之次序有不同意者為限。此觀強制執行法第41條、第39條之規定自明。若對分配表所列之債權主張不存在，應另行提起確認之訴，非提起分配表異議之訴所能救濟。至若未為參與分配之聲明，執行法院逕行列入分配表分配，如認為不當，則屬強制執行法第12條聲明異議之範疇。

（十五）73臺抗字第227號：

執行法院認抵押人於抵押權設定後，與第三人訂立之租約，致影響於抵押權者，得依聲請或職權除去其租賃關係，依無租賃狀態逕行強制執行。執行法院所為此種除去租賃關係之處分，性質上係強制執行方法之一種，當事人或第三人如有不服，應依強制執行法第12條規定，向執行法院聲明異議，不得逕行對之提起抗告。

（十六）78臺上字第1447號：

依強制執行法第94條第2項規定，承受不動產之債權人，其應繳之價金超過其應受分配額者，執行法院應限期命其補繳差額後，發給權利移轉證書。逾期不繳者強制執行。是依此規定對承受人強制執行者，固不待他債權人對承受人另取得執行名義。核其性質係責令承受人履行買受人支付價金之義務。但執行法院因承受人拒絕繳納承受價金，撤銷其承受，重新將不動產拍賣者，則以原執行事件之債務人為出賣人。此際如拍賣價金不及承受價金，而應由承受人就其差額負賠償責任，則係以承受人應負債務不履行之損害賠償責任為基礎，與前者適用強制執行法第94條第2項規定得逕行對承受人強制執行者，倘有不同。他債權人如請求承受人賠償損害，仍應對承受人取得執行名義。

（十七）79臺抗字第300號：

非訟事件之強制執行名義成立後，如經債務人提起確認該債權不存在之訴，而獲得勝訴判決確定時，應認原執行名義之執行力，已可確定其不存在。其尚在強制執行中，債務人可依強制執行法第12條規定，聲明異議。

（十八）80臺抗字第356號：

執行法院於發見有當事人或利害關係人得據為聲請或聲明異議之事由存在，法律既無明文限制執行法院不得依職權逕將原處分或程序撤銷或更正之，解釋上固不能謂執行法院無此權限，但依強制執行法第12條第1項規定之同一法理，執行法院仍應於強制執行程序終結前為之；強制執行程序一經終結，即不許執行法院撤銷或更正原處分或程序。

第13條 （有理由之處置）

執行法院對於前條之聲請，聲明異議或抗告認為有理由時，應將原處分或程序撤銷或更正之。

執行法院於前項撤銷或更正之裁定確定前，因必要情形或依聲請定相當並確實之擔保，得以裁定停止該撤銷或更正裁定之執行。

當事人對前項裁定，不得抗告。

解說

執行法院對於抗告，若認為有理，當然可自行將原處分或程序撤銷或更正，否則，應速將執行卷宗送交抗告法院。

抗告原則上並無停止執行的效力，但原法院得在抗告法院裁定前，以裁定停止原裁定之執行。

抗告法院亦得在裁定前，停止原裁定之執行或為其他必要之處分，又，對於原法院或抗告法院停止執行之裁定，不得抗告。

異議之訴

對於執行機關不違法但不當之執行行為,例如債權已經消滅後之執行行為,屬於第三人所有之物的執行行為等。

由於執行機關只能依執行名義強制執行,對於執行名義所記載的請求權是否存在,並不負審查的責任,因此,此種欠缺實體法上權利之事實,當事人如欲救濟,須以訴訟方式解決。

由債務人提起訴訟者,名為債務人異議之訴,如本法第14條及第14條之1。

由第三人提起訴訟者,名為第三人異議之訴,如本法第15條之規定。

第14條(債務人異議之訴(一))

執行名義成立後,如有消滅或妨礙債權人請求之事由發生,債務人得於強制執行程序終結前,向執行法院對債權人提起異議之訴。如以裁判為執行名義時,其為異議原因之事實發生在前訴訟言詞辯論終結後者,亦得主張之。

執行名義無確定判決同一之效力者,於執行名義成立前,如有債權不成立或消滅或妨礙債權人請求之事由發生,債務人亦得於強制執行程序終結前提起異議之訴。

依前二項規定起訴,如有多數得主張之異議原因事實,應一併主張之。其未一併主張者,不得再行提起異議之訴。

解說

(一)性質:

關於債務人異議之訴,其性質為何?

　　通說採形成訴訟說，認為債務人對於執行名義所記載的請求權，如果具有實體法上的異議事由時，當然發生屬於訴訟法上形成權性質的異議權，基於此種異議權，得排除執行名義的執行力。

（二）事由：

　　債務人異議之訴，其中所敘述的訴訟標的，也就是其異議權何在，其事由為何，一般而言，有三：

　　1.請求權消滅的事由：例如清償、提存、抵銷、免除、混同、更改、消滅時效完成等。

　　2.請求權主體變更：例如債權讓與、債務承擔。

　　3.妨礙債權人請求的事由：例如同意延期、同時履行抗辯等。

（三）限制：

　　異議事由發生時期的限制，因執行名義種類而有不同：

　　1.確定判決或與確定判決有相同效力的執行名義：異議事由，須發生在既判力基準點之後以確定判決而言，其既判力的基準點，係事實審言詞辯論終結時。

　　故異議之事由，須發生在確定判決事實審言詞辯論終結之後。

　　如係確定判決以外，但與確定判決有相同效力的執行名義，例如支付命令，則須發生於支付命令確定時之後。

　　2.其他無確定判決同一效力的執行名義：例如本票裁定、拍賣抵押物裁定或公證書等。舊法時期，學說與實務上均有爭議；新法對此明定，准許債務人就執行名義成立前有異議事由及執行名義成立後之異議事由，均得為主張。

（四）主張：

　　提起異議之訴，如有多數的異議原因事由，應一併主張，禁止另行起訴。

　　至所謂一併主張，只須於同一訴訟即可，不必在同一訴狀上，亦不限於非得於同一審級；即，只須在同一訴訟程序事實審言詞辯論終結前，得自由追加主張其他個別之異議原因事實。但如未一併主張，以後不得再提起異議之訴。

（五）提起異議之訴之時期：

　　債務人異議之訴，係以排除執行名義的執行力為目的，並非以排除具體執行行為為目的；是於執行名義成立後，即有受強制執行的可能；因此，通說認為強制執行開始前，就得提起本訴；不過，實務上仍有法院認為開始強制執行前只能提起確認之訴，而不能提起債務人異議之訴。

　　然而，債務人異議之訴，既以排除執行名義的執行力為目的，如果執行程序業已終結，則已無阻止強制執行的實益，自不得提起本訴。

　　即使，起訴時執行程序尚未終結，而判決確定前執行程序已經終結者，亦應依法駁回。

　　所謂執行程序終結，指執行名義所記載之債權全部達到滿足時，始為終結。

　　故，執行名義未全部滿足前，即使對於某一執行標的物的強制執行程序已經終結，債務人仍得提起異議之訴。但此項異議之訴有理由的判決，只能就執行名義所載未受強制執行部分，排除其執行力，不能據以撤銷強制執行程序業已終結的部分。

（六）執行程序終結後的救濟：

　　於執行程序進行中提起異議之訴，而判決確定前執行程序已終結者，應為訴的變更，改請求為返還不當得利，或損害賠償。

　　若執行程序終結後，才起訴，則只能直接請求返還不當得利或損害賠償。

（一）31院字第2447號：

　　執行名義命債務人交付利息至清償原本之日止者，依強制執行法第27條第2項再予強制執行時，其利息自應算至清償原本之日為止，至其利息總額，是否超過原本，在所不問。惟執行法院依同條項發給憑證交債權人收執時，執行行為即為終結，因開始執行行為而中斷之時效，由此重行起算。如再予強制執行時，利息請求權之消滅時效已完成者，債務人得依同法第14條提起異議之訴。

（二）47臺抗字第196號：

　　債權人縱已與債務人於強制執行中為和解，亦非不得繼續為強制執行，如其和解為消滅或妨礙債權人請求之事由，債務人亦只能依強制執行法第14條之規定提起異議之訴，要不得謂其和解有阻止確定判決執行之效力。

（三）55臺抗字第327號：

　　點交之執行，係與因債權人之聲請而開始之查封拍賣程序分開，而構成另一執行程序，駁回點交拍定物之聲請，以執行法院之裁定為之，對此裁定得為抗告（強§44、民訴§220、479），至准許其聲請時，通常多以書面命令執達員執行，不

服此命令者，則得向執行法院聲明異議（強§12）。惟法院拍賣程序終結後，拍定人或承受人與債務人間所訂應付補償金之合意，並無阻止拍定人或承受人執行點交之效力，如其合意含有妨礙拍定人等實體上請求點交之事由，債務人只能依強制執行法第14條之規定提起異議之訴，不得依同法第12條之規定聲明異議。

（四）66臺上字第2488號：

　　強制執行法第14條所謂執行名義成立後發生消滅或妨礙債權人請求之事由，指該事由於執行名義成立後始新發生者而言，不包括於執行名義成立前已發生而繼續存在於執行名義成立後之情形在內。

（五）66臺上字第3281號：

　　債務人異議之訴，須以其主張消滅或妨礙債權人請求之事由係發生於執行名義成立後者始得為之，若其主張此項事由在執行名義成立之前即已存在，則為執行名義之裁判縱有不當，亦非異議之訴所能救濟。本件被上訴人所主張之消滅或妨礙上訴人請求之事由，既在執行名義成立以前即已存在，依照前開說明，尚不能謂被上訴人得依強制執行法第14條之規定，提起債務人異議之訴。

（六）69臺上字第3989號：

　　准許本票強制執行之裁定，如經債務人以本票係偽造而提起確認該債權不存在之訴，獲得勝訴判決確定時，應認原執行名義之執行力，即因而不存在。若尚在強制執行中，債務人可依強制執行法第12條規定聲明異議。此與同法第14條所謂執行名義成立後，有消滅或妨礙債權人請求之事由發生之情形有別，債務人自無由依該條規定提起異議之訴。

（七）78臺上字第1447號：

依強制執行法第94條第2項規定，承受不動產之債權人，其應繳之價金超過其應受分配額者，執行法院應限期命其補繳差額後，發給權利移轉證書。逾期不繳者強制執行。是依此規定對承受人強制執行者，固不待他債權人對承受人另取得執行名義。核其性質係責令承受人履行買受人支付價金之義務。但執行法院因承受人拒絕繳納承受價金，撤銷其承受，重新將不動產拍賣者，則以原執行事件之債務人為出賣人。此際如拍賣價金不及承受價金，而應由承受人就其差額負賠償責任，則係以承受人應負債務不履行之損害賠償責任為基礎，與前者適用強制執行法第94條第2項規定得逕行對承受人強制執行者，尚有不同。他債權人如請求承受人賠償損害，仍應對承受人取得執行名義。

（八）釋字第182號解釋：

強制執行程序開始後，除法律另有規定外，不停止執行，乃在使債權人之債權早日實現，以保障人民之權利，最高法院63年度臺抗字第59號判例，認債務人或第三人不得依假處分程序聲請停止執行，係防止執行程序遭受阻礙，抵押人對法院許可拍賣抵押物之裁定，主張有不得強制執行之事由而提起訴訟時，亦得依法聲請停止執行，從而上開判例即不能謂與憲法第16條有所牴觸。

第14條之1（債務人異議之訴（二））
債務人對於債權人依第四條之二規定聲請強制執行，如主張非執行名義效力所及者，得於強制執行程序終結前，向執行

法院對債權人提起異議之訴。

債權人依第四條之二規定聲請強制執行經執行法院裁定駁回者，得於裁定送達後十日之不變期間內，向執行法院對債務人提起許可執行之訴。

解說

本法第4條之2，規定當事人適格範圍。然債務人是否為該條所定適格之當事人，執行法院應依職權調查，如當事人仍有爭執，其救濟方式有二：

（一）當事人主張執行的債權人或債務人，與執行名義所示的債權人或債務人並非同一人者，即爭執當事人是否同一當事人，可以聲明異議為之。

（二）執行名義如係對當事人以外的第三人為強制執行（強§4-2）；則若該特定的第三人，爭執其是否有執行當事人之適格，因涉及實體之認定，許另以訴為之。例如債權人甲主張丙承受債務人乙之債務，而丙則否認。

參考資料

（一）強制執行法第4條之2：執行名義對第三人之效力

執行名義為確定終局判決者，除當事人外，對於下列之人亦有效力：

一、訴訟繫屬後為當事人之繼受人及為當事人或其繼受人占有請求之標的物者。

二、為他人而為原告或被告者之該他人及訴訟繫屬後為該他人之繼受人，及為該他人或其繼受人占有請求之標的物者。

前項規定，於第4條第1項第2款至第6款規定之執行名義，準用之。

（二）民事訴訟法第400條：既判力之客觀範圍

除別有規定外，確定之終局判決就經裁判之訴訟標的，有既判力。

主張抵銷之請求，其成立與否經裁判者，以主張抵銷之額為限，有既判力。

（三）民事訴訟法第401條：既判力之主觀範圍

確定判決，除當事人外，對於訴訟繫屬後為當事人之繼受人者，及為當事人或其繼受人占有請求之標的物者，亦有效力。

對於為他人而為原告或被告者之確定判決，對於該他人亦有效力。

前二項之規定。於假執行之宣告準用之。

第15條（第三人異議之訴）
第三人就執行標的物有足以排除強制執行之權利者，得於強制執行程序終結前，向執行法院對債權人提起異議之訴。如債務人亦否認其權利時，並得以債務人為被告。

解說

（一）性質：

強制執行係依據執行名義對債務人之財產為之。

強制執行原則上不得對第三人之財產強制執行。

惟執行法院於強制執行程序進行中，往往無法判別執行標

的物是否為債務人所有，亦無正確調查是否為債務人所有之必要，而只須以財產外觀屬誰為認定之原則，判斷是否屬於債務人財產，而據以實施強制執行。

因此，執行法院既係依據執行標的物外觀，或債權人的主張而實施強制執行，且無法避免因外觀與實體不一致之情形，而導致第三人財產受到強制執行的危險。

第三人財產既有受損害，或其實體權利有受損害之虞，自得基於實體法上之權利，請求法院宣告不許強制執行，而使強制執行失其效力；其訴訟標的係訴訟上之異議權，例如第三人主張對執行標的物有所有權或其他得以阻止物之交付或讓與之權利，而請求排除強制執行。故通說認為第三人異議之訴之性質，係屬形成訴訟。

形成訴訟說之主要特徵在於認為本訴的訴訟標的係訴訟法上的異議權，而非實體法上的權利義務，因此對實體法上的權利義務關係並不生既判力，第三人縱使於本訴敗訴確定後，仍可重複依據其實體法上的權利，而重新主張。

為彌補這個缺陷，因此近來有修正形成訴訟說，認為第三人異議之訴，係請求就特定的執行名義，宣告不許對特定財產強制執行的形成之訴；異議之訴勝訴確定，執行名義對特定財產執行力則被排除；因此，本訴的訴訟標的，不僅只是訴訟上的異議權，也包括實體上的權利義務，係第三人主張得排除執行名義對特定財產執行力的地位，對此地位當否之判斷，不論係訴訟上或實體上權利之判斷，均有既判力。

（二）適用範圍：

第三人異議之訴，適用於所有財產的強制執行。

即，凡第三人之財產，有因強制執行而受侵害者或有受

侵害之虞者，不論執行名義之種類為金錢債權或物之交付請求權，或行為不行為（例如拆除房屋）；也不論是確定終局執行或保全執行，均得提起本訴。

（三）事由：

　　第三人就執行標的物具有一定權利，因強制執行而受侵害，第三人在法律上並無任何忍受之理由。

　　惟，何謂第三人就執行標的物具有一定之權利？概括言之，約有數端：

1. 第三人主張對執行標的物有所有權：例如對債務人就共有物的應有部分強制執行，其他共有人之權利並未受侵害，固無話可說；但若係對共有物強制執行，則侵害其他共有人之權利，自應許共有人提起本訴。其他如違章建築或未經保存登記的建物，所有權都可能有認定上的困難或爭議，主張其有所有權者，均得主張本訴。實務上尚有因繼承、強制執行、公用徵收或法院之判決，而於登記前已取得不動產所有權者。

   在信託法頒布施行後，信託財產與受託人之固有財產分離，而為各別獨立的財產，故如信託之不動產已為信託登記，不論信託人之債權人或受託人之債權人聲請強制執行，均得提起本訴。

2. 第三人主張對執行標的物有用益物權：例如典權、地上權、地役權或永佃權等。惟此等用益物權並非均得提起本訴，必須強制執行有侵害用益物權人之權利，例如將強制執行標的物強制管理，或將之點交於拍定人，或為物之強制交付，始得提起本訴。

   若僅係保全執行禁止移轉，則用益物權人之權利，並不

因而受損，自不許提起本訴。

3. 第三人主張對執行標的物有擔保物權：例如留置權、動產質權、債權質權、抵押權等。此種情形，必須強制執行結果，損及擔保物權人之權益，始能允許其提起本訴；例如雖然係拍賣擔保物，而留置權人可以優先受償，其權利本質並無受損，自不許提起本訴。

反之，若強制執行侵害留置權人、質權人對標的物的占有，或不動產廠房與工廠內的機器係共同抵押，而債權人只就機器為查封拍賣，將損及整體之價值，始許抵押權人提起本訴。

4. 第三人係天然孳息之收取權人：謹按有收取天然孳息權利之人，其權利存續期間內取得與原物分離之孳息（民§70）。是，土地所有權人之債權人強制執行土地，如致天然孳息受到損害，亦許天然孳息收取權人提起本訴。

第三人異議之訴之當事人

第三人異議之訴之原告，只要係債務人以外之第三人，主張其有權益可能因強制執行而受損害即可。

惟第三人異議之訴之被告，原則上固為債權人：但如債務人亦否認第三人之權利時，並得以債務人為共同被告（強本條後段）。此種訴訟之性質如何，實務上認係類似必要共同訴訟，即各被告在法律上雖各有獨立實施訴訟之權能，然所受之本案判決，依法律之規定對於他人亦有效力（參見28上字第2199號）。

但執行債權人有兩人以上，如果係基於同一執行名義，應

以此二以上之債權人為共同被告而起訴，則係屬固有必要共同
訴訟。

（一）民事訴訟法第55條：通常共同訴訟

　　共同訴訟中，一人之行為或他造對於共同訴訟人中一人之
行為及關於其一人所生之事項，除別有規定外，其利害不及於
他共同訴訟人。

（二）28上字第2379號：

　　通常共同訴訟人中一人所為之自認，其效力僅及於該共同
訴訟人，而不及於他共同訴訟人。

（三）民事訴訟法第56條：必要共同訴訟

　　訴訟標的對於共同訴訟之各人，必須合一確定者，適用下
列各款之規定：

　　一、共同訴訟人中一人之行為，有利益於共同訴訟人者，
　　　　其效力及於全體；不利益者，對於全體不生效力。

　　二、他造對於共同訴訟人中一人之行為，其效力及於全
　　　　體。

　　三、共同訴訟人中之一人，生有訴訟當然停止或裁定停止
　　　　之原因者，其當然停止或裁定停止之效力及於全體。

（四）28上字第2199號：

　　民事訴訟法第56條第1項所稱訴訟標的，對於共同訴訟之
各人必須合一確定者，係指固有必要共同訴訟與類似必要共同
訴訟而言。依法律之規定必須數人一同起訴或數人一同被訴，
當事人之適格始無欠缺者，謂之固有必要共同訴訟。數人在
法律上各有獨立實施訴訟之權能，而其中一人起訴或一人被訴

時，所受之本案判決依法律之規定對於他人亦有效力者，如該他人為共同訴訟人，即為類似必要共同訴訟。

（五）土地法第34條之1：共有權

共有土地或建築改良物，其處分、變更及設定地上權、永佃權、地役權或典權，應以共有人過半數及其應有部分合計過半數之同意行之。但其應有部分合計逾三分之二者，其人數不予計算。

共有人依前項規定為處分、變更或設定負擔時，應事先以書面通知他共有人；其不能以書面通知者，應公告之。

第1項共有人，對於他共有人應得之對價或補償，負連帶清償責任。於為權利變更登記時，並應提出他共有人已為受領或為其提存之證明。其因而取得不動產物權者，應代他共有人聲請登記。

共有人出賣其應有部分時，他共有人得以同一價格共同或單獨優先承購。

前四項規定，於公同共有準用之。

依法得分割之共有土地或建築改良物，共有人不能自行協議分割者，任何共有人得申請該管直轄市、縣（市）地政機關調處。不服調處者，應於接到調處通知後十五日內向司法機關訴請處理，屆期不起訴者，依原調處結果辦理之。

（六）信託法第12條：信託財產

對信託財產不得強制執行。但基於信託前存在於該財產之權利，因處理信託事務所生之權利或其他法律另有規定者不在此限。

違反前項規定者，委託人、受益人或受託人得於強制執行程序終結前，向執行法院對債權人提起異議之訴。

　　強制執行法第18條第2項、第3項之規定，於前項情形，準用之。

（七）民法第911條：典權

　　稱典權者，謂支付典價在他人之不動產為使用、收益，於他人不回贖時，取得該不動產所有權之權。

（八）民法第832條：地上權

　　稱普通地上權者，謂以在他人土地之上下有建築物或其他工作物為目的而使用其土地之權。

（九）民法第850條之1：農育權

　　稱農育權者，謂在他人土地為農作、森林、養殖、畜牧、種植竹木或保育之權。

　　農育權之期限，不得逾二十年；逾二十年者，縮短為二十年。但以造林、保育為目的或法令另有規定者，不在此限。

（十）民法第851條：不動產役權

　　稱不動產役權者，謂以他人不動產供自己不動產通行、汲水、採光、眺望、電信或其他以特定便宜之用為目的之權。

（十一）民法第860條

　　稱普通抵押權者，謂債權人對於債務人或第三人不移轉占有而供其債權擔保之不動產，得就該不動產賣得價金優先受償之權。

（十二）民法第861條

　　抵押權所擔保者為原債權、利息、遲延利息、違約金及實行抵押權之費用。但契約另有約定者，不在此限。

　　得優先受償之利息、遲延利息、一年或不及一年定期給付之違約金債權，以於抵押權人實行抵押權聲請強制執行前五年內發生及於強制執行程序中發生者為限。

（十三）民法第862條

抵押權之效力，及於抵押物之從物與從權利。

第三人於抵押權設定前，就從物取得之權利，不受前項規定之影響。

以建築物為抵押者，其附加於該建築物而不具獨立性之部分，亦為抵押權效力所及。但其附加部分為獨立之物，如係於抵押權設定後附加者，準用第877條之規定。

（十四）民法第862條之1

抵押物滅失之殘餘物，仍為抵押權效力所及。抵押物之成分非依物之通常用法而分離成為獨立之動產者，亦同。

前項情形，抵押權人得請求占有該殘餘物或動產，並依質權之規定，行使其權利。

（十五）民法第863條

抵押權之效力，及於抵押物扣押後自抵押物分離，而得由抵押人收取之天然孳息。

（十六）民法第864條：法定孳息

抵押權之效力，及於抵押物扣押後抵押人就抵押物得收取之法定孳息。但抵押權人非以扣押抵押物之事情，通知應清償法定孳息之義務人，不得與之對抗。

（十七）動產擔保交易法第15條：動產抵押之意義

稱動產抵押者，謂抵押權人對債務人或第三人不移轉占有而就供擔保債權之動產設定動產抵押權，於債務人不履行契約時，抵押權人得占有抵押物，並得出賣，就其賣得價金優先於其他債權而受清償之交易。

（十八）動產擔保交易法第17條：抵押權人之占有及善意第三
　　　　人之請求賠償

債務人不履行契約或抵押物被遷移、出賣、出質、移轉或
受其他處分，致有害於抵押權之行使者，抵押權人得占有抵押
物。

前項之債務人或第三人拒絕交付抵押物時，抵押權人得聲
請法院假扣押，如經登記之契約載明應逕受強制執行者，得依
該契約聲請法院強制執行之。

第三人善意有償取得抵押物者，經抵押權人追蹤占有後，
得向債務人或受款人請求損害賠償。

（十九）民法第884條：動產質權

稱動產質權者，謂債權人對於債務人或第三人移轉占有而
供其債權擔保之動產，得就該動產賣得價金優先受償之權。

（二十）民法第900條：權利質權

稱權利質權者，謂以可讓與之債權或其他權利為標的物之
債權。

（二一）民法第928條

稱留置權者，謂債權人占有他人之動產，而其債權之發生
與該動產有牽連關係，於債權已屆清償期未受清償時，得留置
該動產之權。

債權人因侵權行為或其他不法之原因而占有動產者，不適
用前項之規定。

其占有之始明知或因重大過失而不知該動產非為債務人所
有者，亦同。

（二二）民法第940條：占有

對於物有事實上管領之力者，為占有人。

（二三）民法第801條：善意取得

　　動產之受讓人占有動產，而受關於占有規定之保護者，縱讓與人無移轉所有權之權利，受讓人仍取得其所有權。

（二四）民法第948條：善意受讓

　　以動產所有權，或其他物權之移轉或設定為目的，而善意受讓該動產之占有者，縱其讓與人無讓與之權利，其占有仍受法律之保護。但受讓人明知或因重大過失而不知讓與人無讓與之權利者，不在此限。

　　動產占有之受讓，係依第761條第2項規定為之者，以受讓人受現實交付且交付時善意為限，始受前項規定之保護。

（二五）民法第69條：孳息

　　稱天然孳息者謂果實、動物之產物及其他依物之用法所收穫之出產物。

　　稱法定孳息者，謂利息、租金及其他因法律關係所得之收益。

（二六）民法第70條：孳息之歸屬

　　有收取天然孳息權利之人，其權利存續期間內，取得與原物分離之孳息。

　　有收取法定孳息權利之人，按其權利存續期間內之日數取得其孳息。

（二七）土地法第43條：土地登記之效力

　　依本法所為之登記，有絕對之效力。

（二八）20上字第1990號：

　　執行異議之訴訟於實施執行時始得提起，若未及執行僅因某項財產有被執行之虞預先訴訟，則是訴之目的仍為確認，而無所謂執行異議之訴。

（二九）29抗字第409號：

假扣押為就金錢請求或得易為金錢請求之請求保全強制執行之程序，第三人就執行標的物主張有所有權提起執行異議之訴者，其訴訟標的為異議權而非給付請求權，既非所謂金錢請求或得易為金錢請求之請求即無依假扣押程序保全強制執行之餘地，其就執行標的物聲請假扣押，自屬不應准許。

（三十）44臺上字第721號：

強制執行法第15條所謂執行標的物有足以排除強制執行之權利者，係指對於執行標的物有所有權、典權、留置權、質權存在情形之一者而言，占有，依民法第940條之規定，不過對於物有事實上管領之力，自不包含在內。

（三一）44臺上字第1328號：

假扣押之執行依強制執行法第136條準用關於動產不動產執行之規定，故假扣押之執行亦係以查封為開始，而以假扣押之標的脫離假扣押之處置，如將假扣押標的交付執行或撤銷假扣押，其程序方為終結。原判以假扣押查封完畢，認為執行程序業已終結，不得提起執行異議之訴，自難謂合。

（三二）47臺上字第705號：

不動產物權依法律行為而取得者，非經登記不生效力。如非依法律行為而取得者，雖不以登記為取得所有權之要件，但其取得所有權之原因必須有相當之證明，否則即無從認為有所有權之存在，而得據以排除強制執行。

（三三）48臺上字第209號：

違章建築之房屋，原非債務人所有，而被執行法院誤予查封者，買受人因不能登記，自得代位原所有人提起異議之訴，若該房屋為債務人所有，買受人雖買受在先，亦無排除強制執

行之權利。

（三四）49臺上字第24號：

得為預告登記之保全者，係以土地權利之移轉、消滅或其內容次序之變更為標的之請求權，與民法第758條所定因法律行為而取得不動產物權，非經登記不生效力之情形不同，故上訴人就系爭房屋執有上開預告登記之通知書，亦難謂有排除強制執行之權利存在。

（三五）50臺上字第96號：

依土地法所為之登記有絕對真實之公信力，縱使債務人之處分有無效之原因，在債權人未提起塗銷登記之訴，並得有勝訴之確定判決以前，其登記仍不失其效力。債權人殊難以該不動產之登記在實施查封以後為無效，認定第三人尚未取得所有權，並無足以排除強制執行之權利，而主張第三人執行異議之訴為無理由。

（三六）50臺上字第1236號：

違章建築物雖為地政機關所不許登記，尚非不得以之為交易之標的，原建築人出賣該建築物時，依一般規則，既仍負有交付其物於買受人之義務，則其事後以有不能登記之弱點可乘，又隨時主張所有權為其原始取得訴請確認，勢無以確保交易之安全。故本院最近見解，認此種情形，即屬所謂無即受確認判決之法律上利益，應予駁回，是其確認所有權存在之訴既應駁回，則基於所有權而請求撤銷查封，自亦無由准許。

（三七）51臺上字第345號：

強制執行法第15條所謂就執行標的物有足以排除強制執行之權利，除所有權外固兼括典權在內，惟此指典權本身因強制執行受有妨礙之情形而言，倘出典人之債權人僅就典物為禁止

出典人讓與其所有權之假扣押，或僅請就典物之所有權執行拍賣時，則依民法第918條規定之精神，典權人自不得提起異議之訴。

（三八）58臺抗字第436號：

禁止命令及轉付命令，係執行法院就債務人對於第三人之權利之執行方法，如應發而不發或不應發而發者，當事人或利害關係人只得依強制執行法第12條規定，為聲請或聲明異議，不得逕行提起抗告。

（三九）59臺上字第2227號：

系爭房地為被上訴人與其夫婚姻關係存續中所買受，為其聯合財產，既非被上訴人之原有財產，自屬其夫所有，縱令被上訴人與其夫於上訴人指封前已離婚，亦不過各取回其固有財產，其於離婚前本來屬於夫之所有之財產，不因離婚而其歸屬有所變更，亦即仍為夫之所有，殊無被上訴人得藉口已離婚，而謂不再為夫所有，進而謂其有排除強制執行權利之餘地。

（四十）62臺再字第100號：

司法院院字第578號解釋，係指強制執行中拍賣之不動產為第三人所有者，其拍賣為無效，原所有權人於執行終結後，仍得另行提起回復所有權之訴，並非謂於執行程序終結後仍可提起第三人異議之訴。

（四一）65臺上字第1797號：

民法第759條所謂因法院之判決，於登記前已取得不動產物權者，係指以該判決之宣告足生物權法上取得某不動產效果之力，恆有拘束第三人之必要，而對於當事人以外之一切第三人亦有效力者而言，惟形成判決始足當之，不包含其他判決在內。關於命被上訴人陳某辦理所有權移轉登記之確定判決，性

質上既非形成判決，尚須上訴人根據該確定判決辦畢所有權移轉登記後，始能取得所有權，自難謂上訴人於該所有權移轉登記事件判決確定時，即取得系爭土地之所有權。嗣後上訴人既迄未辦畢所有權移轉登記，則其尚未取得系爭土地之所有權，殊無疑義，是上訴人本於所有權請求排除被上訴人楊某等之強制執行，即難認為有理由。

（四二）65臺上字第2920號：

　　強制執行法第15條所定第三人異議之訴，以排除執行標的物之強制執行為目的，故同條所謂強制執行程序終結，係指對於執行標的物之強制執行程序終結而言，對於執行標的物之強制執行程序，須進行至執行名義所載債權之全部或一部，因對於執行標的物之強制執行達其目的時始為終結。

（四三）68臺上字第3190號：

　　強制執行法第15條所謂就執行標的物有足以排除強制執行之權利者，係指對於執行標的物有所有權、典權、留置權、質權存在情形之一者而言。上訴人（道教會團體）主張訟爭房屋係伊所屬眾信徒捐款購地興建，因伊尚未辦妥法人登記，乃暫以住持王某名義購地建屋並辦理所有權登記，由王某出具字據，承諾俟伊辦妥法人登記後，再以捐助方式將房地所有權移轉登記與伊各節，就令非虛，上訴人亦僅得依據信託關係，享有請求王某返還房地所有權之債權而已，訟爭房地之所有權人既為執行債務人王某，上訴人即無足以排除強制執行之權利。

（四四）75臺上字第2225號：

　　假扣押之執行，以假扣押之標的脫離假扣押之處置，例如將假扣押標的交付執行或撤銷假扣押其程序即為終結。在將假扣押標的交付執行之情形，尚未進行至執行名義所載債權之全

部或一部因對於執行標的物之強制執行達其目的時，係屬本案
之強制執行程序尚未終結，第三人就執行標的物如有足以排除
強制執行之權利，僅得提起請求排除本案強制執行程序異議之
訴，對於業已終結之假扣押執行程序，殊無許其再提起異議之
訴請求排除之餘地。

（四五）77臺抗字第143號：

　　限定繼承之繼承人，就被繼承人之債務，惟負以遺產為
限度之物的有限責任。故就被繼承人之債務為執行時，限定繼
承人僅就遺產之執行居於債務人之地位，如債權人就限定繼承
人之固有財產聲請強制執行，應認限定繼承人為強制執行法第
15條之第三人，得提起第三人異議之訴，請求撤銷強制執行程
序。

（四六）院字第2776號：

1.強制執行法第15條所定第三人異議之訴，以排除執行標的物
　之強制執行為目的，故同條所謂強制執行程序終結，係指對
　於執行標的物之強制執行程序終結而言，對於執行標的物之
　強制執行程序如已終結，則雖因該執行標的物之賣得價金不
　足抵償執行名義所載債權之全部，致執行名義之強制執行程
　序尚未終結，第三人亦不得提起異議之訴，對於執行標的物
　之強制執行程序，進行至執行名義所載債權之全部或一部，
　因對於執行標的物之強制執行達其目的時，始為終結，故執
　行標的物經拍賣終結而未將其賣得價金交付債權人時，對於
　該執行標的物之強制執行程序，不得謂已終結，第三人仍得
　提起異議之訴，但已終結之拍賣程序不能依此項異議之訴有
　理由之判決予以撤銷。故該第三人僅得請求交付賣得價金，
　不得請求撤銷拍賣程序。同法第14條所定債務人異議之訴以

排除執行名義之執行力為目的，故同條所謂強制執行程序終結，係指執行名義之強制執行程序終結而言，執行名義之強制執行程序，進行至執行名義所載債權全部達其目的時，始為終結，故執行名義所載債權，未因強制執行全部達其目的以前，對於某一執行標的物之強制執行程序雖已終結，債務人仍得提起異議之訴，但此項異議之訴有理由之判決僅就執行名義所載債權未因強制執行達其目的之部分排除其執行力，不能據以撤銷強制執行程序業經終結部分之執行處分。同法第12條第1項所謂強制執行程序終結，究指強制執行程序進行至如何程序而言，應視聲請或聲明異議之內容，分別情形定之，例如以動產及不動產為執行標的物之強制執行，對於動產之強制執行程序已終結，而對於不動產之強制執行程序未終結時，如債務人主張查封拍賣之動產為法律上禁止查封之物，聲明異議，則同條項所謂強制執行程序終結，係指對於執行標的物之強制執行程序終結而言，如債務人主張，依以強制執行之公證書不備執行名義之要件聲明異議，則同條項所謂強制執行程序終結，係揩執行名義之強制執行程序終結而言，但在後之情形，認聲明異議為有理由之裁定，僅得撤銷對於不動產之執行處分，至對於動產之強制執行程序，既經終結，其執行處分即屬無從撤銷。

2.依同一執行名義，就關於一債務人或數債務人之數種財產為強制執行，其中一種財產已經拍賣終結，並將賣得價金交付債權人時，對於該種財產之強制執行程序即為終結，對於他種財產之強制執行程序雖未終結，亦不得對於業經終結之強制執行程序聲明異議或提起第三人異議之訴，至債務人聲明執行名義要件未備之異議或提起異議之訴是否尚得為之，應

視執行名義是否尚應對於該債務人為強制執行以為斷。

3. 無執行名義而為強制執行，將債務人之財產移轉於債權人或第三人時，實體上不生財產權移轉之效力，故在強制執行程序終結後，債務人得對於該債權人或第三人以訴主張其財產權，但第三人別有取得財產權之法律上原因，例如依民法第801條取得所有權時，債務人僅得分別情形，向債權人請求返還不當得利或請求賠償損害。至依執行名義所為之強制執行，以法律所定不得執行之財產為執行標的物者，在強制執行程序終結前，債務人固得聲明異議，強制執行程序一經終結，即不得主張其強制執行為無效，惟其執行標的物依法律之規定不得讓與者，雖其讓與係依強制執行為之亦屬無效，例如強制執行法第122條所舉債務人對於第三人之債權，即民法第294條第1項第3款所稱禁止扣押之債權不得讓與於人，執行法院如依強制執行法第115條第2項之規定，以命令將此項債權移轉於債權人時，其移轉自屬無效，強制執行程序終結後，債務人對於債權人得主張移轉無效，提起確認該債權仍屬於己之訴。

4. 聲明異議經裁定駁回確定後，當事人復以同一理由聲明異議，經認為有理由者，法院得為與前裁定相反之裁判。

5. 撤銷或更正強制執行之處分或程序，惟在強制執行程序終結前始得為之，故聲明異議雖在強制執行程序終結前，而執行法院或抗告法院為裁判時強制執行程序已終結者，縱為撤銷或更正原處分或程序之裁定，亦屬無從執行，執行法院或抗告法院自可以此為理由，予以駁回。

6. 債務人以查封違背強制執行程序之規定聲明異議，經法院認為有理由以裁定撤銷查封時，如依該裁定之意旨原查封物非

不得再予查封者，雖已進入拍賣程序，執行法院亦應再予查封，另行拍賣，但拍賣物已經拍定為移轉所有權於買受人之行為時，拍賣程序即為終結，撤銷查封之裁定自屬無從執行。

7.債務人以查封違背強制執行程序之規定，聲明異議為有理由者，雖已進入拍賣程序，執行法院或抗告法院，亦得以裁定撤銷查封以後之程序，但拍賣物已經拍定為移轉所有權於買受人之行為時，拍賣程序即為終結，不得更以裁定撤銷查封拍賣等程序，即使予以撤銷其裁定亦協無從執行。

8.債權人與債務人所訂拋棄強制執行請求權之特約，在強制執行法上不生強制執行請求權喪失之效力，債權人與債務人在執行法院和解時，債權人表示拋棄其對於和解部分以外之強制執行請求權，縱令當事人間已成立合意，債權人且已向執行法院撤回強制執行之聲請，而債權人之強制執行請求權，要不因而喪失自得仍依原執行名義聲請強制執行。

9.主文載明出典人於一定期間內返還典價，典權人應將典物返還之判決，如依其意旨，出典人非於一定期間內提出典價即不得再行提出典價請求返還典物者，出典人聲請強制執行，自須於期間內提出典價為之，其提出典價已逾期間者，雖其聲請強制執行尚在期間之內，亦不得為之強制執行。

10.廢棄執行名義或宣告不許強制執行之裁判已有執行力，例如廢棄確定判決之再審判決已確定廢棄，宣告假執行之本案判決之判決已宣示（參照民訴§395Ⅰ）認聲明異議為有理由之裁定已宣示或送達（參照民訴§488Ⅰ），或認異議之訴為有理由之判決已確定時，其裁判正本一經提出，執行法院即應停止強制執行，並撤銷已為之執行處分，此

在強制執行法雖未如他國立法例設有明文，亦為解釋上所應爾，但強制執行程序若已終結，即無從撤銷已為之執行處分，非另有執行名義，執行法院不能為之回復執行前之原狀。

第16條（得提起異議之訴時執行法院之處置）
債務人或第三人就強制執行事件得提起異議之訴時，執行法院得指示其另行起訴，或諭知債權人，經其同意後，即由執行法院撤銷強制執行。

解說

　　近代強制執行，係採執行機關與權利認定機關分離的制度。因此，權責上，執行法院懂得依據執行名義為強制執行；至於執行名義所載的請求權，實際上是否存在，在所不問。

　　是以無權利，但有執行名義之情形，勢所難免；若債務人或第三人已知該如何救濟時，固將以訴救濟；惟若債務人或第三人不知者，執行法院雖非救濟之權責機關對於權利之有無，亦不負審查責任；依衡平原則，執行法院既已知執行有所不當，或有不當之虞，理應指示債務人或第三人就強制執行事件，另行提起異議之訴，俾符公義而免損害之造成或擴大。

　　執行法院此時亦可將此情形，諭知債權人，曉以大義，若經債權人同意，即由執行法院撤銷強制執行。

　　此本條所設之旨。

參考資料

（一）民事訴訟法第199條：闡明權

　　審判長應注意令當事人就訴訟關係之事實及法律為適當完全之辯論。

　　審判長應向當事人發問或曉諭，令其為事實上及法律上陳述、聲明證據或為其他必要之聲明及陳述，其所聲明或陳述有不明瞭或不完備者，應令其敘明或補充之。

　　陪席法官告明審判長後，得向當事人發問或曉諭。

（二）43臺上字第12號：

　　民事訴訟法第199條第2項規定，審判長應向當事人發問或曉諭，令其陳述事實、聲明證據，或為其他必要之聲明及陳述，其所聲明及陳述有不明瞭或不完足者，應令其敘明或補充之云云，此為審判長（或獨任推事）因定訴訟關係之闡明權，同時並為其義務，故審判長對於訴訟關係未盡此項必要之處置違背闡明之義務者，其訴訟程序即有重大瑕疵，而其此所為之判決，亦屬違背法令。

（三）民事訴訟法第244條：起訴

　　起訴，應以訴狀表明下列各款事項，提出於法院為之：

　　一、當事人及法定代理人。

　　二、訴訟標的及其原因事實。

　　三、應受判決事項之聲明。

　　訴狀內宜記載因定法院管轄及其適用程序所必要之事項。

　　第265條所定準備言詞辯論之事項，宜於訴狀內記載之。

　　第1項第3款之聲明，於請求金錢賠償損害之訴，原告得在第1項第2款之原因事實範圍內，僅表明其全部請求之最低金額，而於第一審言詞辯論終結前補充其聲明。其未補充者，審

判長應告以得為補充。

　　前項情形，依其最低金額適用訴訟程序。

（四）49臺抗字第72號：

　　強制執行法第17條所謂於強制執行開始後，始發見債權人查報之財產確非債務人所有者，應由執行法院撤銷其執行處分，係指查報之財產確非債務人所有者而言。若該財產是否債務人所有尚待審認方能確定，執行法院既無逕行審判之權限，尤非聲明同法第12條所定之異議所能救濟，自應依同法第16條之規定，指示主張有排除強制執行權利之第三人，提起執行異議之訴，以資解決。

第五節　責任財產之發見

第17條（非債務人所有財產之處置）
執行法院如發見債權人查報之財產確非債務人所有者，應命債權人另行查報，於強制執行開始後始發見者，應由執行法院撤銷其執行處分。

解說

（一）責任財產：

　　責任財產指債務人之財產中，得為強制執行客體之財產之謂。

　　強制執行客體，因執行之內容而異其態樣：

　　於金錢債權之執行名義，在債務人不履行給付內容而須強制執行時，凡屬於債務人之財產，而得為強制執行之客體者，

概稱為責任財產。

故，必執行名義之給付內容為金錢價權，始有責任財產之可言。

至若物之交付請求權之強制執行，因係以執行名義所示的特定物為執行客體；行為或不行為之強制執行，則係以債務人之行為或不行為，為執行對象；因此，物之交付、行為或不行為請求權之強制執行，均不發生如何認定強制執行客體範圍的問題，亦即，均無責任財產的問題。

（二）責任財產之範圍：

原則上，債務人之總財產中，凡具有金錢價值者，不論其為動產、不動產或智慧財產權，或其他財產權均得為執行之客體，即屬責任財產。

但債務人之總財產中，法律上為保障債務人之生存權，或因公序良俗、法律規定，或因財產權有特定之性質，而不許作為執行客體，則非責任財產。

（三）發見財產確非債務人所有之處置：

責任財產係以開始強制執行之際，屬於債務人之財產；惟債權人為期迅予強制執行，查報常有失實。

故，執行法院如發見債權人查報之財產，確非債務人所有，如尚未開始強制執行，應命債權人另行查報。

如已開始強制執行，則應立刻停止執行，並撤銷強制執行之處分。

例如海上運送，運送人與船舶所有人常不相同；而運送人與託運人或受貨人之間，常有運送契約所致之糾紛或損害賠償之請求；如託運人或受貨人，以船舶為強制執行之客體時，則船舶所有人常有本條文規定之主張。

執行法院亦得逕依本條規定而為處置。

（一）49臺抗字第72號：

　　強制執行法第17條所謂於強制執行開始後，始發見債權人查報之財產確非債務人所有者，應由執行法院撤銷其執行處分，係指查報之財產確非債務人所有者而言。若該財產是否債務人所有尚待審認方能確定，執行法院既無逕行審判之權限，尤非聲明同法第12條所定之異議所能救濟自應依同法第16條之規定，指示主張有排除強制執行權利之第三人，提起執行異議之訴，以資解決。

（二）釋字第37號解釋：

　　執行機關執行特種刑事案件沒收之財產，對於受刑人所負債務固非當然負清償之責，惟揆諸憲法第15條保障人民財產權之精神，如不知情之第三人就其合法成立之債權有所主張時，依刑事訴訟法第475條之規定，應依強制執行法有關各條規定辦理。

第18條（執行不停止原則）

強制執行程序開始後，除法律另有規定外，不停止執行。

有回復原狀之聲請，或提起再審或異議之訴，或對於和解為繼續審判之請求，或提起宣告調解無效之訴、撤銷調解之訴，或對於許可強制執行之裁定提起抗告時，法院因必要情形或依聲請定相當並確實之擔保，得為停止強制執行之裁定。

解說

（一）規範目的：

強制執行程序開始後執行法院應依法定程序迅速進行，以確保債權人權益。

惟，因法律上特定事由之發生，亦不得不兼顧債務人或第三人之權益，俾免損害擴大，而不可收拾，以期持平，此本條所設之意旨。

（二）停止事由：

停止執行之事由，特定為六：

1. 有回復原狀之聲請：例如當事人因天災（例如水災、地震）、人禍（例如戰爭、暴動），而遲誤不變期間者，於其原因消滅後十日內得聲請回復原狀民訴第164條第1項。

2. 提起再審之訴：對於確定之終局判決，如具有再審事由，當事人得提起再審之訴（民訴§496）。

3. 提起異議之訴：即前所述之債務人異議之訴（強§14、14之1）及第三人異議之訴。

4. 對於和解為繼續審判之請求：和解有無效或得撤銷之原因者，得請求繼續審判（民訴§380 II）。

5. 提起宣告調解無效之訴或撤銷調解之訴：原法院請求宣告調解無效或撤銷調解之訴（民訴§416 II）。

6. 對於許可強制執行之裁定提起抗告者：例如本票裁定、拍賣抵押物之裁定、仲裁判斷之裁定等。

（三）擔保：

當事人以前述六種特定情形為由，聲請停止執行時，仍應由受訴法院，而非執行法院，依其聲請定相當之擔保後，受訴

法院始得裁定停止執行。

（四）送達：

　　受訴法院為停止執行之裁定後，並非當然發生停止執行之效力；當事人仍須將此裁定向執行法院提出，執行法院始停止執行。

（一）民事訴訟法第164條：回復原狀聲請

　　當事人或代理人，因天災或其他不應歸責於己之事由，遲誤不變期間者，於其原因消滅後十日內，得聲請回復原狀。

　　前項期間，不得伸長或縮短之。但得準用前項之規定，聲請回復原狀。

　　遲誤不變期間已逾一年者，不得聲請回復原狀。

（二）民事訴訟法第496條：再審之訴

　　有下列各款情形之一者，得以再審之訴對於確定終局判決聲明不服。但當事人已依上訴主張其事由或知其事由而不為主張者，不在此限：

　　一、適用法規顯有錯誤者。

　　二、判決理由與主文顯有矛盾者。

　　三、判決法院之組織不合法者

　　四、依法律或裁判應迴避之法官參與裁判者。

　　五、當事人於訴訟未經合法代理者。

　　六、當事人知他造之住居所指為所在不明而與涉訟者。但他造已承認其訴訟程序者，不在此限。

　　七、參與裁判之法官關於該訴訟違背職務犯刑事上之罪者，或關於該訴訟違背職務受懲戒處分，處分足以影

響原判決者。

八、當事人之代理人或他造或其代理人關於該訴訟有刑事
　　上應罰之行為影響於判決者。

九、為判決基礎之證物，係偽造或變造者。

十、證人、鑑定人通譯、當事人或法定代理人經具結後就
　　為判決基礎之證言、鑑定、通譯或有關事項為虛偽陳
　　述者。

十一、為判決基礎之民事或刑事判決及其他裁判或行政處
　　　分，依其後之確定裁判或行政處分已變更者。

十二、當事人發見就同一訴訟標的在前已有確定判決或和
　　　解、調解或得使用該判決或和解、調解者。

十三、當事人發見未經斟酌之證物或得使用該證物者。但
　　　以如經斟酌可受較有利益之裁判者為限。

前項第7款至第10款情形，以宣告有罪之判決或處罰鍰之
裁定已確定，或因證據不足以外之理由，而不能為有罪之確定
判決或罰鍰之確定裁定者為限，得提起再審之訴。

第二審法院就該事件已為本案判決者，對於第一審法院之
判決不得提起再審之訴。

（三）強制執行法第14條：債務人異議之訴

執行名義成立後，如有消滅或妨礙債權人請求之事由發
生，債務人得於強制執行程序終結前，向執行法院對債權人提
起異議之訴。如以裁判為執行名義時，其為異議原因之事實發
生在前訴訟言詞辯論終結後者，亦得主張之。

執行名義無確定判決同一之效力者，於執行名義成立前，
如有債權不成立或消滅或妨礙債權人請求之事由發生，債務人
亦得於強制執行程序終結前提起異議之訴。

　　依前二項規定起訴，如有多數得主張之異議原因事實，應一併主張之。其未一併主張者，不得再行提起異議之訴。

（四）強制執行法第14條之1：債務人異議之訴

　　債務人對於債權人依第4條之2規定聲請強制執行，如主張非執行名義效力所及者，得於強制執行程序終結前，向執行法院對債權人提起異議之訴。

　　債權人依第4條之2規定聲請強制執行經執行法院裁定駁回者，得於裁定送達後十日之不變期間內，向執行法院對債務人提起許可執行之訴。

（五）強制執行法第15條：第三人異議之訴

　　第三人就執行標的物有足以排除強制執行之權利者，得於強制執行程序終結前，向執行法院對債權人提起異議之訴。如債務人亦否認其權利時，並得以債務人為被告。

（六）民事訴訟法第380條：和解之繼續審判

　　和解成立者，與確定判決有同一之效力。

　　和解有無效或得撤銷之原因者，當事人得請求繼續審判。

　　請求繼續審判者，應繳納第84條第2項所定退還之裁判費。

　　第500條至第502條及第506條之規定，於第2項情形準用之。

　　第五編之一第三人撤銷訴訟程序之規定，於第1項情形準用之。

（七）民事訴訟法第416條：調解無效或撤銷調解之訴

　　調解經當事人合意而成立；調解成立者，與訴訟上和解有同一之效力。

　　調解有無效或得撤銷之原因者，當事人得向原法院提起宣

告調解無效或撤銷調解之訴。

前項情形，原調解事件之聲請人，得就原調解事件合併起訴或提起反訴，請求法院於宣告調解無效或撤銷調解時合併裁判之。並視為自聲請調解時，已經起訴。

第500條至第502條及第506條之規定，於第2項情形準用之。

調解不成立者，法院應付與當事人證明書。

第五編之一第三人撤銷訴訟程序之規定，於第1項情形準用之。

（八）民法第873條：抵押物之拍賣

抵押權人，於債權已屆清償期，而未受清償者，得聲請法院拍賣抵押物，就其賣得價金而受清償。

（九）非訟事件法第72條：抵押物拍賣之裁定

民法所定抵押權人、質權人、留置權人及依其他法律所定擔保物權人聲請拍賣擔保物事件，由拍賣物所在地之法院管轄。

（十）票據法第123條：本票裁定

執票人向本票發票人行使追索權時，得聲請法院裁定後強制執行。

（十一）仲裁法第37條：仲裁判斷之裁定

仲裁人之判斷，於當事人間，與法院之確定判決，有同一效力。

仲裁判斷，須聲請法院為執行裁定後，方得為強制執行。但合於下列規定之一，並經當事人雙方以書面約定仲裁判斷無須法院裁定即得為強制執行者，得逕為強制執行：

　　一、以給付金錢或其他代替物或有價證券之一定數量為標的者。

二、以給付特定之動產為標的者。

前項強制執行之規定，除當事人外，對於下列之人，就該仲裁判斷之法律關係，亦有效力：

一、仲裁程序開始後為當事人之繼受人及為當事人或其繼受人占有請求之標的物者。

二、為他人而為當事人者之該他人及仲裁程序開始後為該他人之繼受人，及為該他人或其繼受人占有請求之標的物者。

（十二）平均地權條例第78條：返還耕地之裁定

依第76條規定終止耕地租約時，應由土地所有權人以書面向直轄市或縣（市）政府提出申請，經審核其已與承租人協議成立者，應准終止耕地租約；其經審核尚未與承租人達成協議者，應即邀集雙方協調。承租人拒不接受協調或對補償金額有爭議時，由直轄市或縣（市）政府，依前條規定標準計算承租人應領之補償，並通知領取，其經領取或依法提存者，准予終止耕地租約。

耕地租約終止後，承租人拒不返還耕地時，由直轄市或縣（市）政府移送法院裁定後，強制執行之，不受耕地三七五減租條例關於租佃爭議調解調處程序之限制。

（十三）23抗字第3165號：

強制執行開始後，雖有停止執行之裁定，但該裁定如以提出保證為停止執行之條件者，在提出保證以前仍不得停止執行。

（十四）31抗字第370號：

強制執行法第18條第2項所謂前項裁定，係指同條第1項但書所稱停止強制執行之裁定而言。至駁回停止強制執行聲請之

裁定，並不包含在內。

（十五）69臺抗字第141號：

停止強制執行之裁定，當事人不得對之提起抗告，為強制執行法第18條第3項所明定，如此項裁定附有須提供如何擔保之條件者，該條件即為裁定本身之重要部分，自不能謂其可與裁定分離，而得對之單獨提起抗告，此為當然之解釋。

（十六）釋字第182號解釋：

強制執行程序開始後，除法律另有規定外，不停止執行。乃在使債權人之債權早日實現，以保障人民之權利。最高法院63年度臺抗字第59號判例，認債務人或第三人不得依假處分程序聲請停止執行，係防止執行程序遭受阻礙。抵押人對法院許可拍賣抵押物之裁定，主張有不得強制執行之事由而提起訴訟時，亦得依法聲請停止執行，從而上開判例即不能謂與憲法第16條有所牴觸。

第19條（執行事件之調查）

執行法院對於強制執行事件，認有調查之必要時，得命債權人查報，或依職權調查之。

執行法院得向稅捐及其他有關機關、團體或知悉債務人財產之人調查債務人財產狀況，受調查者不得拒絕。但受調查者為個人時，如有正當理由，不在此限。

解說

調查債務人責任財產有三種方法：

（一）命債權人查報：執行法院對於強制執行事件，就有調查

之必要，原則上應命債權人查報；蓋此與債權人之債權能否實規，息息相關，自應由其查報。

惟債權人之查報常有失實，例如所查報之財產並非債務人所有，如尚未開始強制執行，執行法院自應命債權人另行查報，如已開始強制執行，則應立即停止執行，並撤銷其執行處分。

若不能確定財產是否為債務人所有，執行法院亦得行使闡明權，指示主張有排除強制執行權利之第三人，提起第三人異議之訴。

（二）**依職權調查**：執行法院得依聲請，亦得自行依職權向財稅中心或其他機關，調查債務人之財產狀況。

受執行法院調查之機關，除係個人且有正當理由者外，不得拒絕。

（三）**命債務人報告**：執行法院亦得依債權人之聲請於金錢債權上，未發現或雖發現但不足清償債權金額之責任財產，於物之交付執行，不知債務人應交付之財產何在時，命債務人報告。

以上三種調查方法，第三種情形最少，效果最差，蓋人性上自我防禦，天性使然。

故第三種方法，因基於人性，執行法院只能依聲請，不得依職權。

第20條（命債務人報告財務義務及限期履行執行債務）
已發見之債務人財產不足抵償聲請強制執行債權或不能發現債務人應交付之財產時，執行法院得依債權人聲請或依職

權，定期間命債務人據實報告該期間屆滿前一年內應供強制執行之財產狀況。

債務人違反前項規定，不為報告或為虛偽之報告，執行法院得依債權人聲請或依職權命其提供擔保或限期履行執行債務。

債務人未依前項命令提供相當擔保或遵期履行者，執行法院得依債權人聲請或依職權管收債務人。但未經訊問債務人，並認其非不能報告財產狀況者，不得為之。

解說

執行法院命債務人報告財產，須具備三要件：

（一）執行法院得依職權或依職權人之聲請，命債務人報告其責任財產狀況。

（二）須係已發見之債務人財產不足清償執行之金錢債權；或物之交付情形，不能發見債務人應交付的財產。

（三）須定期間命債務人報告其於所定期間屆滿前一年內財產的變動狀況。

本條第2項規定，債務人如果違反第1項規定，不就自己於該期間屆滿前一年內的財產狀況進行報告，或雖報告但為虛偽之報告時，執行法院得依債權人的聲請或依職權，命令債務人提供相當的擔保，如：以不動產或動產，擔保應受執行的債務，或是命令債務人在一定期限內履行償還應受執行的債務。

本條第3項規定，債務人如果仍違反第2項規定，不提供擔保或不於期限內履行應受執行的債務，執行法院得依債權人的聲請或依職權，管收債務人。但在管收前，應該要先行訊問債務人，並確認債務人係能報告財產狀況卻故意不報告財產狀

況，才得管收債務人。

第六節　對人的執行

　　強制執行可分為對人之執行與對物之執行。

　　拘提、管收、限制出境、限制住居係屬對人之執行。

　　近代，由於人權觀念之抬頭，強制執行法，大抵係對物的執行。除第21條至第26條外，其他均係對物之執行。

第21條（拘提之事由及程序規定）

債務人有下列情形之一，而有強制其到場之必要者，執行法院得拘提之：

一、經合法通知，無正當理由而不到場。

二、有事實足認為有逃匿之虞。

債務人有前項情形者，司法事務官得報請執行法院拘提之。

債務人經拘提到場者，執行法院得交由司法事務官即時詢問之。

司法事務官於詢問後，應向執行法院提出書面報告。

解說

　　所謂拘提，係強制債務人至執行法院之處分。

　　蓋如強制執行事件有關執行標的物或執行之法定要件之調查，而債務人均一律拒絕應訊，執行程序必難以進行，故有設拘提之必要。

　　本條第1項規定，債務人如果經合法通知，無正當理由而

不到場應訊，或是有事實足認為債務人有逃亡隱匿之可能性，而有強制債務人到場應訊的必要性時，執行法院得拘提債務人到場應訊。

　　本條第2項規定，債務人如果有第1項情形，辦理強制執行事務的司法事務官，亦得報請執行法院拘提債務人應訊。

　　本條第3項規定，債務人如果是被拘提到場的話，執行法院得直接交由司法事務官，由其立即詢問債務人有關強制執行的事項。

　　本條第4項規定，司法事務官於進行前項詢問完畢後，應向執行法院提出詢問結果的書面報告。

第21條之1（拘提程式）
拘提，應用拘票。
拘票應記載下列事項，由執行法官簽名：
一、應拘提人姓名、性別、年齡、出生地及住所或居所，有
　　必要時，應記載其足資辨別之特徵。但年齡、出生地、
　　住所或居所不明者，得免記載。
二、案由。
三、拘提之理由。
四、應到之日、時及處所。

解說
　　拘提，應用拘票。
拘票應記載：
（一）應拘提人之人別事項及特徵。

（二）案由。

（三）拘提理由。

（四）應到之時間及處所。

　　拘提由執達員執行，並得準用刑事訴訟法相關之規定。

參考資料

（一）刑事訴訟法第75條：傳喚之效果──得拘提之

　　被告經合法傳喚，無正當理由不到場者，得拘提之。

（二）刑事訴訟法第76條：逕行拘提之事由

　　被告犯罪嫌疑重大，而有下列情形之一者，得不經傳喚逕行拘提：

　　一、無一定之住所或居所者。

　　二、逃亡或有事實足認為有逃亡之虞者。

　　三、有事實足認為有湮滅、偽造、變造證據或勾串共犯或證人之虞者。

　　四、所犯為死刑、無期徒刑或最輕本刑為五年以上有期徒刑之罪者。

（三）刑事訴訟法第77條：拘提被告之程式

　　拘提被告，應用拘票。

　　拘票，應記載下列事項：

　　一、被告之姓名、性別、年齡、籍貫及住所或居所，但年齡、籍貫、住所或居所不明者，得免記載。

　　二、案由。

　　三、拘提之理由。

　　四、應解送之處所。

　　第71條第3項及第4項之規定，於拘票準用之。

（四）民法第20條：住所之設定

依一定事實，足認以久住之意思，住於一定之地域者，即為設定其住所於該地。

一人同時不得有兩住所。

（五）民法第21條：法定住所

無行為能力人及限制行為能力人，以其法定代理人之住所為住所。

（六）民法第22條：擬制住所

遇有下列情形之一者，其居所視為住所：

一、住所無可考者。

二、在我國無住所者。但依法須依住所地法者，不在此限。

（七）民法第23條：選定居所

因特定行為選定居所者，關於其行為，視為住所。

（八）民法第24條：住所之廢止

依一定事實，足認以廢止之意思離去其住所者，即為廢止其住所。

第21條之2（拘提之執行）
拘提，由執達員執行。

參考資料

（一）管收條例第2條：刑事訴訟法拘提、羈押規定之準用

對於債務人、擔保人或其他依法得拘提、管收之人之拘提、管收，除強制執行法及本條例有規定外，準用刑事訴訟法

關於拘提、羈押之規定。

（二）管收條例第3條：拘票之必備及其忠記我事項

　　拘提應用拘票。

　　拘票應記鈸下列事項由推事及召記官簽名：

　　一、應拘提人之姓名、性別、及佳、居所。

　　二、拘提之理由。

　　三、應到之日時及處所。

（三）管收條例第4條：拘提之執行機關

　　拘提，由執達員執行。

第22條（管收要件及程序規定）

債務人有下列情形之一者，執行法院得依債權人聲請或依職權命其提供擔保或限期履行：

一、有事實足認顯有履行義務之可能故不履行。

二、就應供強制執行之財產有隱匿或處分之情事。

債務人有前項各款情形之一，而有事實足認顯有逃匿之虞或其他必要事由者，執行法院得依債權人聲請或依職權，限制債務人住居於一定之地域。但債務人已提供相當擔保、限制住居原因消滅或執行完結者，應解除其限制。

前項限制住居及其解除，應通知債務人及有關機關。

債務人無正當理由違反第二項限制住居命令者，執行法院得拘提之。

債務人未依第一項命令提供相當擔保、遵期履行或無正當理由違反第二項限制住居命令者，執行法院得依債權人聲請或依職權管收債務人。但未經訊問債務人，並認非予管收，顯

難進行強制執行程序者，不得為之。

債務人經拘提、通知或自行到場，司法事務官於詢問後，認有前項事由，而有管收之必要者，應報請執行法院依前項規定辦理。

解說

本條第1項規定，債務人如果有下列情形之一，執行法院得依債權人聲請或依職權，命令債務人提供擔保，如：不動產或動產擔保，或限定債務人於一定期間內履行債務：

（一）有事實足以認為債務人顯有履行債務的可能性，但卻故意不履行。例如：債務人欠款100萬元，遲不清償，但是卻有閒錢購買賓士汽車及名牌皮包。

（二）債務人就應該被強制執行的財產有隱匿或處分的情事。例如：債務人應被強制執行A屋，但卻開始請代書辦理A屋過戶登記給配偶或親屬。

本條第2項規定，債務人如果有第1項各款情形之一，而有事實足以認定債務人顯然有逃亡隱匿的可能性或有其他必要事由時，執行法院得依債權人聲請或依職權，限制債務人必須住居於一定的地域。但是如果債務人已經提供相當的擔保，如：不動產或動產或相當金額，或是限制債務人住居的原因已經消滅，如：債務人已無逃亡隱匿的可能，或是強制執行程序已經完結時，執行法院則應解除債務人的住居限制。

本條第3項規定，前項限制住居及解除，執行法院均應通知債務人及有關機關，如：入出境管理局。

本條第4項規定，債務人如果沒有正當理由違反第2項限制住居的命令時，執行法院得拘提債務人。

　　本條第5項規定，債務人如果未依第1項執行法院的命令，提供相當擔保、遵期履行債務或無正當理由而違反第2項的限制住居命令，執行法院得依債權人聲請或依職權管收債務人。但由於管收係拘束債務人人身自由的重大處分，因此管收前必須先行訊問債務人，且必須認定非予管收債務人，則顯然難以進行強制執行程序時，始得予以管收。

　　本條第6項規定，債務人如果是被拘提、通知或自行到場接受詢問，司法事務官如果認為有第5項事由，而有予以管收債務人的必要性時，為遵守憲法第8條有關人身自由須符「法官保留」原則的要求（意即人民的人身自由得否限制，必須專由法官或法院來進行判斷），故此時司法事務官應報請執行法院依第五項規定決定是否管收債務人，而不得自行決定應予管收。

參考資料

（一）強制執行法第128條：不可代替行為請求權之執行方法

　　依執行名義，債務人應為一定之行為，而其行為非他人所能代履行者，債務人不為履行時，執行法院得定債務人履行之期間。債務人不履行時，得處新臺幣3萬元以上30萬元以下之怠金。其續經定期履行而仍不履行者，得再處怠金或管收之。

　　前項規定，於夫妻同居之判決不適用之。

　　執行名義，係命債務人交出子女或被誘人者，除適用第1項規定外，得用直接強制方式，將該子女或被誘人取交債權人。

（二）強制執行法第129條：不行為請求權之執行方法

　　執行名義係命債務人容忍他人之行為，或禁止債務人為一

定之行為者，債務人不履行時，執行法院得處新臺幣3萬元以上30萬元以下之怠金。其仍不履行時，得再處怠金或管收之。

前項情形，於必要時，並得因債權人之聲請，以債務人之費用，除去其行為之結果。

依前項規定執行後，債務人復行違反時，執行法院得依聲請再為執行。

前項再為執行，應徵執行費。

（三）強制執行法第138條：假處分裁定之送達

假處分裁定，係命令或禁止債務人為一定行為者，執行法院應將該裁定送達於債務人。

（四）強制執行法第140條：假處分執行方法之準用

假處分之執行，除前三條規定外，準用關於假扣押、金錢請求權及行為、不行為請求權執行之規定。

（五）憲法第8條：人身自由之保障

人民身體之自由應予保障，除現行犯之逮捕由法律另定外，非經司法或警察機關依法定程序，不得逮捕拘禁。非由法院依法定程序，不得審問處罰。非依法定程序之逮捕、拘禁、審問、處罰，得拒絕之。

人民因犯罪嫌疑被逮捕拘禁時，其逮捕拘禁機關應將逮捕拘禁原因，以書面告知本人及其本人指定之親友，並至遲於24小時內移送該管法院審問。本人或他人亦得聲請該管法院，於24小時內向逮捕之機關提審。

法院對於前項聲請，不得拒絕，並不得先令逮捕拘禁之機關查覆。逮捕拘禁之機關，對於法院之提審，不得拒絕或遲延。

人民遭受任何機關非法逮捕拘禁時，其本人或他人得向法

院聲請追究，法院不得拒絕，並應於24小時內向逮捕拘禁之機關追究，依法處理。

（六）管收條例第5條：管收票之必備及其應記載事項

　　管收，應用管收票。

　　管收票，應記載下列事項，由推事及書記官簽名：

　　一、應管收人之姓名、性別、及住、居所。

　　二、管收之理由。

（七）管收條例第6條：管收之執行

　　執行管收，由執達員將應管收人送交管收所。

　　管收所長驗後後，應於管收票附記送到之年、月、日、時並簽名。

（八）管收條例第7條：禁止及停止管收之原因

　　債務人、擔保人或其他依法得管收之人有下列情形之一者，不得管收：其情形發生於管收後者，應停止管收：

　　一、因管收而其一家生計有難以維持之虞者。

　　二、懷胎六月以上或生產後二月未滿者。

　　三、現罹疾病，恐因管收而不能治療者。

第22條之1（管收）

管收，應用管收票。

管收票，應記載下列事項，由執行法官簽名：

一、應管收人之姓名、性別、年齡、出生地及住所或居所，
　　有必要時，應記載其足資辨別之特徵。

二、案由。

三、管收之理由。

解說

管收係拘束債務人或具保人等之身體自由於管收所。

管收與拘提雖同為對人之執行，最主要之方法。然拘提僅係強制到場應訊，時間較短，管收則係留置於管收所中，時間較長，影響人身自由較大：以目前立法例，例如日本的民事執行法，業已完全不認許對人之執行，因此，對於管收，非不得已，應勿用，以符尊重人格之近代法理念。

參考資料

（一）刑事訴訟法第102條：羈押被告之程式

羈押被告，應用押票。

押票，應按被告指印，並記載下列事項：

一、被告之姓名、性別、年齡、出生地及住所或居所。

二、案由及觸犯之法條。

三、羈押之理由及其所依據之事實。

四、應羈押之處所。

五、羈押期間及其起算日。

六、如不服羈押處分之救濟方法。

第71條第3項之規定，於押票準用之。

押票，由法官簽名。

（二）刑事訴訟法第103條：羈押之執行

執行羈押，偵查中依檢察官之指揮：審判中依審判長或受命法官之指揮，由司法警察將被告解送指定之看守所，該所長官查驗人別無誤後，應於押票附記解到之年、月、日、時並簽名。

執行羈押時，押票應分別送交檢察官、看守所、辯護人、

被告及其指定之親友。

第81條、第89條及第90條之規定，於執行羈押準用之。

（三）刑事訴訟法第103條之1：羈押處所之變更

偵查中檢察官、被告或其辯護人認有維護看守所及在押被告安全或其他正當事由者，得聲請法院變更在押被告之羈押處所。

法院依前項聲請變更被告之羈押處所時，應即通知檢察官、看守所、辯護人、被告及其指定之親友。

（四）刑事訴訟法第105條：羈押之方法

管束羈押之被告，應以維持羈押之目的及押所之秩序所必要者為限。

被告得自備飲食及日用必需物品，並與外人接見、通信、受授書籍及其他物件。但押所得監視或檢閱之。

法院認被告為前項之接見、通信及受授物件有足致其脫逃或湮滅、偽造、變造證據或勾串共犯或證人之虞者，得依檢察官之聲請或依職權命禁止或扣押之。但檢察官或押所遇有急迫情形時，得先為必要之處分，並應即時陳報法院核准。

依前項所為之禁止或扣押，其對象、範圍及期間等，偵查中由檢察官；審判中由審判長或受命法官指定並指揮看守所為之。但不得限制被告正當防禦之權利。

被告非有事實足認為有暴行或逃亡、自殺之虞者，不得束縛其身體。束縛身體之處分，以有急迫情形者為限，由押所長官行之，並應即時陳報法院核准。

（五）刑事訴訟法第106條：押所之視察

羈押被告之處所，檢察官應勤加視察，按旬將視察情形陳報主管長官，並通知法院。

（六）刑事訴訟法第107條：羈押之撤銷

羈押於其原因消滅時，應即撤銷羈押，將被告釋放。

被告、辯護人及得為被告輔佐人之人得聲請法院撤銷羈押。檢察官於偵查中亦得為撤銷羈押之聲請。

法院對於前項之聲請得聽取被告、辯護人或得為被告輔佐人之人陳述意見。

偵查中經檢察官聲請撤銷羈押者，法院應撤銷羈押，檢察官得於聲請時先行釋放被告。

偵查中之撤銷羈押，除依檢察官聲請者外，應徵詢檢察官之意見。

（七）刑事訴訟法第108條：羈押之期間

羈押被告，偵查中不得逾二月，審判中不得逾三月。但有繼續羈押之必要者，得於期間未滿前，經法院依第101條或第101條之1之規定訊問被告後，以裁定延長之。在偵查中延長羈押期間，應由檢察官附具體理由，至遲於期間屆滿之五日前聲請法院裁定。

前項裁定，除當庭宣示者外，於期間未滿前以正本送達被告者，發生延長羈押之效力。羈押期滿，延長羈押之裁定未經合法送達者，視為撤銷羈押。

審判中之羈押期間，自卷宗及證物送交法院之日起算。起訴或裁判後送交前之羈押期間算入偵查中或原審法院之羈押期間。

羈押期間自簽發押票之日起算。但羈押前之逮捕、拘提期間，以一日折算裁判確定前之羈押日數一日。

延長羈押期間，偵查中不得逾二月，以延長一次為限。審判中每次不得逾二月，如所犯最重本刑為十年以下有期徒刑以

下之刑者，第一審、第二審以三次為限，第三審以一次為限。

案件經發回者，其延長羈押期間之次數，應更新計算。

羈押期間已滿未經起訴或裁判者，視為撤銷羈押，檢察官或法院應將被告釋放；由檢察官釋放被告者，並應即時通知法院。

依第2項及前項視為撤銷羈押者，於釋放前，偵查中，檢察官得聲請法院命被告具保、責付或限制住居。如認為不能具保、責付或限制住居，而有必要者，並得附具體理由一併聲請法院依第101條或第101條之1之規定訊問被告後繼續羈押之。審判中，法院得命具保、責付或限制住居；如不能具保、責付或限制住居，而有必要者，並得依第101條或第101條之1之規定訊問被告後繼續羈押之。但所犯為死刑、無期徒刑或最輕本刑為七年以上有期徒刑之罪者，法院就偵查中案件，得依檢察官之聲請；就審判中案件，得依職權，逕依第101條之規定訊問被告後繼續羈押之。

前項繼續羈押之期間自視為撤銷羈押之日起算，以二月為限，不得延長。

繼續羈押期間屆滿者，應即釋放被告。

第111條、第113條、第115條、第116條、第116條之2、第117條、第118條第1項、第119條之規定，於第8項之具保、責付或限制住居準用之。

（八）刑事訴訟法第109條：逾刑期之撤銷羈押

案件經上訴者，被告羈押期間如已逾原審判決之刑期者，應即撤銷羈押，將被告釋放。但檢察官為被告之不利益而上訴者，得命具保、責付或限制住居。

（九）刑事訴訟法第110條：具保聲請停止羈押

被告及得為其輔佐人之人或辯護人，得隨時具保，向法院聲請停止羈押。

檢察官於偵查中得聲請法院命被告具保停止羈押。

前二項具保停止羈押之審查，準用第107條第3項之規定。

偵查中法院為具保停止羈押之決定時，除有第114條及本條第2項之情形者外，應徵詢檢察官之意見。

（十）刑事訴訟法第111條：許可具保停止羈押之條件

許可停止羈押之聲請者，應命提出保證書，並指定相當之保證金額。

保證書以該管區域內殷實之人所具者為限，並應記載保證金額及依法繳納之事由。

指定之保證金額，如聲請人願繳納或許由第三人繳納者，免提出保證書。

繳納保證金，得許以有價證券代之。

許可停止羈押之聲請者，得限制被告之住居。

（十一）刑事訴訟法第112條：指定保證金之限制

被告係犯專科罰金之罪者，指定之保證金額，不得逾罰金之最多額。

（十二）刑事訴訟法第113條：保釋之生效時期

許可停止羈押之聲請者，應於接受保證書或保證金後，停止羈押，將被告釋放。

（十三）刑事訴訟法第114條：駁回聲請停止羈押之限制

羈押之被告，有下列情形之一者，如經具保聲請停止羈押，不得駁回：

一、所犯最重本刑為三年以下有期徒刑、拘役或專科罰金

之罪者。但累犯、當業犯、有犯罪之習慣、假釋中更
犯罪或依第101條之1第1項羈押者，不在此限。

二、懷胎五月以上或生產後二月未滿者。

三、現罹疾病，非保外治療顯難痊癒者。

（十四）刑事訴訟法第115條：責付

羈押之被告，得不命具保而責付於得為其輔佐人之人或該
管區域內其他適當之人，停止羈押。

受責付者，應出具證書，載明如經傳喚應令被告隨時到
場。

（十五）刑事訴訟法第116條：限制住居

羈押之被告得不命具保而限制其住居，停止羈押。

（十六）刑事訴訟法第116條之1：限制住居之準用

第110條第2項至第4項之規定，於前二條之責付、限制住
居準用之。

（十七）刑事訴訟法第117條：**再執行羈押之事由**

停止羈押後，有下列情形之一者，得命再執行羈押：

一、經合法傳喚無正當之理由不到場者。

二、受住居之限制而違背者。

三、本案新發生第101條第1項、第101條之1第1項各款所
定情形之一者。

四、違背法院依前條所定應遵守之事項者。

五、所犯為死刑、無期徒刑或最輕本刑為五年以上有期徒
刑之罪，被告因第114條第3款之情形停止羈押後，其
停止羈押之原因已消滅，而仍有羈押之必要者。

偵查中有前項情形之一者，由檢察官聲請法院行之。

再執行羈押之期間，應與停止羈押前已經過之羈押期間合

併計算。

法院依第1項之規定命再執行羈押時，準用第103條第1項之規定。

（十八）刑事訴訟法第118條：被告逃匿時具保人之責任

具保之被告逃匿者，應命具保人繳納指定之保證金額，並沒入之。不繳納者，強制執行。保證金已繳納者，沒入之。

前項規定，於檢察官依第93條第3項但書及第228條第4項命具保者，準用之。

（十九）刑事訴訟法第119條：免除具保責任與退保

撤銷羈押、再執行羈押、受不起訴處分、有罪判決確定而入監執行或因裁判而致羈押之效力消滅者，免除具保之責任。

被告及具保證書或繳納保證金之第三人，得聲請退保，法院或檢察官得准其退保。但另有規定者，依其規定。

免除具保之責任或經退保者，應將保證書註銷或將未沒入之保證金發還。

前三項規定，於受責付者準用之。

（二十）刑事訴訟法第121條：有關羈押各項處分之裁定或命令機關

第107條第1項之撤銷羈押、第109條之命具保、責付或限制住居、第110條第1項、第115條及第116條之停止羈押、第116條之2第2項之變更、延長或撤銷、第118條第1項之沒入保證金、第119條第2項之退保，以法院之裁定行之。

案件在第三審上訴中，而卷宗及證物已送交該法院者，前項處分、羈押、其他關於羈押事項及第93條之2至第93條之5關於限制出境、出海之處分，由第二審法院裁定之。

第二審法院於為前項裁定前，得向第三審法院調取卷宗及

證物。

　　檢察官依第117條之1第1項之變更、延長或撤銷被告應遵守事項、第118條第2項之沒入保證金、第119條第2項之退保及第93條第3項但書、第228條第4項命具保、責付或限制住居，於偵查中以檢察官之命令行之。

第22條之2（管收之執行）
執行管收，由執達員將應管收人送交管收所。
管收所所長驗收後，應於管收票附記送到之年、月、日、時，並簽名。

解說

　　管收由於時間較長，影響被管收人之自由權益較大；尤其近代國家，有關民事之強制執行，幾乎均已廢除了自羅馬法以來的對人執行制度。

　　即便如德國，在其法蘭克時代，雖有債奴制，允許債務人充為終身奴隸，作為清償債權的代價；但目前之德國，亦嚴格限制對債務人於民事執行上之拘禁，而僅於德國民事訴訟法第888條及第890條保留特別情況的許可制。

　　為此，管收應特別慎重。尤其我國自民國86年12月19日新修正刑事訴訟法羈押權部分，已酌採法官核可制，嚴格規定，不論押票或羈押之裁定，共交付被羈押人不生效力（刑訴§102）。執行管收時，對此尤宜注意。

　　實務上，常見管收所於代收管收票時，忘記交付被管收人，在舊法時期，尚無問題，於新法時期，則係屬違法之執行行為。

第22條之3（管收之限制）

債務人有下列情形之一者，不得管收，其情形發生於管收後者，應停止管收

一、因管收而其一家生計有難以維持之虞者。

二、懷胎五月以上或生產後二月未滿者。

三、現罹疾病，恐因管收而不能治療者。

解說

　　管收因係民事上對人之執行，故有嚴加規範之因素，債務人懷胎五月以上或生產後二月未滿，固屬當然不得管收，即因管收而致影響債務人一家生計之維持，或有影響之虞，或因現罹疾病，恐因管收而不能治療，甚或有不治之虞，亦不得管收。

　　如管收後，始發生前揭原因，亦應停止管收。

第22條之4（被管收人之釋放）

被管收人有下列情形之一者，應即釋放：

一、管收原因消滅者。

二、已就債務提出相當擔保者。

三、管收期限屆滿者。

四、執行完結者。

解說

　　被管收人有下列四種情形之一，即應釋放：

（一）管收原因消滅：所謂管收原因消滅，例如執行法院因
　　　　債權人之聲請，定期間命債務人據實報告其一年內應供

　　強制執行的財產狀況而債務人在此一定期間內卻對執行
　　法院之命令不理不睬，執行法院乃再依強制執行法第22
　　條第1項第5款之規定，管收債務人；而債務人於經管收
　　後，已為報告，則管收之原因既已消滅自不得繼續管收。

（二）**債務人已就債務提供相當擔保**：債務人雖有強制執行法
　　第22條第1項規定之情形仍然必須其無提相當之擔保，
　　執行法院始得對其管收；因此，債務人被管收後既已提
　　出相當之擔保，則自應將債務人釋放。

（三）**管收期限屆滿**：管收，不得逾三個月；管收期滿，除有
　　管收之新原因發生，而經執行法院再予管收外，應即釋
　　放。
　　執行法院不得依舊有之管收原因，對債務人續予管收。
　　管收期限如在三個月以下者，依其期限之屆滿，應將管
　　收人釋放。

（四）**執行完結者**：所謂執行完結，即執行程序終結：不論執
　　行債權是否完全滿足，或由執行法院發債權憑證給債權
　　人，均為執行之完結。

參考資料

管收條例第13條：管收釋放
　　被管收人已就債務提出相當擔保，或管收期限屆滿，或執
行完結時，應即釋放。

第22條之5（拘提、管收之準用）
拘提、管收，除本法別有規定外，準用刑事訴訟法關於拘
提、羈押之規定。

解說

　　拘提、管收因係對人之執行，故得準用刑事訴訟法拘提、羈押之相關規定。

參考資料

（一）管收條例第1條：制定依據

　　本條例依強制執行法第26條制定之。

（二）管收條例第2條：刑事訴訟法拘提、羈押規定之準用

　　對於債務人、擔保人或其他依法得拘提、管收之人之拘提、管收，除強制執行法及本條例有規定外，準用刑事訴訟法關於拘提、羈押之規定。

（三）刑事訴訟法第77條：拘票

　　拘提被告，應用拘票。

　　拘票，應記載下列事項：

　　一、被告之姓名、性別、年齡、籍貫及住所或居所，但年齡、籍貫、住所或居所不明者，得免記載。

　　二、案由。

　　三、拘提之理由。

　　四、應解送之處所。

　　第71條第3項及第4項之規定，於拘票準用之。

（四）刑事訴訟法第78條：執行機關

　　拘提，由司法警察或司法警察官執行，並得限制其執行之期間。

　　拘票得作數通，分交數人各別執行。

（五）刑事訴訟法第79條：執行程序

　　拘票應備二聯，執行拘提時，應以一聯交被告或其家屬。

（六）刑事訴訟法第80條：執行後之處置

　　執行拘提後，應於拘票記載執行之處所及年、月、日、時，如不能執行者，記載其事由，由執行人簽名，提出於命拘提之公務員。

（七）刑事訴訟法第81條：管轄區域外之拘提

　　司法警察或司法警察官於必要時，得於管轄區域外執行拘提，或請求該地之司法警察官執行。

（八）刑事訴訟法第82條：囑託拘提

　　審判長或檢察官得開具拘票應記載之事項，囑託被告所在地之檢察官拘提被告；如被告不在該地者，受託檢察官得轉囑託其所在地之檢察官。

（九）刑事訴訟法第83條：對現役軍人之拘提

　　被告為現役軍人者，其拘提應以拘票知照該管長官協助執行。

（十）刑事訴訟法第89條：拘捕之注意

　　執行拘提或逮捕，應當場告知被告或犯罪嫌疑人拘提或逮捕之原因及第95條第1項所列事項，並注意其身體及名譽。

　　前項情形，應以書面將拘提或逮捕之原因通知被告或犯罪嫌疑人及其指定之親友。

（十一）刑事訴訟法第90條：拘捕之強制

　　被告抗拒拘提、逮捕或脫逃者，得用強制力拘提或逮捕之。但不得逾越必要之程度。

（十二）刑事訴訟法第91條：拘捕被告之解送

　　拘提或因通緝逮捕之被告，應即解送指定之處所；如二十四小時不能達到指定之處所者，應分別其命拘提或通緝者為法院或檢察官，先行解送較近之法院或檢察機關，訊問其人

有無錯誤。

（十三）刑事訴訟法第93條：拘提到場應即時訊問

　　被告或犯罪嫌疑人因拘提或逮捕到場者，應即時訊問。

　　偵查中經檢察官訊問後，認有羈押之必要者，應自拘提或逮捕之時起二十四小時內，以聲請書敘明犯罪事實並所犯法條及證據與羈押之理由，備具繕本並檢附卷宗及證物，聲請該管法院羈押之。但有事實足認有湮滅、偽造、變造證據或勾串共犯或證人等危害偵查目的或危害他人生命、身體之虞之卷證，應另行分卷敘明理由，請求法院以適當之方式限制或禁止被告及其辯護人獲知。

　　前項情形，未經聲請者，檢察官應即將被告釋放。但如認有第101條第1項或第101條之1第1項各款所定情形之一而無聲請羈押之必要者，得逕命具保、責付或限制住居；如不能具保、責付或限制住居，而有必要情形者，仍得聲請法院羈押之。

　　前三項之規定，於檢察官接受法院依少年事件處理法或軍事審判機關依軍事審判法移送之被告時，準用之。

　　法院於受理前三項羈押之聲請，付予被告及其辯護人聲請書之繕本後，應即時訊問。但至深夜仍未訊問完畢，被告、辯護人及得為被告輔佐人之人得請求法院於翌日日間訊問，法院非有正當理由，不得拒絕。深夜始受理聲請者，應於翌日日間訊問。

　　前項但書所稱深夜，指午後十一時至翌日午前八時。

（十四）刑事訴訟法第101條：羈押之要件（一）

　　被告經法官訊問後，認為犯罪嫌疑重大，而有下列情形之一，非予羈押，顯難進行追訴、審判或執行者，得羈押之：

一、逃亡或有事實足認為有逃亡之虞者。

二、有事實足認為有湮滅、偽造、變造證據或勾串共犯或
　　證人之虞者。

三、所犯為死刑、無期徒刑或最輕本刑為五年以上有期徒
　　刑之罪，有相當理由認為有逃亡、湮滅、偽造、變造
　　證據或勾串共犯或證人之虞者。

　　法官為前項之訊問時，檢察官得到場陳述聲請羈押之理由
及提出必要之證據。但第93條第2項但書之情形，檢察官應到
場敘明理由，並指明限制或禁止之範圍。

　　第1項各款所依據之事實、各項理由之具體內容及有關證
據，應告知被告及其辯護人，並記載於筆錄。但依第93條第2
項但書規定，經法院禁止被告及其辯護人獲知之卷證，不得作
為羈押審查之依據。

　　被告、辯護人得於第1項訊問前，請求法官給予適當時間
為答辯之準備。

（十五）刑事訴訟法第101條之1：羈押之要件（二）

　　被告經法官訊問後，認為犯下列各款之罪，其嫌疑重
大，有事實足認為有反覆實行同一犯罪之虞，而有羈押之必
要者，得羈押之：

一、刑法第173條第1項、第3項、第174條第1項、第2
　　項、第4項、第175條第1項、第2項之放火罪、第176
　　條之準放火罪、第185條之1之劫持交通工具罪。

二、刑法第221條之強制性交罪、第222條之加重強制性
　　交罪、第224條之強制猥褻罪、第224條之1之加重強
　　制猥褻罪、第225條之乘機性交猥褻罪、第226條之
　　1之強制性交猥褻之結合罪、第227條之與幼年男女

性交或猥褻罪、第271條第1項、第2項之殺人罪、第272條之殺直系血親尊親屬罪、第277條第1項之傷害罪、第278條第1項之重傷罪、性騷擾防治法第25條第1項之罪。但其須告訴乃論，而未經告訴或其告訴已經撤回或已逾告訴期間者，不在此限。

三、刑法第296條之1之買賣人口罪、第299條之移送被略誘人出國罪、第302條之妨害自由罪。

四、刑法第304條之強制罪、第305條之恐嚇危害安全罪。

五、刑法第320條、第321條之竊盜罪。

六、刑法第325條、第326條之搶奪罪、第328條第1項、第2項、第4項之強盜罪、第330條之加重強盜罪、第332條之強盜結合罪、第333條之海盜罪、第334條之海盜結合罪。

七、刑法第339條、第339條之3之詐欺罪、第339條之4之加重詐欺罪。

八、刑法第346條之恐嚇取財罪、第347條第1項、第3項之擄人勒贖罪、第348條之擄人勒贖結合罪、第348條之1之準擄人勒贖罪。

九、槍砲彈藥刀械管制條例第7條、第8條之罪。

十、毒品危害防制條例第4條第1項至第4項之罪。

十一、人口販運防制法第34條之罪。

前條第2項至第4項之規定，於前項情形準用之。

（十六）刑事訴訟法第101條之2：具保、責付

被告經法官訊問後，雖有第101條第1項或第101條之1第1項各款所定情形之一而無羈押之必要者，得逕命具保、責付

或限制住居；其有第114條各款所定情形之一者，非有不能具保、責付或限制住居之情形，不得羈押。

（十七）刑事訴訟法第102條：押票之程式

羈押被告，應用押票。

押票，應按被告指印，並記載下列事項：

一、被告之姓名、性別、年齡、出生地及住所或居所。

一、案由及觸犯之法條。

三、羈押之理由及其所依據之事實。

四、應羈押之處所。

五、羈押期間及其起算日。

六、如不服羈押處分之救濟方法。

第71條第3項之規定，於押票準用之。

押票，由法官簽名。

（十八）刑事訴訟法第103條：羈押之執行

執行羈押，偵查中依檢察官之指揮：審判中依審判長或受命法官之指揮，由司法警察將被告解送指定之看守所，該所長官查驗人別無誤後，應於押票附記解到之年、月、日、時並簽名。

執行羈押時，押票應分別送交檢察官、看守所、辯護人、被告及其指定之親友。

第81條、第89條及第90條之規定，於執行羈押準用之。

（十九）刑事訴訟法第103條之1：羈押處所之變更

偵查中檢察官、被告或其辯護人認有維護看守所及在押被告安全或其他正當事由者，得聲請法院變更在押被告之羈押處所。

法院依前項聲請變更被告之羈押處所時，應即通知檢察

官、看守所、辯護人、被告及其指定之親友。

（二十）刑事訴訟法第105條：適當羈押

管束羈押之被告，應以維持羈押之目的及押所之秩序所必要者為限。

被告得自備飲食及日用必需物品，並與外人接見、通信、受授書籍及其他物件。但押所得監視或檢閱之。

法院認被告為前項之接見、通信及受授物件有足致其脫逃或湮滅、偽造、變造證據或勾串共犯或證人之虞者，得依檢察官之聲請或依職權命禁止或扣押之。但檢察官或押所遇有急迫情形時，得先為必要之處分並應即時陳報法院核准。

依前項所為之禁止或扣押，其對象、範圍及期間等，偵查中由檢察官；審判中由審判長或受命法官指定並指揮看守所為之。但不得限制被告正當防禦之權利。

被告非有事實足認為有暴行或逃亡、自殺之虞者，不得束縛其身體。束縛身體之處分，以有急迫情形者為限，由押所長官行之，並應即時陳報法院核准。

第23條（擔保之效力）

債務人依第二十條第二項、第二十二條第一項、第二項及第二十二條之四第二款提供之擔保，執行法院得許由該管區域內有資產之人具保證書代之。

前項具保證書人，如於保證書載明債務人逃亡或不履行義務時，由其負責清償或賠償一定之金額者，執行法院得因債權人之聲請，逕向具保證書人為強制執行。

解說

　　強制執行法第20條第2項、第22條第1項、第2項、第22條之4第2款，均有許可債務人提供相當擔保之規定。

　　類此之擔保執行法院概得許由該管區域內，有資產者具保證書代之：此種以具保證書代替擔保金之人，本法稱之為具保證書人。

　　此處之具保證書人與強制執行法第18條第2項後段之擔保人不同，蓋第18條之擔保人，係依受訴法院（民事庭）之裁定而為擔保，其擔保範圍係因異議之訴等停止執行所受之損害；與具保證書人係由執行法院（民事執行處）依命令，於執行程序進行中，由執行法院管轄區域內，有資產者具保證書。

　　故，第18條之擔保人並不負此處具保證書人之責任。
具保證書人之責任：

　　具保證書人，原非執行名義所載之債務人，本不得對其為強制執行。

　　然保證書中既已載明如債務人逃亡或不履行債務時，由具保證書人負責清償或賠償一定之金額，則其債務責任，實已極為明確，為免訟累，本法乃許逕以此保證書為執行名義，對具保證書人逕為強制執行。

　　此種執行名義，係強制執行法第4條第6款之執行名義，應依債權人之聲請，執行法院審核確實符合本條文第2項所定之要件（1.對象：具保證書人；2.內容：須保證書載明債務人逃亡或不履行義務時，由具保證書人負責清償或賠償一定金額；3.須債務人逃亡或不履行債務）後，始得對具保證書人為強制執行。

第24條（管收期限）

管收期限不得逾三個月。

有管收新原因發生時，對於債務人仍得再行管收，但以一次
為限。

解說

管收期限不得逾三個月。

對同一債務人，執行法院如欲再行管收，必須有管收之新
原因發生，不得基於舊原因，而再行管收。

再行管收，以一次為限，即管收同一債務人，期間最長不
得超過六個月。

參考資料

（一）強制執行法第30條之1：民事訴訟法之準用

強制執行程序，除本法有規定外，準用民事訴訟法之規定。

（二）民事訴訟法第161條：民法之準用

期間之計算，依民法之規定。

（三）30抗字第287號：

期間之末日為星期日、紀念日或其他休息日時，以其休息
日之次日代之，民事訴訟法第161條及民法第122條定有明文，
是休息日在期間中而非期間之末日者，自不得予以扣除。

（四）民法第120條：期間之起算

以時定期間者，即時起算。

以日、星期、月或年定期間者，其始日不算入。

（五）民法第121條：期間之終止

以日、星期、月或年定期間者，以期間末日之終止，為期

間之終止。

　　期間不以星期、月或年之始日起算者，以最後之星期、月或年，與起算日相當日之前一日，為期間之末日。但以月或年定期間，於最後之月，無相當日者，以其月之末日，為期間之末日。

（六）民法第122條：期間終止之延長

　　於一定期日或期間內，應為意思表示或給付者，其期日或其期間之末日，為星期日、紀念日或其他休息日時，以其休息日之次日代之。

第25條（債務人應負義務之規定）

債務人履行債務之義務，不因債務人或依本法得管收之人被管收而免除。

關於債務人拘提、管收、限制住居、報告及其他應負義務之規定，於下列各款之人亦適用之：

一、債務人為無行為能力人或限制行為能力人者，其法定代理人。

二、債務人失蹤者，其財產管理人。

三、債務人死亡者，其繼承人、遺產管理人、遺囑執行人或特別代理人。

四、法人或非法人團體之負責人、獨資商號之經理人。

前項各款之人，於喪失資格或解任前，具有報告及其他應負義務或拘提、管收、限制住居之原因者，在喪失資格或解任後，於執行必要範圍內，仍得命其履行義務或予拘提、管收、限制住居。

解說

關於債務人拘提、管收、限制住居、報告及其他應負義務之規定。於下列各款之人亦適用：

（一）**債務人為無行為能力人或限制行為能力人者，其法定代理人**：所謂法定代理人，包括未成年人之父母，或受監護人之監護人。

（二）**債務人失蹤者，其財產管理人**：失蹤人之財產管理人就失蹤人之財產有管理權；故如有拘提、管收、限制住居或命報告之情形均得對財產管理人為之。

（三）**債務人死亡者，其繼承人、遺產管理人、遺囑執行人或特別代理人**：以上之人有管理遺產，清償債務之責，故如有拘提、管收之事由，得對其等為之。

（四）**法人或非法人團體之負責人、獨資商號之經理人**：所謂非法人團體之負責人，指非法人團體之代表人或管理人而言。

商號如為合夥則其經理人亦為非法人團體之負責人：如係獨資，則以其所有人為債務人。

以上得管收之人，在喪失資格或解任之後，於執行之必要範圍內，執行法院仍得命其等報告財產狀況、履行其他義務，或對之為拘提、管收、限制住居。

第26條（管收所）

管收所之設置及管理，以法律定之。

（一）民法第12條：成年（112年1月1日施行）

　　滿十八歲為成年。

（二）民法第13條：未成年人（112年1月1日施行）

　　未滿七歲之未成年人，無行為能力。

　　滿七歲以上之未成年人，有限制行為能力。

（三）民法第14條：監護之宣告

　　對於因精神障礙或其他心智缺陷，致不能為意思表示或受意思表示，或不能辨識其意思表示之效果者，法院得因本人、配偶、四親等內之親屬、最近一年有同居事實之其他親屬、檢察官、主管機關、社會福利機構、輔助人、意定監護受任人或其他利害關係人之聲請，為監護之宣告。

　　受監護之原因消滅時，法院應依前項聲請權人之聲請，撤銷其宣告。

　　法院對於監護之聲請，認為未達第1項之程度者，得依第15條之1第1項規定，為輔助之宣告。

　　受監護之原因消滅，而仍有輔助之必要者，法院得依第15條之1第1項規定，變更為輔助之宣告。

（四）民法第15條：受監護宣告人之能力

　　受監護宣告之人，無行為能力。

（五）民法第76條：無行為能力人之代理

　　無行為能力人，由法定代理人代為意思表示，並代受意思表示。

（六）民法第77條：限制行為能力人之意思表示

　　限制行為能力人為意思表示及受意思表示，應得法定代理

人之允許。但純獲法律上之利益，或依其年齡及身分，日常生活所必需者，不在此限。

（七）民法第1086條：父母之法定代理權

父母為其未成年子女之法定代理人。

父母之行為與未成年子女之利益相反，依法不得代理時，法院得依父母、未成年子女、主管機關、社會福利機構或其他利害關係人之聲請或依職權，為子女選任特別代理人。

（八）民法第1098條：監護人之性質

監護人於監護權限內，為受監護人之法定代理人。

監護人之行為與受監護人之利益相反或依法不得代理時，法院得因監護人、受監護人、主管機關、社會福利機構或其他利害關係人之聲請或依職權，為受監護人選任特別代理人。

（九）商業會計法第12條：

商業得依其實際業務情形、會計事務之性質、內部控制及管理上之需要，訂定其會計制度。

（十）商業會計法第4條：

本法所定商業負責人之範圍，依公司法、商業登記法及其他法律有關之規定。

（十一）民法第553條：經理人之意義及經理權之授與

稱經理人者，謂由商號之授權，為其管理事務及簽名之人。

前項經理權之授與，得以明示或默示為之。

經理權得限於管理商號事務之一部，或商號之一分號或數分號。

（十二）民法第554條：經理人之經理權（一）——管理權

經理人對於第三人之關係，就商號或其分號，或其事務之

一部，視為其有為管理上一切必要行為之權。

經理人，除有書面之授權外，對於不動產，不得買賣，或設定負擔。

前項關於不動產買賣之限制，於以買賣不動產為營業之商號經理人，不適用之。

（十三）民法第1209條：**遺囑執行人之指定**

遺囑人得以遺囑指定遺囑執行人，或委託他人指定之。

受前項委託者，應即指定遺囑執行人，並通知繼承人。

（十四）民法第1176條之1：**繼承拋棄時遺產之管理**

拋棄繼承權者，就其所管理之遺產，於其他繼承人或遺產管理人開始管理前，應與處理自己事務為同一之注意，繼續管理之。

（十五）民法第1178條：**繼承人之搜索**

親屬會議依前條規定為報明後，法院應依公示催告程序，定六個月以上之期限，公告繼承人，命其於期限內承認繼承。

無親屬會議或親屬會議未於前條所定期限內選定遺產管理人者，利害關係人或檢察官，得聲請法院選任遺產管理人，並由法院依前項規定為公示催告。

（十六）民法第1221條：**遺囑之法定撤回－行為牴觸**

遺囑人於為遺囑後所為之行為與遺囑有相牴觸者，其牴觸部分，遺囑視為撤回。

（十七）公司法第8條：**公司之負責人**

本法所稱公司負責人：在無限公司、兩合公司為執行業務或代表公司之股東；在有限公司、股份有限公司為董事。

公司之經理人、清算人或臨時管理人，股份有限公司之發起人、監察人、檢查人、重整人或重整監督人，在執行職務範

圍內,亦為公司負責人。

公司之非董事,而實質上執行董事業務或實質控制公司之人事、財務或業務經營而實質指揮董事執行業務者,與本法董事同負民事、刑事及行政罰之責任。但政府為發展經濟、促進社會安定或其他增進公共利益等情形,對政府指派之董事所為之指揮,不適用之。

（十八）民法第671條：合夥事務之執行

合夥之事務,除契約另有訂定外,由合夥人全體共同執行之。

合夥之事務,如約定或決議由合夥人中數人執行者,由該數人共同執行之。

合夥之通常事務,得由有執行權之各合夥人單獨執行之。但其他有執行權之合夥人中任何一人,對於該合夥人之行為有異議時,應停止該事務之執行。

（十九）民法第10條：失蹤人財產之管理

失蹤人失蹤後,未受死亡宣告前,其財產之管理,除其他法律另有規定者外,依家事事件法之規定。

（二十）民法第27條：法人之董事及其權限

法人應設董事。董事有數人者,法人事務之執行,除章程另有規定外,取決於全體董事過半數之同意。

董事就法人一切事務,對外代表法人。董事有數人者,除章程另有規定外,各董事均得代表法人。

對於董事代表權所加之限制,不得對抗善意第三人。

法人得設監察人,監察法人事務之執行。監察人有數人者,除章程另有規定外,各監察人均得單獨行使監察權。

（二一）民法第1177條：遺產管理人之選定

　　繼承開始時，繼承人之有無不明者，由親屬會議於一個月內選定遺產管理人，並將繼承開始及選定遺產管理人之事由，向法院報明。

第27條（債權憑證之發給）
債務人無財產可供強制執行，或雖有財產經強制執行後所得之數額仍不足清償債務時，執行法院應命債權人於一個月內查報債務人財產。債權人到期不為報告或查報無財產者，應發給憑證，交債權人收執，載明俟發見有財產時，再予強制執行。
債權人聲請執行，而陳明債務人現無財產可供執行者，執行法院得逕行發給憑證。

解說

　　強制執行程序之終結，原因有四：

（一）**執行名義所載之內容，獲得滿足**：執行名義之內容，如其請求及執行費用，獲得完全之滿足，係執行之目的，目的既已達到，執行程序自應全部終結。

（二）**債權人撤回強制執行之聲請**：強制執行以處分主義為原則，在於滿足債權人私法上之請求權，故強制執行程序終結前，自得允許債權人撤回強制執行之聲請。
　　　債權人撤回強制執行之聲請者，執行程序亦因而終結，有關債權人撤回強制執行之聲請，得依言詞或書面為之，惟嗣後債權人仍得依據同一執行名義，再聲請強制執行。

（三）終局的撤銷執行處分：例如宣告不許強制執行的裁判，其裁判正本一經提出，執行法院即應立即停止執行程序，並撤銷已為之執行處分，執行程序亦因而終結。

（四）強制執行無效果：所謂強制執行無效果，係指債務人無財產可供執行，或雖有財產可供執行，然執行後所得數額仍不足清償債務之情形。

類此情形，因其強制執行無效果可言，亦無法達到強制執行之目的，執行法院可發給債權憑證，以為終結，但應符合以下要件：

1.須為金錢債權之終局執行：故即係金錢債權之執行，但非終局執行，而係保全執行，例如假扣押，自不得發給債權憑證。

雖然係終局執行，但非金錢債權，例如物之交付或行為不行為等之執行，亦不得發給債權憑證。

而雖係金錢，又係終局執行，但非基於私法上之債權，而係基於私法債權以外之其他權利，亦不得發給債權憑證；例如檢察官囑託民事執行處代為執行罰金，係基於國家刑罰權之功能，與私法上之債權不同，如受刑人無財產可供執行，則不得發給債權憑證。但行政機關之科處罰鍰，經移送法院強制執行者，實務上認為，若債務人沒有財產可供執行，仍有本條之適用，可以發給債權憑證。

2.須債務人無財產可供執行：所謂無財產，包括債務人有財產，但拍賣無人應買或拍賣沒有實益之情形。

實務上，亦有法院對於執行債務人之薪資，常以一年為限，屆期即逕行發給債權憑證，以免積案太多，此舉實

非適法，但於事實又有不得不爾之概。

3.命債權人查報而無結果：命債權人查報查明確無財產或債權人到期不為報告，執行法院應發給憑證。

實務上常有償機人明知債務人並無財產，傻為中斷請求機權而聲請執行，至於此情形，自無命債權人查報價務人財產之必要，執行法院得依債權人陳明，逕行發給憑證，是此次本條增列第2條以為因應。

債權憑證之效力

債權憑證之效力有三：

（一）**終結執行程序**：強制執行程序於債權憑證發給後終結。從而請求權因聲請或開始強制執行而中斷之時效重新起算。

（二）**得為執行名義**：債權憑證依強制執行法第4條第1項第6款之規定得為執行名義。故債權人之後發見債務人另有財產可供執行者，得依債權憑證聲請強制執行。

（三）**毋須繳納執行費**：以債權憑證聲請強制執行者，毋庸重複繳納執行費。

參考資料

（一）破產法第60條：訴訟或執行中不能清償債務之破產宣告

在民事訴訟程序或民事執行程序進行中，法院查悉債務人不能清償債務時，得依職權宣告債務人破產。

（二）民法第35條：法人之破產及董事之責任

法人之財產不能清償債務時，董事應即向法院聲請破產。

不為前項聲請，致法人之債權人受損害時，有過失之董事，應負賠償責任，其有二人以上時，應連帶負責。

（三）民法第125條：一般時效期間

　　請求權，因15年間不行使而消滅。但法律所定期間較短者，依其規定。

（四）22上字第716號：

　　民法所定之消滅時效，僅以請求權為其客體，故就形成權所定之存續期間，並無時效之性質。契約解除權為形成權之一種，民法第365條第1項所定6個月之解除權存續期間，自屬無時效性質之法定期間。

（五）48臺上字第1050號：

　　請求權因15年間不行使而消滅，固為民法第125條所明定，然其請求權若著重於身分關係者，即無該慷之適用（例如因夫妻關係而生之同居請求權）。履行婚約請求權，純係身分關係之請求權，自無時效消滅之可言。

（六）49臺上字第1956號：

　　短期時效，因受確定判決而中斷後重新起算時，在外國法律有定為延長時效期間至一般長期時效之期間者（德民§218、日民§174之2）：我國民法就此既無明文規定，則計算時效，仍應依權利之性質定其長短，不因裁判上之確定而變更。

（七）53臺上字第1391號：

　　請求權時效期間為15年，但法律所定期間較短者，依其規定（民§125），故時效期間僅有較15年為短者，而無超過15年者，至於民法第145條第1項，係就請求權權於時效消滅後，債權人仍得就其抵押物、質物或留置物取償而為規定，同法第880條，係抵押權因除斥期間而消滅之規定，均非謂有抵押權擔保之請求權，其時效期間較15年為長。

（八）56臺上字第3505號：

　　無權代理人責任之法律上根據如何，見解不一，而依通說，無權代理人之責任，係直接基於民法之規定而發生之特別責任，並不以無權代理人有故意或過失為其要件，係關於所謂原因責任、結果責任或無過失責任之一種，而非基於侵權行為之損害賠償，故無權代理人縱使證明其無故意或過失，亦無從免責，是項請求權之消滅時效，在民法既無特別規定，則以民法第125條第1項所定15年期間內應得行使，要無民法第197條第1項短期時效之適用。上訴人既未能證明被上訴人知悉其無代理權，則雖被上訴人因過失而不知上訴人無代理權，上訴人仍應負其責任。

（九）59臺再字第39號：

　　不動產所有權之回復請求權，應適用民法第125條關於消滅時效之規定，早經司法院28年院字第1833號著有解釋，降及54年始以釋字第107號補充解釋，謂已登記不動產所有人之回復請求權，無民法第125條消滅時效規定之適用，此項補充解釋，當然自解釋之翌日起生效，不能溯及既往，是原確定判決依當時有效之司法院院字第1833號解釋所為判斷，要無若何違法之可言。

（十）釋字第39號解釋：

　　依法應予發還當事人各種案款，經傳案及限期通告後，仍無人具領者，依本院院解字第3239號解釋，固應由法院保管設法發還，惟此項取回提存物之請求權，提存法既無規定，自應受民法第125條消滅時效之限制。

（十一）釋字第107號解釋：

　　已登記不動產所有人之回復請求權，無民法第125條消滅

時效規定之適用。

（十二）釋字第132號解釋：

本院釋字第39號解釋所謂之提存，不包括債務人為債權人依民法第326條所為之清償提存在內。惟清償提存人如依法得取回其提存物時，自仍有民法第125條規定之適用。

（十三）釋字第164號解釋：

已登記不動產所有人之除去妨害請求權，不在本院釋字第107號解釋範圍之內，但依其性質，亦無民法第125條消滅時效規定之適用。

（十四）67臺上字第2647號：

司法院大法官會議釋字第107號解釋係就物上回復請求權而言，與登記請求權無涉。共有人成立不動產協議分割契約後，其分得部分所有權移轉請求權，乃係請求履行協議分割契約之權利，自有民法第125條消滅時效規定之適用。

（十五）70臺上字第311號：

司法院大法官會議釋字第107號解釋所謂已登記之不動產，無消滅時效之適用，其登記應係指依吾國法令所為之登記而言。系爭土地如尚未依吾國法令登記為被上訴人所有，而登記為國有後，迄今已經過十五年，被上訴人請求塗銷此項國有登記，上訴人既有時效完成拒絕給付之抗辯，被上訴人之請求，自爾無從准許。

（十六）77臺上字第2215號：

就債之履行有利害關係之第三人為清償後，依民法第312條規定，以自己之名義所代位行使者，係債權人之權利，而非第三人之求償權。第三人之求償權雖於代為清償時發生，但第三人以自己之名義代位行使債權人之權利時，其請求權是否因

罹於時效而消滅，應以債權人之請求權為準。

（十七）民法第126條：五年之短期時效

　　利息、紅利、租金、贍養費、退職金及其他一年或不及一年之定期給付債權，其各期給付請求權，因五年間不行使而消滅。

（十八）28上字第605號：

　　民法第126條所謂一年或不及一年之定期給付債權，係指基於一定法律關係，因每次一年以下期間之經過順次發生之債權而言，其清償期在一年以內之債權，係一時發生且因一次之給付即消滅者，不包含在內。

（十九）民法第127條：二年之短期時效

　　下列各款請求權，因二年間不行使而消滅：

一、旅店、飲食店及娛樂場之佳宿費、飲食費、座費、消費物之代價及其墊款。

二、運送費及運送人所墊之款。

三、以租賃動產為營業者之租價。

四、醫生、藥師、看護生之診費、藥費、報酬及其墊款。

五、律師、會計師、公證人之報酬及其墊款。

六、律師、會計師、公證人所收當事人物件之交還。

七、技師、承攬人之報酬及其墊款。

八、商人、製造人、手工業人所供給之商品及產物之代價。

（二十）26渝土字第1219號：

　　債權之讓與不過變更債權之主體，該債權之性質仍不因此有所變更，故因債權之性質所定之短期消滅時效，在債權之受讓人亦當受其適用。本件被上訴人向某甲受讓之債權，既為商

人供給商品之代價請求權，則民法第127條第8款之規定，當然在適用之列。

（二一）51臺上字第294號：

民法第127條第8款所定之商人、製造人、手工業人所供給之商品及產物之代價，係指商人就其所供給之商品及製造人、手工業人就其所供給之產物之代價而言。本件上訴人係將其發行之報紙，委託被上訴人代為分銷，分銷所得之價款按期繳納，此項基於委任關係所生之債，與商人、製造人、手工業人所供給之商品及產物之代價有別，不能謂有民法第127條第8款之適用。

（二二）62臺上字第1381號：

民法第127條第8款規定之商品代價請求權，係指商人自己供給商品之代價之請求權而言。上訴人因清償被上訴人墊付之貨款所簽付之支票，既未能兌現，被上訴人遂仍請求上訴人償還伊所墊付之貨款，即與商人請求其自己供給商品之代價不同，被上訴人之請求權自應適用民法第125條所規定之長期時效。

（二三）民法第128條：消滅時效之起算

消滅時效，自請求權可行使時起算。以不行為為目的之請求權，自為行為時起算。

（二四）67臺上字第507號：

信託契約成立後，得終止時而不終止，並非其信託關係當然消滅。上訴人亦必待信託關係消滅後，始得請求返還信託財產。故信託財產之返還請求權消滅時效，應自信託關係消滅時起算。

（二五）民法第129條：消滅時效中斷之事由

消滅時效，因下列事由而中斷：

一、請求。

二、承認。

三、起訴。

下列事項，與起訴有同一效力：

一、依督促程序，聲請發支付命令。

二、聲請調解或提付仲裁。

三、申報和解債權或破產債權。

四、告知訴訟。

五、開始執行行為或聲請強制執行。

（二六）51臺上字第490號：

民法第129條第1項第1款所稱之請求，並無需何種之方式，只債權人對債務人發表請求履行債務之意思即為已足。債權人為實現債權，對債務人聲請調解之聲請狀，如已送達於債務人，要難謂非發表請求之意思。

（二七）51臺上字第3500號：

民法第129條第1項第1款所稱之請求，並無需何種之方式，只債權人對債務人發表請求履行債務之意思即為已足。又訴之撤回，只係原告於起訴後，表示不求法院判決之意思，故訴經撤回者，仍不妨認請求權人於提出訴狀於法院，並經送達之時，對義務人已為履行之請求，使其得於法定期內另行起訴，而保持中斷時效之效力。

（二八）61臺上字第615號：

民法第129條第1項第2款所稱之承認，乃債務人向請求權人表示認識其請求權存在之觀念通知口（26鄂上字第23號判例

參照），並非權利之行使，公同共有人之一人，出賣其共有物，於立買賣契約之初，果已得全體共有人之同意或授權，則其嗣後本於出賣人之地位所為之承認，自應使其發生時效中斷之效力。

（二九）26鄂上字第32號：

1.為民法第129條第1項第1款所稱之請求，雖無需何種之方式，要必債權人對於債務人發表請求履行債務之意思，方能認為請求。

2.民法第129條第1項第2款所稱之承認，為認識他方請求權存在之觀念表示，僅因債務人之一方行為而成立，無需得他方之同意，此與民法第144條第2項後段所稱之承認，須以契約為之者，其性質迥不相同。

3.債務人就其債務支付利息，實為包含認識他方原本請求權存在之表示行為，自應解為對於原本請求權已有默示之承認。

（三十）68臺上字第1813號：

依民法第747條規定，同主債務人請求履行及為其他中斷時效之行為，對於保證人亦生效力者，僅以債權人向主債務人所為請求、起訴或與起訴有同一效力之事項為限，若同法第129條第1項第2款規定之承認，性質上乃主債務人向債權人所為之行為，既非民法第747條所指債權人向主債務人所為中斷時效之行為，對於保證人自不生效力。

（三一）71臺上字第1788號：

民法第129條將請求與起訴併列為消滅時效之事由，可見涵義有所不同，前者係於訴訟外行使其權利之意思表示，後者則為提起民事訴訟以行使權利之行為，本件被上訴人前提起刑事附帶民事訴訟，既因不合法而被駁回確定，依民法第131條

之規定，其時效應視為不因起訴而中斷，依本院62年臺上字第2279號判例意旨，雖可解為於上開起訴狀送達於上訴人時，視為被上訴人對之為履行之請求。仍應有民法第130條之適用，倘被上訴人於請求後6個月內不起訴，時效視為不中斷。

（三二）71臺上字第3423號：

消滅時效因承認而中斷，為民法第129條第1項第2款所明定，至同法第130條，係就因請求而中斷者為規定，原審於因承認而中斷之情形，亦予適用，自有適用法規不當之違法。

（三三）民法第130條：**因請求之中斷**

時效因請求而中斷者，若於請求後六個月內不起訴，視為不中斷。

（三四）民法第131條：**因起訴之中斷**

時效因起訴而中斷者，若撤回其訴，或因不合法而受駁回之裁判，其裁判確定，視為不中斷。

（三五）民法第132條：**因聲請發支付命令之中斷**

時效因聲請發支付命令而中斷者，若撤回聲請，或受駁回之裁判，或支付命令失其效力，視為不中斷。

（三六）民法第133條：**因聲請或提付仲裁之中斷**

時效因聲請調解或提付仲裁而中斷者，若調解之聲請經撤回、被駁回、調解不成立成仲裁之請求經撤回、仲裁不能達成判斷時，視為不中斷。

（三七）民法第134條：**因申報和解債權或破產債權之中斷**

時效因申報和解債權或破產債權而中斷者，若債權人撤回其申報時，視為不中斷。

（三八）民法第135條：**因告知訴訟之中斷**

時效因告知訴訟而中斷者，若於訴訟終結後，六個月內不

起訴，視為不中斷。

（三九）民法第136條：因開始執行或聲請強制執行之中斷

　　時效因開始執行行為而中斷者，若因權利人之聲請，或法律上要件之欠缺而撤銷其執行處分時，視為不中斷。

　　時效因聲請強制執行而中斷者，若撤回其聲請，或其聲請被駁回時，視為不中斷。

（四十）民法第137條：時效中斷封於時之效力

　　時效中斷者，自中斷之事由終止時，重行起算。

　　因起訴而中斷之時效，自受確定判決，或因其他方法訴訟終結時，重行起算。

　　經確定判決或其他與確定判決有同一效力之執行名義所確定之請求權，其原有消滅時效期間不滿五年者，因中斷而重行起算之時效期間為五年。

（四一）民法第138條：時效中斷對於人之效力

　　時效中斷，以當事人、繼承人、受讓人之間為限，始有效力。

第七節　執行費用

第28條（執行費用的負擔及預納）

強制執行之費用，以必要部分為限，由債務人負擔，並應與強制執行之債權同時收取。

前項費用，執行法院得命債權人代為預納。

解說

　　強制執行費用，以必要部分為限。

　　所謂強制執行費用，係指因強制執行直接所生之費用，包括以下三種：

（一）**執行費**：執行費指債權人聲請強制執行，依強制執行法第28條之2所應繳納之費用。

（二）**參加分配之費用**：指他債權人聲請參加分配，應繳納之費用。

（三）**執行必要費用**：指因強制執行，必要支出之費用。例如執行人員之出差費、鑑價費、登報費等。

　　以上三種強制執行費用，有係強制執行之法定要件，例如：一、執行費；二、參加分配之費用，如未繳納，執行法院應限期命聲請之債權人於一定期間內繳納，逾期不補正，則其強制執行之聲請不合法，執行法院應以裁定駁回其強制執行之聲請，或駁回其參與分配之聲請。

　　除執行費及參加分配之費用外，強制執行程序進行中，亦有因實施強制執行，必要支出之費用，例如執行人員差旅費、拍賣物之鑑償費、拍費公告之登報費等，以上係屬執行之必要費用，其雖非強制執行之法定要件，但若不付，強制執行程序恐難進行，為此，執行法院得命債權人先行預納，以利強制執行程序之進行。

第28條之1（駁回強制執行之聲請及執行撤銷）

強制執行程序如有下列情形之一，致不能進行時，執行法院得以裁定駁回其強制執行之聲請，並於裁定確定後，撤銷已

為之執行處分：
一、債權人於執行程序中應為一定必要之行為，無正當理由
　　而不為，經執行法院再定期限命為該行為，無正當理由
　　逾期仍不為者。
二、執行法院命債權人於相當期限內預納必要之執行費用而
　　不預納者。

解說

　　強制執行程序之進行，因需債權人之配合，故若債權人不
為一定行為或不預納必要費用，則均可構成裁定駁回強制執行
聲請之理由：

（一）不為一定行為：強制執行有非經債權人為一定行為，否
　　　則執行程序無從進行，例如對執行查封標的物之指封。
　　　為免債權人藉故拖延，甚或不為該一定行為，而影響強
　　　制執行程序之進行；因此，強制執行法規定，債權人無
　　　正當理由而不為，致執行程序不能進行時，執行法院得
　　　再定期限，命為該行為；若債權人沒有正當理由逾期仍
　　　不為該一定行為時，執行法院得以裁定駁回其強制執行
　　　之聲請。並於裁定確定後，撤銷前已為之執行處分。

（二）不預納必要費用：強制執行程序之進行，時需支付必要
　　　之費用，如鑑價費、勘測費、登報費等。

　　此等費用，執行法院得命債權人預納；惟若債權人於裁
定期間內仍不為預納，執行法院得以裁定駁回其強制執行之聲
請，並於裁定確定後，撤銷已為之執行處分。

　　以上兩種情形，若債權人雖然不為一定行為，如果並不影
響執行程序的進行，或者雖然影響執行程序的進行，但有正當

理由，例如不可抗力事由（諸如天災）或事變（例如車禍）；則執行法院仍不得駁回強制執行之聲請。

　　或，債權人雖然已逾執行法院裁定繳納的期間，但在執行法院裁定駁回前，已經繳納者，則執行法院仍然不得以逾期不繳納為理由，裁定駁回強制執行之聲請。

第28條之2（免徵執行費之規定）
民事強制執行，其執行標的金額或價額未滿新臺幣五千元者，免徵執行費；新臺幣五千元以上者，每百元收七角，其畸零之數不滿百元者，以百元計算。
前項規定，於聲明參與分配者，適用之。
執行非財產案件，徵收執行費新臺幣三千元。
法院依法科處罰鍰或怠金之執行，免徵執行費。
法院依法徵收暫免繳納費用或國庫墊付款之執行，暫免繳執行費，由執行所得扣還之。
執行人員之食、宿、舟、車費，不另徵收。

解說

　　債權人應繳納之執行費，其標準為：

（一）執行標的金額或價額的7‰：即每千元徵收7元為執行費。所謂執行標的之金額，指金錢債權之數額，不論其為終局執行中債權人請求的債權金額，或是保全執行中的債權金額（例如假扣押）。

　　　所謂執行標的物之價額，指物泛交付請求權，或拆屋還地請求權等強制執行中應執行標的物的價額。

（二）無法定金額或價額之非財產案件：例如執行交付子女，
則一律徵收執行費為新臺幣3,000元整。

本條第4項規定，法院依法對於債務人科處罰鍰或怠金的
強制執行事件，其執行費係由國庫預納，債執行後再繳回國
庫，為避免反覆往返，簡化行政作業程序，所以明定直接免徵
執行費。例如：法院依民事訴訟法對拒絕出庭作證的證人科處
罰鍰，證人堅持不繳付，法院即對該證人進行強制執行，且此
時不須徵收執行費。

本條第5項規定，法院依法徵收暫免繳納費用或國庫墊付
款之執行，為避免國庫先行預納執行費，故明定暫免國庫繳納
執行費，待執行有效果時，再由執行所得中扣還（繳納）執行
費即可。

繳納執行費之例外

有關執行費之繳納，除依本法外，法律亦有另定不需繳納
執行費者，例如租佃爭議事件，依耕地三七五減租條例第27條
規定，免繳執行費。但其前提必須是經耕地租佃委員會調解成
立或調處成立者。

參考資料

（一）耕地三七五減租條例第27條：爭議調解、調處之效力

前條爭議案件，經調解或調處成立者，當事人之一方不履
行其義務時，他造當事人得逕向該管司法機關聲請強制執行，
並免收執行費用。

（二）刑事訴訟法第471條：民事裁判執行之準用及囑託

前條裁判之執行，準用執行民事裁判之規定。

前項執行，檢察官於必要時，得囑託地方法院民事執行處為之。

檢察官之囑託執行，免徵執行費。

（三）少年事件處理法第60條：**教養費用之負擔及執行**

少年法院諭知保護處分之裁定確定後，其執行保護處分所需教養費用，得斟酌少年本人或對少年負扶養義務人之資力，以裁定命其負擔全部或一部；其特殊清寒無力負擔者，豁免之。

前項裁定，得為民事強制執行名義，由少年法院囑託各該法院民事執行處強制執行，免徵執行費。

（四）少年事件處理法第84條：**少年法定代理人之處罰**

少年之法定代理人，因忽視教養，致少年有第3條第1項之情形，而受保護處分或刑之宣告，或致保護處分之執行難收效果者，少年法院得裁定命其接受八小時以上五十小時以下之親職教育輔導，以強化其親職功能。

少年法院為前項親職教育輔導裁定前，認為必要時，得先命少年調查官就忽視教養之事實，提出調查報告並附具建議。

親職教育輔導之執行，由少年法院交付少年保護官為之，並得依少年保護官之意見，交付適當之機關、團體或個人為之，受少年保護官之指導。

親職教育輔導應於裁定之日起三年內執行之；逾期免予執行，或至多執行至少年滿二十歲為止。但因事實上原因以不繼續執行為宜者，少年保護官得檢具事證，聲請少年法院免除其執行。

拒不接受親職教育輔導或時數不足者，少年法院得裁定處新臺幣6,000元以上30,000元以下罰鍰；經再通知仍不接受者，

得按次連續處罰，至其接受為止。其經連續處罰三次以上者，並得裁定公告法定代理人之姓名。

前項罰鍰之裁定，得為民事強制執行名義，由少年法院囑託各該地方法院民事執行處強制執行之，免徵執行費。

少年之法定代理人或監護人有第1項情形，情況嚴重者，少年法院並得裁定公告其姓名。

第1項、第5項及前項之裁定，受處分人得提起抗告，並準用第63條、第64條之規定。

執行費用之救助

債權人依法應繳納強制執行費用，而因經濟困窘，實無力繳納者，得準用民事訴訟法有關訴訟救助之規定聲請救助，經准予救助者，免繳執行費用。

參考資料

（一）民事訴訟法第107條：本國人之訴訟救助

當事人無資力支出訴訟費用者，法院應依聲請，以裁定准予訴訟救助。但顯無勝訴之望者，不在此限。

法院認定前項資力時，應斟酌當事人及其共同生活親屬基本生活之需要。

（二）29抗字第179號：

民事訴訟法第107條所謂當事人無資力支出訴訟費用，並非當事人全無財產之謂，當事人雖有財產而不能自由處分者，如無籌措款項以支出訴訟費用之信用技能，即為無資力支出訴訟費用。

（三）43臺抗字第152號：

　　當事人無資力支出訴訟費用者，固得聲請訴訟救助，然所謂無資力係指窘於生活，且缺乏經濟信用者而言。

（四）68臺聲字第158號：

　　訴訟救助須以當事人無資力支出訴訟費用及非顯無勝訴之望為要件，此觀諸民事訴訟法第107條規定自明。依同法第109條第3項規定，關於因無資力支出訴訟費用請求救助之事由，固得由受訴法院管轄區域內有資力之人出具保證書以代釋明。惟如已查明當事人非無資力支出訴訟費用者，雖其已取具上項保證書，亦無准許訴訟救助之餘地。

（五）民事訴訟法第108條：外國人之訴訟救助

　　對於外國人准予訴訟救助，以依條約，協定或其本國法令或慣例，中華民國人在其國得受訴訟救助者為限。

（六）22抗字第1895號：

　　無國籍人聲請訴訟救助，不適用民事訴訟法第108條之規定。

（七）民事訴訟法第109條：救助聲請程序

　　聲請訴訟救助，應向受訴法院為之。於訴訟繫屬前聲請者，並應陳明關於本案訴訟之聲明及其原因事實。

　　無資力支出訴訟費用之事由，應釋明之。

　　前項釋明，得由受訴法院管理轄區域內有資力之人，出具保證書代之。保證書內，應載明具保證書人於聲請訴訟救助人負擔訴訟費用時，代繳暫免之費用。

（八）42臺抗字第115號：

　　依民事訴訟法第109條第3項規定，出具保證書之人，聲請解除保證責任而受駁回之裁定，為免訴訟遲延起見，亦應解為

民事訴訟法第一編第三章第三節所定之裁定，依同法第115條規定，只得於裁定送達後五日內，提起抗告。

（九）62臺抗字第500號：

　　關於聲請訴訟救助，民事訴訟法第109條第2項並未規定當事人就非顯無勝訴之望，亦應釋明，故當事人不負釋明之責，至或訴訟是否非顯無勝訴之望，應曲法院依其自由意見決之。

（十）67臺抗字第552號：

　　聲請訴訟救助之當事人所應釋明者，僅以請求救助之事由為限，如以受訴法院管轄區域內有資力之人出具保證書以代釋明，該具保證書人有無資力，應由受訴法院依職權調查之。

（十一）73臺抗字第461號：

　　當事人在前訴訟程序曾經繳納裁判費，於該訴訟程序確定後提起再審之訴時，如不能釋明其經濟狀況確有重大之變遷，不得遽為聲請訴訟救助。

（十二）民事訴訟法第112條：救助之消滅

　　准予訴訟救助之效力，因受救助人死亡而消滅。

（十三）民事訴訟法第113條：救助之撤銷

　　當事人力能支出訴訟費用而受訴訟救助或其後力能支出者，法院應以裁定撤銷救助，並命其補交暫免之費用。

　　前項裁定，由訴訟卷宗所在之法院為之。

（十四）民事訴訟法第114條：訴訟費用之徵收

　　經准予訴訟救助者，於終局判決確定或訴訟不經裁判而終結後，第一審受訴法院應依職權以裁定確定訴訟費用額，向應負擔訴訟費用之當事人徵收之；其因訴訟救助暫免而應由受救助人負擔之訴訟費用，並得向具保證書人為強制執行。

　　為受救助人選任律師之酬金，徵收而無效果時，由國庫墊付。

強制執行費用與非強制執行費用

強制執行費用指因強制執行直接所生之費用，包括執行費、參與分配費用及執行必要費用。

非強制執行費用，指非因直接強制執行所生之費用。

執行費、參加分配之費用，依本法第28條之2，固有一定之程式。

然執行必要費用，仍非無疑，例如債權人於執行程序中依法到場所支出之旅費，有學者以為仍可認為執行必要費用；然實務上，大多不採。

其他諸如律師費，或於執行程序中聲明異議、抗告、異議之訴等費用，亦均非強制執行費用。

強制執行費用之收取

強制執行費用，以必要部分為限，由債務人負擔，並應與強制執行之債權同時收取。

所謂與強制執行之債權同時收取，指依執行債權之執行名義，可同時收取債權與執行費用；即執行費用之收取，不需另行取得收取執行費用之執行名義。

執行債權若係金錢債權，執行法院應將執行債權額與執行費用，一齊交付債權人；若需分配者，執行法院應於分配表中，將執行費用列入分配，與執行債權一同受償。

但執行債權若非金錢債權，例如拆屋還地請求權之強制執行，則不生同時收取之問題。

第28條之3（應徵執行費之規定）

債權人聲請執行，依第二十七條第二項逕行發給憑證者，徵收執行費新臺幣一千元。但依前條第一項規定計算應徵收之執行費低於新臺幣一千元者，依該規定計算徵收之。

債權人依前項憑證聲請執行，而依第二十七條第二項逕行發給憑證者，免徵執行費。

債權人依前二項憑證聲請強制執行債務人財產者，應補徵收按前條第一項規定計算執行費之差額。

解說

本條第1項規定，如債務人現無財產可供執行，債權人為免其債權罹於消滅時效，而聲請執行並請求逕予發給憑證者（第27條第2項情形），執行法院雖不必進行一般執行程序，但仍須核發憑證，因此仍應徵收執行費。但為減輕債權人負擔，故規定最多只徵收新臺幣（下同）1,000元。如依第28條之2規定計算應徵收之執行費低於1,000元時，則依該規定徵收之（低於1,000元徵收之）。

本條第2項規定，債權人持本條第1項憑證聲請執行，執行法院又依第27條第2項規定逕行發給憑證者，因未實際執行債務人的財產，且債權人前已依第1項規定繳納執行費，故此時免再徵執行費。

本條第3項規定，債權人依本條第1項、第2項憑證聲請強制執行債務人財產者，應補徵依第28條之2第1項規定計算執行費之差額，以維公允。

第29條（執行費用之確定）

債權人因強制執行而支出之費用，得求償於債務人者，得準用民事訴訟法第九十一條之規定，向執行法院確定其數額。

前項費用及其他為債權人共同利益而支出之費用，得求償於債務人者，得就強制執行之財產先受清償。

解說

執行費用之數額，得由執行法院依其卷證加以確定，無另行取得執行名義之必要。

然同前所述，於金額債權之執行，其債權得與費用一併收取。但如未於執行程序同時收取，或非金錢債權之執行者，自有於原執行程序外另行收取之必要。

因此，本法仿照民事訴訟費用確定數額之規定，規定債權人得向執行法院聲請確定其數額。

債權請求執行法院確定其執行費用數額，得以書狀或言詞為之，但須提出費用計算書及繕本，及釋明費用之憑據（參見民訴§91）。

執行法院就此為確定執行費之裁定，即係執行名義，當事人對此裁定，如有不服，得提起抗告。

執行費用之優先受償

所謂優先受償，指優先於其他債權而受清償。

強制執行費用及其他為債權人共同利益而支出之費用，得求償於債務人者，得就強制執行之財產先受清償；在此之先受清償，不僅優先於一般債權，且優先於擔保物權等優先權，而受最優先之分配。

但債權人所支出之費用，如係只為特定債權人之利益而支出，則非共益費用，不在優先受償之列，因此，執行費用是否共益費用，決定其受償次序為何，再簡析如次：

執行費及執行必要費用：係為全體債權人之利益而支出，係共益費用，應優先受償。

參與分配費用：參與分配費用，係參與分配債權人為自己之利益所支出，並非共益費用，是此項費用，只能與其參與分配債權，同其順位；簡言之，其參與分配之債權，若係普通債權，則參與分配之費用，與其同順位；若其參與分配之債權係擔保物權（例如抵押債權），則因此擔保物權係優先債權，其參與分配之費用，亦優先於普通債權。

取得執行名義費用：取得執行名義之費用，除該費用係為所有債權之利益而支出者，例如民法第242條及第244條，債權人行使代位權、撤銷權，以保全債務人財產之訴訟費用，而得依法優先受償外，其他均應與其債權同其順位，而受分配。

參考資料

（一）民法第323條：抵充順序

清償人所提出之給付，應先抵充費用，次充利息，次充原本。其依前二條之規定抵充債務者，亦同。

（二）民法第242條：債權人之代位權

債務人怠於行使其權利時，債權人因保全債權，得以自己之名義，行使其權利。但專屬於債務人本身者，不在此限。

（三）民法第244條：債權人之撤銷權

債務人所為之無償行為，有害及債權者，債權人得聲請法院撤銷之。

　　債務人所為之有償行為，於行為時明知有損害於債權人之權利者，以受益人於受益時亦知其情事者為限，債權人得聲請法院撤銷之。

　　債務人之行為非以財產為標的，或僅有害於以給付特定物為標的之債權者，不適用前二項之規定。

　　債權人依第1項或第2項之規定聲請法院撤銷時，得並聲請命受益人或轉得人回復原狀。但轉得人於轉得時不知有撤銷原因者，不在此限。

第30條（執行費用之償還）
依判決為強制執行，其判決經變更或廢棄時，受訴法院因債務人之聲請，應於其判決內，命債權人償還強制執行之費用。
前項規定，於判決以外之執行名義經撤銷時，準用之。

解說

　　強制執行程序經終結後，若因再審判決，而致原為執行名義之判決被廢棄，原執行名義亦因而溯及失效，此時債務人就其所支出之費用，固得依不當得利訴請返還，然而以訴請求執行費用之返還，未免小題大作，因此，為使程序趨於簡易，受理再審之訴之法院，得因債務人之聲請，於其判決內，命債權人償還執行費用。

　　執行名義之裁定，經抗告或再審廢棄者，亦同。

第30條之1（準用）

強制執行程序，除本法有規定外，準用民事訴訟法之規定。

解說

所謂準用，指援用同類性質之法律規範，以免法條重複規定，太過冗繁。

參考資料

（一）民事訴訟法第91條：聲請確定訴訟費用

法院未於訴訟費用之裁判確定其費用額者，第一審受訴法院於該裁判有執行力後，應依聲請以裁定確定之。

聲請確定訴訟費用額者，應提出費用計算書、交付他造之計算書繕本或影本及釋明費用額之證書。

依第1項確定之訴訟費用額，應於裁定送達之翌日起，加給按法定利率計算之利息。

（二）32上字第3154號：

當事人支出之旅費，並不在現行民事訴訟費用法所定費用之內，自無從認為訴訟費用，如依民法之規定，可認為因他造之侵權行為所受之損害者，得向他造請求賠償，此項賠償請求權，不因民事訴訟法定有訴訟費用之負擔，及民事訴訟費用法定有訴訟費用之範圍而被排除。

（三）26滬抗字第62號：

審判費應以國幣繳納，非如訴訟費用之擔保，可提存法院認為相當之有價證券，抗告人聲請以救國公債繳納審判費，原裁定不予准許，於法並無不合。

（四）29上字第769號：

　　請求交付契據之訴，係以契據交付請求權為訴訟標的，此項契據僅為一種證明文件，其交付請求權之價額，應斟酌原告因交付契據所受利益之客觀價額定之。

（五）29上字第1752號：

　　以有價證券之給付請求權為訴訟標的時，其價額應依有價證券之時價定之，不以其券面額為準。本件原判決命上訴人交付被上訴人之股票三股，依票面之記載雖僅300元，但經原審依起訴時之時價核定為600元，自應以600元為其訴訟標的之價額。

（六）70臺上字第1757號：

　　共有物分割之訴，其訴訟標的價額以原告因分割所受利益之客觀價額為準，非以共有物全部之價額定之，依民事訴訟法第466條第3項規定，上訴利益亦應依此標準計算，不因上訴人（被告）之應有部分之價額較低而異。

（七）72古抗字第371號：

　　確認祭祀公業派下權存在與否事件，係因財產權而起訴，其訴訟標的價額之核定，應依該祭祀公業之總財產價額中訴爭派下權所占之比例，計算其價額。

（八）76臺上字第2782號：

　　分配表異議之訴之訴訟標的價額，以原告主張因變更分配表而得增加之分配額為標準定之。

（九）民事訴訟法第77條之2：數項訴訟標的價額之計算

　　以一訴主張數項標的者，其價額合併計算之。但所主張之數項標的互相競合或應為選擇者，其訴訟標的之價額，應依其中價額最高者定之。

　　以一訴附帶請求其孳息、損害賠償、違約金或費用者，不併算其價額。

（十）29上字第935號：

　　被上訴人在第一審起訴，除請求令上訴人遷讓承租之房屋外，並請求追償該房屋之欠租，其追償欠租部分係附帶主張孳息，依民事訴訟法第405條第2項，於計算訴訟標的之價額時，欠租之數額不應併算其內。

（十一）30抗字第257號：

　　以一訴主張數項標的者，其價額合併計算之，民事訴訟法第405條第1項定有明文，本件抗告人以一訴主張數項標的，既應合併計算其價額，自不能因抗告人所繳裁判費已滿某一標的應繳之數額，即獨認該部分之上訴為合法。

（十二）民事訴訟法第77條之9：租賃權價額之計算標準

　　因租賃權涉訟，其租賃定有期間者，以權利存續期間之租金總額為準；其租金總額超過租賃物之價額者，以租賃物之價額為準；未定期間者，動產以二個月租金之總額為準，不動產以二期租金之總額為準。

（十三）32抗字第675號：

　　民事訴訟費用法第9條所謂因租賃權涉訟，係指以租賃權為訴訟標的之訴訟而言，其以租賃關係已經終止為原因，請求返還租賃物之訴，係以租賃物返還請求權為訴訟標的，非以租賃權為訴訟標的，其訴訟標的之價額，應以租賃物之價額為準。

（十四）73臺抗字第297號：

　　出租人對於承租人之租賃物返還請求權，係以該物永久的占有之回復為標的，以此項請求權為訴訟標的時，其價額固應以該物之價額為準，若承租人對於出租人之租賃物交付請求

權，則以該物一時的占有使用為標的，以此項請求權為訴訟標的時，其價額應以租賃權之價額為準，租賃權之價額，依民事訴訟費用法第13條定之。

（十五）57臺抗字第614號：

耕地租佃爭議案件，非由該管耕地租佃委員會，依耕地三七五減租條例第26條之規定移送法院，而由當事人逕行起訴者，不問其原因為何，均不能免徵裁判費用。

（十六）66臺抗字第418號：

民事訴訟費用法第18條後段所定：發回或發交更審再行上訴者，免徵裁判費，係專指發回或發交前上訴已繳上訴裁判費者而言。至當事人不服法院之裁定提起抗告，雖已繳抗告費，如抗告法院將該裁定廢棄發回，經原法院為本案有無理由之判決者，對之提起上訴，仍有繳納上訴裁判費之義務。

（十七）釋字第153號解釋：

提起抗告，未繳納裁判費者，審判長應定期命其補正，不得逕以裁定駁回，最高法院50年臺抗字第242號判例，雖與此意旨不符，惟法院就本案訴訟標的未為裁判，當事人依法既得更行起訴，則適用上開判例之確定裁定，倘不發生確定終局裁判所適用之法律或命令是否牴觸憲法問題。

（十八）50臺抗字第242號：

提起抗告，應依民事訴訟費用法第16條繳納裁判費用，為必須具備之程式。再抗告人在原法院提起抗告，未繳納裁判費，原法院認為抗告不合程式，裁定駁回，於法洵無違背。至於上訴程序所定之限期補正，抗告程序並無準用之明文，故提起抗告之未繳納裁判費用者，可不定期命為補正。

（十九）36抗字第660號：

訴訟當事人聲請訴訟救助，就其請求救助事由之釋明，依民事訴訟法第109條第3項規定，固得由受訴法院管轄區域內有資力之人出具保證書以代之。但依民事訴訟費用法第26條之規定，其保證書內應載明具保證書人，於聲請訴訟救助人負擔訴訟費用時，代繳暫免之費用字樣，否則該項書證尚難謂為代釋明之保證書。至能否供釋明之用，則仍應由法院為之斟酌認定。

第二章
關於金錢請求權之執行

　　金錢債權之強制執行，指請求債務人支付金錢，以實現債權人之金錢之債之謂。

　　蓋強制執行係以國家之公權力介入私人間之債權債務，強制債務人履行債務，以實現或滿足債權人之債權。

　　然債權人之債權，非盡然純為金錢之給付，亦有為非金錢之給付者，例如行為或不行為之請求權、物之交付請求權等。

　　本章之規定，係就金錢債權部分予以介紹，至於非金錢債權，則分別於第三章：物之交付請求權及第四章：行為與不行為請求權，再作介紹。

　　本書將第二章分六節：

（一）第一節：參與分配

（二）第二節：對於動產之執行

（三）第三節：對於不動產之執行

（四）第四節：對於船舶及航空器之執行

（五）第五節：對於其他財產權之執行

（六）第六節：對於公法人財產之執行

　　除第一節係金錢債權強制執行之階段方法外，其餘五節，實係金錢債權之執行種類。

（一）意義：自貨幣發明之後，金錢債權即一躍而為民事執行

制度之主流，尤於資本主義社會，金錢債權之強制執行，又幾占強制執行案件的絕大多數。

至何謂金錢債權之強制執行，表面上雖係指請求債務人支付金錢，以實現債權人金錢債權；實際上，係國家以強制力介入，就債務人之財產予以強制執行，取得金錢後，交付債權人，以清償或實現滿足其金錢債權。

（二）金錢債權之標的物：金錢債權之標的物，須係一定金額之通用貨幣。

而依現行法，有關表示執行名義之債權金額，不論以本國貨幣或外國貨幣表示，均為法之所許。

但若執行名義係命給付特種通用貨幣，而其目的係給付代替物之債權者，則其性質係屬物之交付請求權，並非本章規定之金錢債權。

金錢債權雖許以外國貨幣定給付之金額，然債務人仍得依照給付時給付地之市價，以本國貨幣給付之。

參考資料

（一）民法第199條：給付

債權人基於債之關係，得向債務人請求給付。

給付，不以有財產價格者為限。

不作為亦得為給付。

• 理由：

謹按債權者，即向債務人請求作為或不作為之相對權，其作為或不作為，實為債之標的，故總稱為給付。至給付須有財產價格與否，古來議論不一，本條規定，雖無財產價格之給付，亦得為債之標的，於實際上方可賅括。又可稱為給付者，

固不僅限於債務人履行之作為義務，即履行不作為義務亦得為給付。此本條所由設也。

（二）民法第200條：種類之債

給付物僅以種類指示者，依法律行為之性質或當事人之意思不能定其品質時，債務人應給以中等品質之物。

前項情形，債務人交付其物之必要行為完結後，或經債權人之同意指定其應交付之物時，其物即為特定給付物。

（三）民法第201條：特種通用貨幣之債

以特種通用貨幣之給付為債之標的者，如其貨幣至給付期失通用效力時，應給以他種通用貨幣。

（四）21上字第3004號：

依當事人間之契約以特種通用貨幣之給付為債之標的者，無論其債之關係係因債務人受領債權人何種貨幣之給付而發生，當事人雙方均應受該契約之拘束，除該特種貨幣至給付期失通用效力時，應給以他種通用貨幣外，得以一方之意思變更之。

（五）民法第202條：外國貨幣之債

以外國通用貨幣定給付額者，債務人得按給付時、給付地之市價，以中華民國通用貨幣給付之。但訂明應以外國通用貨幣為給付者，不在此限。

（六）46臺上字第1713號：

以黃金美鈔之給付為債之標的者，當事人聲明按給付時給付地折付中華民國通用貨幣時，以往均以臺灣銀行外匯牌告之價格為折合之標準，惟近年來外匯於牌告匯率以外尚有結匯證之設置，即政府舉辦之郵匯亦不單以牌價為給付，故本院最近見解認為黃金美鈔如不能返還時，應照返還時臺灣銀行牌告黃

金結購外匯及外匯結匯證價格折合新臺幣計算之。

執行過程

　　金錢債權之強制執行，其階段有三：

（一）查封：指由執行法院以強制力，先行剝奪債務人對其所
　　　　有財產之處分權，防止債務人處分其財產，以確保強制
　　　　執行目的之達成之謂。

（二）拍賣：拍賣亦稱之為換價，即將被禁止處分之債務人財
　　　　產，用拍賣方式，以換得金錢。

（三）清償：即將換價所得之金錢交付債權人，以實現債權人
　　　　之債權，亦稱之為滿足階段。

　　有關本章規定，將參與分配置於第一節，其實本末倒置，
因參與分配係屬金錢債權執行過程的第三階段，於此應特別注
意，以免難以適從。

第一節　參與分配

聲請參加分配之要件

　　他債權人聲請參加分配，須具備三要件：

（一）須對同一債務人：執行程序之債務人與參與分配之債務
　　　　人，必須是同一債務人。

（二）執行程序須非保全程序：例如假扣押、假處分等保全執
　　　　行，僅係限制債務人處分其財產，以保全將來之強制執
　　　　行，不得為換價、清償，因此，自無他債權人參加分配
　　　　之問題。

（三）此多數債權人之債權，須均為金錢債權：蓋物之交付、

行為或不行為請求之強制執行，並無金錢可供分配，且其債權，對於原聲請執行之債權人，亦具特定性、獨占性，自均不生參與分配之問題。

第31條（分配表之作成）

因強制執行所得之金額，如有多數債權人參與分配時，執行法院應作成分配表，並指定分配期日，於分配期日五日前以繕本交付債務人及各債權人，並置於民事執行處，任其閱覽。

解說

債權人依據金錢債權之執行名義，聲請就債務人之財產予以強制執行後，他債權人亦向執行法院請求就執行所得之金額，同受清償之意思表示，稱為參與分配。

蓋債務人之總財產，係所有債權之共同擔保，因此，他債權人聲請參加執行程序，並就執行所得同受清償，執行法院自不得加以拒絕，以免反而另起程序，而浪費國家資源。

故，強制執行所得之金額，如有多數債權人參加分配時，執行法院應作成分配表，並指定分配期日，且於分配期日五日前，以繕本交付債務人及各債權人。

債務人及各債權人亦得至民事執行處閱覽。

第32條（參與分配之程序）

他債權人參與分配者，應於標的物拍賣、變賣終結或依法交債權人承受之日「日前，其不經拍賣或變賣者，應於當次分配表作成之日一日前，以書狀聲明之。」逾前項期間聲明參與分配者，僅得就前項債權人受償餘額而受清償；如尚應就債務人其他財產執行時，其債權額與前項債權餘額，除有優先權者外，應按其數額平均受償。

解說

（一）本法立法例：

執行債權人與聲請參與分配之債權人，究應如何分配，各國立法，規範不同，約可分為三類：

1. 優先主義：即以債權人聲請執行之時間先後，決定債權人間分配之優先次序，英美法系及德奧等國採之。

2. 平等主義：即不問債權人係執行債權人亦聲請參與分配之債權人及其參與時間之先後，債權人地位一律平等，均依債權數額比例分配，日、法等國採之。

3. 團體優先主義：係指只要在一定時間內參與執行程序，即可構成一定的團體，而此諸之後參加的債權人，享有優先權。

（二）我國規定：

我國民國64年修正前之舊強制執行法，原採徹底的平等主義，他債權人只要在執行程序終結前，就得聲請參與分配；惟因實務上常發生分配表製作後，價金交付前，他債權人一再聲明參與分配，致使分配表一再重作之情形。

民國64年修正時，修正參與分配之時間應在標的物拍賣或

變賣終結前。

　　現行法則再提前一日，改為「標的物拍賣、變賣之日一日前」。只要在此時間之前聲請參與分配者，便與執行債權人同其地位，故性質上仍採平等主義。

 參考資料

（一）43臺上字第446號：

　　他債權人得於強制執行程序終結前，以書狀聲明參與分配，為強制執行法第32條所明定。聲明參與分配之債權人有執行名義者，只須於聲明參與分配時提出該執行名義之證明文件為已足。無須為債務人無他財產足供清償之釋明，此項釋明僅為無執行名義之債權人而設，此就同法第34條第1項及第2項之規定，對照觀之自明。

（二）66臺上字第3661號：

　　他債權人參與分配者，應於標的物拍賣或變賣終結前，以書狀聲明之，逾上開期間聲明參與分配者，僅得就債權人（指於標的物拍賣或變賣終結前聲請執行或聲明參與分配之債權人）受償餘額而受清償，強制執行法第32條定有明文，此項規定於有執行名義之債權人聲明參與分配，亦有其適用。

（三）66臺再字第96號：

　　聲明參與分配，依強制執行法第32條第1項規定，應以書狀為之，為必備程式之一，此於強制執行法既有明文規定，即無再準用民事訴訟法第122條規定之餘地。

第33條（擬制參與分配）
對於已開始實施強制執行之債務人財產，他債權人再聲請強制執行者，已實施執行行為之效力，於為聲請時及於該他債權人，應合併其執行程序，並依前二條之規定辦理。

解說

　　同一債務人其金錢償權之債權人有兩人以上之多數時，有時會發生，數債權人先後對同一債務人的責任財產聲請強制執行之情形，有稱之為強制執行之競合，亦有名之為雙重聲請執行。

　　本章前言談及金錢債權的執行程序，分為查封、拍賣及清償三個階段。

　　拍賣階段，因無法一物兩賣，故無法容忍重複執行，而查封階段，是否可重複為之，立法例上固有允許重複查封與不許重複查封之別，例如日本法對不動產之執行，允許為雙重查封；而德國則禁止重複查封，而代之以參加之裁定。

　　我國強制執行法向採禁止重複查封，現行法仍一如舊制，規定：對於已開始實施強制執行之債務人財產，他債權人聲請強制執行者，已實施執行行為之效力，於為聲請時及於該他債權人。

　　即採禁止重複查封之立法例，將後執行程序合併前執行程序，並發生參加分配之效力。

59臺抗字第584號：

　　法院准許拍賣抵押物之裁定，係強制執行法第4條第5款所

規定之執行名義，法院據以執行，如有多數債權人參與升配，自得就拍賣抵押物賣得之價金作成分配表，除該抵押權人及其他有優先權者外，按其債權額數平均受償。至對分配表之異議，依強制執行法第39條規定僅債權人始得為之。

第33條之1（重複查封之禁止）

執行人員於實施強制執行時，發現債務人之財產業經行政執行機關查封者，不得再行查封。

前項情形，執行法院應將執行事件連同卷宗函送行政執行機關合併辦理，並通知債權人。

行政執行機關就已查封之財產不再繼續執行時，應將有關卷宗送請執行法院繼續執行。

解說

　　地方法院民事執行處的執行人員於實施民事上之強制執行程序時，如果發現債務人的財產已經先被法務部行政執行署行政執行處的執行人員早一步實施查封在案時，地方法院民事執行處的執行人員就不得對同一財產再行查封。

　　為使民事上的強制執行程序與公法上的行政執行程序能同時併行，不生牴觸，地方法院民事執行處的執行人員於發現應強制執行的債務人財產已經先被法務部行政執行署行政執行處的執行人員早一步實施查封時，應該將承辦的民事強制執行事件連同卷宗一併發函移送法務部行政執行署行政執行處合併辦理，並同時通知債權人。

　　法務部行政執行署行政執行處受理前項強制執行事件及

卷宗後，應即合併辦理執行事宜，但若對於公法上的行政執行程序部分決定就已查封的債務人財產不再繼續執行時，則由行政執行處繼續辦理本屬民事執行處的民事強制執行事件顯不合理，故此時行政執行處應該將該民事強制執行事件及卷宗送還給地方法院民事執行處繼續依強制執行法辦理強制執行。

第33條之2（重複查封之禁止）
執行法院已查封之財產，行政執行機關不得再行查封。
前項情形，行政執行機關應將執行事件連同卷宗函送執行法院合併辦理，並通知移送機關。
執行法院就已查封之財產不再繼續執行時，應將有關卷宗送請行政執行機關繼續執行。

解說

行政執行法規定公法上之金錢執行，歸行政機關辦理。

為此，行政執行法修正公布後，私法上之金錢債權與公法上之金錢債權，分別由普通法院與行政執行機關各自辦理。

為避免兩單位各行其是，並兼顧債權人權益，本法乃增列第33條之1及第33條之2，明定處理準則，以先行預防如下：

（一）行政機關先查封者：普通法院（執行法院）之執行人員於實施強制執行時，發現債務人之財產業經行政機關查封者，不得再行查封。

前項情形，執行法院應將執行卷宗函送行政執行機關合併辦理，並通知債權人。

而行政機關其就已查封之財產不再執行時，應將有關卷

宗送請執行法院繼續執行。

（二）**執行法院先查封者**：執行法院已查封之財產，行政機關
不得再行查封。

前項情形，行政機關應將執行事件連同卷宗函送執行法
院合併辦理，並通知移送機關。

執行法院就已查封之財產不再繼續執行時，亦應將卷宗
送請行政執行機關繼續執行。

第34條（參與分配之程序）

有執行名義之債權人聲明參與分配時，應提出該執行名義之
證明文件。

依法對於執行標的物有擔保物權或優先受償權之債權人，不
問其債權已否屆清償期，應提出其權利證明文件，聲明參與
分配。

執行法院知有前項債權人者，應通知之。知有債權人而不知
其住居所或知有前項債權而不知孰為債權人者，應依其他適
當方法通知或公告之。經通知或公告仍不聲明參與分配者，
執行法院僅就已知之債權及其金額列入分配。其應徵收之執
行費，於執行所得金額扣繳之。

第二項之債權人不聲明參與分配，其債權金額又非執行法院
所知者，該債權對於執行標的物之優先受償權，因拍賣而消
滅，其已列入分配而未受清償部分，亦同。

執行法院於有第一項或第二項之情形時，應通知各債權人及
債務人。

解說

有關請求參與分配者，是否應該具備一定的資格？

其立法例有二，即：

（一）允許無執行名義的債權人參與分配：如我國舊強制執行法及法、義等國。

（二）必須有執行名義的債權人始能參與分配：我國現行法及德、奧、英、美等國採之。

為此，得參與分配之資格有二：

（一）有執行名義之債權人：即持有強制執行法第4條第1項各款所定執行名義之債權人。

（二）有擔保物權或優先受償權之債權人：例如抵押權人、質權人、或其他優先受償權人，例如海商法第24條之船舶優先權人，因此等權利人之權利亦因拍賣而消滅，自應許其參加。

第34條之1（公法上金錢債權之參與分配）

政府機關依法令或本於法令之處分，對義務人有公法上金錢債權，依行政執行法得移送執行者，得檢具證明文件，聲明參與分配。

解說

依本法第34條，得參與分配之資格有二，即：

（一）有執行名義之債權人。

（二）有擔保物權人或優先受償權人。

然除前二種資格外，行政執行法亦規定，政府機關亦得為

參與分配之第三種資格。

　　惟政府機關參與分配，必須係其依法令或本於法令之處分，對債務人有公法上的金錢債權（例如各種罰鍰），且依照行政執行法移送執行，且檢具證明文件者，始得參與分配。

參考資料

（一）強制執行法第4條：執行名義

　　強制執行，依下列執行名義為之：

一、確定之終局判決。

二、假扣押、假處分、假執行之裁判及其他依民事訴訟法得為強制執行之裁判。

三、依民事訴訟法成立之和解或調解。

四、依公證法規定得為強制執行之公證書。

五、抵押權人或質權人，為拍賣抵押物或質物之聲請，經法院為許可強制執行之裁定者。

六、其他依法律之規定，得為強制執行名義者。

　　執行名義附有條件、期限或須債權人提供擔保者，於條件成就、期限屆至或供擔保後，始得開始強制執行。

　　執行名義有對待給付者，以債權人已為給付或已提出給付後，始得開始強制執行。

（二）強制執行法第6條：證明文件

　　債權人聲請強制執行，應依下列規定，提出證明文件：

一、依第4條第1項第1款聲請者，應提出判決正本並判決確定證明書或各審級之判決正本。

二、依第4條第1項第2款聲請者，應提出裁判正本。

三、依第4條第1項第3款聲請者，應提出筆錄正本。

四、依第4條第1項第4款聲請者,應提出公證書。

五、依第4條第1項第5款聲請者,應提出債權及抵押權或
　　質權之證明文件及裁定正本。

六、依第4條第1項第6款聲請者,應提出得為強制執行名
　　義之證明文件。

前項證明文件,未經提出者,執行法院應調閱卷宗。但受
聲請之法院非係原第一審法院時,不在此限。

（三）民法第860條：抵押權

稱普通抵押權者,謂債權人對於債務人或第三人不移轉占
有而供其債權擔保之不動產,得就該不動產賣得價金優先受償
之權。

（四）18上字第1624號：

有抵押權之債權人,雖可就抵押物之賣得價金優先受償,
然不能因其設有抵押權,即謂清償債務應以抵押物為限。

（五）19上字第1045號：

民法總則第66條規定稱不動產者,謂土地及其定著物。
工廠中之機器,雖有附著於土地者,然其性質究可離土地而獨
立。申言之,即不必定著於土地,自應認為動產。故在民法物
權編施行後,就機器設定質權,固非移轉占有不生效力,然在
物權編施行以前,尚無法定明文限制。苟該地方一般交易觀
念,以工廠之機器不移轉占有,而設定擔保物權已成習慣,在
審判上即亦不妨認其有擔保物權之效力。

（六）62臺上字第776號：

最高額抵押與一般抵押不同,最高額抵押係就將來應發生
之債權所設定之抵押權,其債權額在結算前並不確定,實際發
生之債權額不及最高額時,應以其實際發生之債權額為準。

（七）釋字第141號解釋：

共有之房地，如非基於公同關係而共有，則各共有人自得就其應有部分設定抵押權。

（八）71臺抗字第306號：

抵押權人聲請拍賣抵押物，在一般抵押，因必先有被擔保之債權存在，而後抵押權始得成立，故只須抵押權已經登記，且登記之債權已屆清償期而未受清償，法院即應准許之。惟最高限額抵押，抵押權成立時，可不必先有債權存在，縱經登記抵押權，因未登記已有被擔保之債權存在，如債務人或抵押人否認先已有債權存在，或於抵押權成立後，曾有債權發生，而從抵押權人提出之其他文件為形式上之審查，又不能明瞭是否有債權存在時，法院自無由准許拍賣抵押物。

（九）72臺上字第2432號：

抵押權為不動產物權，非經登記，不生效力，抵押權人僅能依設定登記之內容行使權利，是抵押債務人究為何人，應以設定登記之內容為準。

（十）民法第884條：動產質權

稱動產質權者，謂債權人對於債務人或第三人移轉占有而供其債權擔保之動產，得就該動產賣得價金優先受償之權。

（十一）民法第885條：質權之生效要件

質權之設定，因供擔保之動產移轉於債權人占有而生效力。

質權人不得使出質人或債務人代自己占有質物。

（十二）26渝上字第310號：

依民法第885條第1項之規定，質權之設定，因移轉占有而生效力。其移轉占有，固應依民法第946條之規定為之，惟民

法第885條第2項既規定質權人不得使出質人代自己占有質物，則民法第761條第2項之規定，自不得依民法第946條第2項準用於質物之移轉占有。

（十三）民法第900條：**權利質權**

稱權利質權者，謂以可讓與之債權或其他權利為標的物之質權。

（十四）49臺上字第235號：

不動產之所有權狀，不過為權利之證明文件，並非權利之本身，不能為擔保物權之標的。如不動產所有人同意以其所有權狀交與他人擔保借款，自係就該不動產設定抵押權，而非就所有權狀設定質權。

（十五）海商法第24條：**優先權之項目**

下列各款為海事優先權擔保之債權，有優先受償之權：

一、船長、海員及其他在船上服務之人員，本於僱傭契約所生之債權。

二、因船舶操作直接所致人身傷亡，對船舶所有人之賠償請求。

三、救助之報酬、清除沉船費用及船舶共同海損分擔額之賠償請求。

四、因船舶操作直接所致陸上或水上財物毀損滅失，對船舶所有人基於侵權行為之賠償請求。

五、港埠費、運河費、其他水道費及引水費。

前項海事優先權之位次，在船舶抵押權之前。

（十六）22上字第2584號：

為債權人之共同利益，修繕船舶破損部分之費用，自係海商法第27條第1項第1款所謂，為債權人之共同利益而保存船舶

之費用，此項債權其優先受償之位次，依同條第2項之規定，在船舶抵押權之前。

（十七）55臺上字第2588號：

　　系爭停船費、繫解纜費，係海商法第24條第1項第1款所定之港埠建設費，港務機關即被上訴人有優先受償之權，而同條第2項更規定，該項債權所列優先權之位次，在船舶抵押權之前，即其效力較抵押權為強，債權人自得不依破產法程序先於抵押權而行使，被上訴人據以之聲明參與分配，應為法之所許。

（十八）55臺上字第1648號：

　　海商法第24條第1項第2款所定，有優先受償之債權，為「船長、船員及其他服務船舶人員，本於僱傭契約所生之債權，其期間未滿一年者」，係指服務人員本於僱傭而生，最近未滿一年之薪資債權而言，該款規定旨在保障海員之生活，僱傭契約無論是否定有期限均有其適用。同條第2項更規定，該項債權所列優先權之位次，在船舶抵押權之前，即其效力較抵押權為強，債權人自得不依破產程序優先抵押權而行使權利。

（十九）院字第548號：

　　服務船舶之茶房，如係船舶所有人直接僱用，則其所交押櫃金自可認為海商法第27條第1項第2款所載服務船舶人員於僱傭契約所生之債權，若僅由船舶之業務主任或買辦僱用，其押櫃金亦未繳存於船舶者，自不在此限。

（二十）海商法第27條：優先權之標的物

　　依第24條規定，得優先受償之標的如下：

　　一、船舶、船舶設備及屬具或其殘餘物。

　　二、在發生優先債權之航行期內之運費。

三、船舶所有人因本次航行中船舶所受損害，或運費損失應得之賠償。

四、船舶所有人因共同海損應得之賠償。

五、船舶所有人在航行完成前，為施行救助所應得之報酬。

（二一）海商法第33條：船舶抵押

船舶抵押權之設定，應以書面為之。

（二二）海商法第34條：建造中船舶抵押

船舶抵押權，得就建造中之船舶設定之。

（二三）海商法第36條：抵押權之設定

船舶抵押權之設定，非經登記，不得對抗第三人。

（二四）勞動基準法第28條：未滿六個月之工資優先受償

雇主有歇業、清算或宣告破產之情事時，勞工之下列債權受償順序與第一順位抵押權、質權或留置權所擔保之債權相同，按其債權比例受清償；未獲清償部分，有最優先受清償之權：

一、本於勞動契約所積欠之工資未滿六個月部分。

二、雇主未依本法給付之退休金。

三、雇主未依本法或勞工退休金條例給付之資遣費。

雇主應按其當月僱用勞工投保薪資總額及規定之費率，繳納一定數額之積欠工資墊償基金，作為墊償下列各款之用：

一、前項第1款積欠之工資數額。

二、前項第2款與第3款積欠之退休金及資遣費，其合計數額以六個月平均工資為限。

積欠工資墊償基金，累積至一定金額後，應降低費率或暫停收繳。

第2項費率，由中央主管機關於萬分之十五範圍內擬訂，報請行政院核定之。

雇主積欠之工資、退休金及資遣費，經勞工請求未獲清償者，由積欠工資墊償基金依第2項規定墊償之；雇主應於規定期限內，將墊款償還積欠工資墊償基金。

積欠工資墊償基金，由中央主管機關設管理委員會管理之。基金之收繳有關業務，得由中央主管機關，委託勞工保險機構辦理之。基金墊償程序、收繳與管理辦法、第3項之一定金額及管理委員會組織規程，由中央主管機關定之。

（二五）關稅法第95條：稅款與罰鍰之強制執行

依本法應繳或應補繳之下列款項，除本法另有規定外，經限期繳納，屆期未繳納者，依法移送強制執行：

一、關稅、滯納金、滯報費、利息。

二、依本法所處之罰鍰。

三、處理變賣或銷毀貨物所需費用，而無變賣價款可供扣除或扣除不足者。但以在處理前通知納稅義務人者為限。

納稅義務人對前項繳納有異議時，準用第45條至第47條之規定。

第1項應繳或應補繳之款項，納稅義務人已依第45條規定申請復查者，得提供相當擔保，申請暫緩移送強制執行。但已依第45條規定提供相當擔保，申請將貨物放行者，免再提供擔保。

第1項應繳或應補繳之關稅，應較普通債權優先清繳。

（二六）強制執行法第29條第2項：執行費用及其他為債權人共同利益而支出之費用優先受償

前項費用及其他為債權人共同利益而支出之費用，得求償於債務人者，得就強制執行之財產先受清償。

（二七）稅捐稽徵法第6條：土地增值稅優先受償

稅捐之徵收，優先於普通債權。

土地增值稅、地價稅、房屋稅之徵收及法院、行政執行處執行拍賣或變賣貨物應課徵之營業稅，優先於一切債權及抵押權。

經法院、行政執行處執行拍賣或交債權人承受之土地、房屋及貨物，執行法院或行政執行處應於拍定或承受五日內，將拍定或承受價額通知當地主管稅捐稽徵機關，依法核課土地增值稅、地價稅、房屋稅及營業稅，並由執行法院或行政執行處代為扣繳。

聲明參與分配之程序

簡言之，他債權人聲明參與分配，其程序有三：

（一）須以書狀聲明：而不得以言詞代之，如強制執行法第33條第1項。

（二）須繳納執行費：惟對於執行標的物有擔保物權或優先受償權的債權人，因為本法係採塗銷主義及賸餘主義，故該等債權對於執行標的物的優先受償權，因拍賣而消滅，即已列入分配而未受清償之部分，亦同；是，此等有擔保物權或優先受償權之債權人，雖未繳納執行費，亦無命其補正繳納的必要，而只須於執行所得的金額扣繳（強§34Ⅲ）。

（三）須提出證明：即有執行名義之債權人於聲明參與分配
　　　時，應提出該執行名義的證明文件。

　　而對於執行標的物有擔保物權或優先受償權之債權人；此
等債權人，於知悉執行標的物被強制執行時，不問其債權已否
屆清償期，應提出其權利證明文件，聲明參與分配。

　　若執行法院知有擔保物權或優先受償權之債權人，應通知
之。

　　執行法院知有擔保物權或優先受償權之債權人而不知其住
居所或知有擔保物權、優先受償權，但不知誰為債權人者，應
依適當方法通知或公告。經通知或公告而該等有優先權人仍不
聲明參與分配者，執行法院僅就其已知的債權金額列入分配；
至於其應徵收的執行費，則在執行所得金額中扣繳。

　　然此規定，在普通抵押權，以其所登記之抵押債權金額，
固無問題；於最高限額抵押權，其登記之最高限額抵押債權，
常與實際發生之債權不同甚鉅，在此種情形，執行法院只得以
登記的最高限額列入分配。若他債權人認為登記的債權金額與
實際的債權金額不符，應提出對分配表異議，或另行訴訟，以
謀救濟。

第35條（刪除）
第36條（刪除）

第37條（分配筆錄）
實行分配時，應由書記官作成分配筆錄。

解說

執行法院對於參與分配之處理，依法應為兩項準備：

（一）分配筆錄：實行分配時，執行法院應由書記官作成分配
　　　筆錄。

（二）分配表：分配之實施，須由執行法院製作分配表。但如
　　　債權人只有一個，或債權人雖有兩人以上，而強制執行
　　　所得的金額，可以滿足所有債權人的債權時，執行法院
　　　只須將執行金額，依各債權人的債權額交付債權人即
　　　可，不須製作分配表。

分配表之製作，除應記載強制執行所得的金額外，並應記
載執行費用、各債權人姓名、債權本金、利息、分配的順序、
分配的比例、分配的金額。

執行法院為製作分配表，得限期催告債權人提出債權數額
計算書；但此處之債權數額計算書，債權人若未依法於命提出
之期間內提出，並不生失權效果；即執行法院仍應依各項書狀
及所附證件資料，直接計算其債權額。

第38條（分配之次序）
參與分配之債權人，除依法優先受償者外，應按其債權額數
平均分配。

解說

即本法之優先受償權，係包括有擔保物權及其他優先受償
權之債權人。

例如抵押權人、質權人、留置權人、船舶優先權人、依勞

動契約所欠工資未滿六個月部分、關稅、土地增值稅及強制執行法第29條第2項中之執行費用及其他為債權人共同利益而支出的費用。

　　以上之優先受償權，究誰最優先，法律並未規定，實務上，則依性質而定，約為如下順序：

（一）執行費用及其他為債權人共同利益而支出之費用，應最優先：詳見第29條，蓋若無此等費用，強制執行無從進行。

（二）土地增值稅次優先：詳見第34條之1參考部分，稅捐稽徵法第6條。

（三）抵押債權僅次於執行費用及土地增值稅，有數抵押債權者，依其登記的順位，定其優先順序。

　　有疑問者，係依民法第513條成立的法定抵押權，並不以登記為取得要件，其與設定抵押權之順位，實務上認為應以各抵押權成立生效之先後為順位。

　　應注意者為抵押權所擔保之範圍，以登記者為限：故利息部分，固應經登記始得就抵押物優先受償；至於遲延利息，雖未登記，實務上亦認為係抵押權的擔保範圍，最高限額抵押權，其擔保範圍應受最高限額的限制，超過部分，無優先受償之權。

（四）僱主因歇業、清算或宣告破產，本於勞動契約所積欠之工資未滿六個月部分，有最優先受償之權：此之謂最優先，是否優先於抵押權，學說與實務，均莫衷一是，各有論據；學說上採肯定見解者，如楊與齡著強制執行法。採否定見解者，如張登科著強制執行法；實務上，亦有採否定見解，有採肯定見解，如高雄地院民事執

行處民國75年對於百吉發機車公司八百二十一名員工債權，即採肯定見解，認為應優先於抵押債權。

（五）關稅優於普通債權，次於擔保物權，與土地增值稅之次序不同。

（六）海商法第24條所定優先權，其中第1款至第5款之債權，在船舶抵押權之前。

參考資料

（一）民法第513條：法定抵押權

　　承攬之工作為建築物或其他土地上之工作物，或為此等工作物之重大修繕者，承攬人得就承攬關係報酬額，對於其工作所附之定作人之不動產，請求定作人為抵押權之登記；或對於將來完成之定作人之不動產，請求預為抵押權之登記。

　　前項請求，承攬人於開始工作前亦得為之。

　　前二項之抵押權登記，如承攬契約已經公證者，承攬人得單獨申請之。

　　第1項及第2項就修繕報酬所登記之抵押權，於工作物因修繕所增加之價值限度內，優先於成立在先之抵押權。

（二）61臺上字第1326號：

　　民法第513條之法定抵押權，係指承攬人就承攬關係所生之債權，對於其工作所附之定作人之不動產，有就其賣得價金優先受償之權，倘無承攬人與定作人之關係，不能依雙方之約定而成立法定抵押權。

（三）63臺上字第1240號：

　　參照民法第865條規定，就同一不動產設定數抵押權者，其次序依登記（即抵押權生效）之先後定之之法意，被上訴人

之法定抵押權，雖無須登記，但既成立生效在先，其受償順序自應優先於上訴人嗣後成立生效之設定抵押權。

（四）民法第861條：抵押權之擔保範圍

抵押權所擔保者為原債權、利息、遲延利息、違約金及實行抵押權之費用。但契約另有約定者，不在此限。

得優先受償之利息、遲延利息、一年或不及一年定期給付之違約金債權，以於抵押權人實行抵押權聲請強制執行前五年內發生及於強制執行程序中發生者為限。

（五）47臺上字第535號：

抵押權所擔保之債權，原可由契約當事人自行訂定，此觀民法第861條但書之規定自明，故契約當事人如訂定以將來可發生之債權為被擔保債權，自非法所不許。

（六）69臺上字第3361號：

破產法第103條第1款規定破產宣告後之利息，不得為破產債權，並不包括同法第108條規定在破產宣告前對於債務人之財產有抵押權之別除權在內，又該抵押權依民法第861條本文規定，除原債權外，尚包括利息及遲延利息在內，被上訴人計算上開利息，其利率未超過法律限制部分，自得主張之。

（七）73臺抗字第239號：

抵押權所擔保債權之範圍，應包括遲延利息在內，且不以登記為必要。

（八）民法第322條：清償之抵充

清償人不為前條之指定者，依下列之規定，定其應抵充之債務：

一、債務已屆清償期者，儘先抵充。

二、債務均已屆清償期或均未屆清償期者，以債務之擔保

最少者，儘先抵充，擔保相等者，以債務人因清償而獲益最多者，儘先抵充，獲益相等者，以先到期之債務，儘先抵充。

三、獲益及清償期均相等者，各按比例，抵充其一部。

（九）民法第323條：抵充順序

清償人所提出之給付，應先抵充費用，次充利息，次充原本；其依前二條之規定抵充債務者，亦同。

（十）27上字第3270號：

民法第323條並非強行規定，故其所定費用、利息及原本之抵充順序，得以當事人之契約變更之。

（十一）41臺上字第807號：

上訴人對於被上訴人負有原本及利息數宗債務，其提出新臺幣2,500元之給付不足清償全部債務，在不能證明被上訴人同意先充原本時，不過應依民法第323條所定順序，先充利息，後充原本而已，本與上訴人就其約定超過法定利率限制之利息是否任意給付，係屬別一問題，且該條所謂應先抵充之利息，係僅指未超過法定利率限制之利息而言，至超過法定利率限制之利息，則無論在民法或利率管理條例，既均規定為無請求權，自難謂為包含在內，亦不得僅執該條前開規定，遂謂上訴人就其約定超過法定利率限制之利息，已為任意給付。

第39條（分配表之異議）

債權人或債務人對於分配表所載各債權人之債權或分配金額有不同意者，應於分配期日一日前，向執行法院提出書狀，聲明異議。

前項書狀，應記載異議人所認原分配表之不當及應如何變更
之聲明。

解說

強制執行法第39條中，所謂對分配表異議，究何所指？

本法並無設限，為方便執行程序之進行，因此規定要件
為：

（一）**客體**：係對於分配表所載有不同之意見，故其事由，不
論是程序上事由，例如已聲明參與分配，卻未列入，
分配表未依本法第31條規定，於分配期日五天前送達，
債權金額誤算或誤列，或不具備參與分配要件而列入分
配；或實體上事由，例如他債權人之債權並無優先權，
而列為優先，他債權已消滅或自始不存在，仍列入分
配，自己的債權應列為優先，仍依普通債權處理等。
只要與分配表相關事由，均得為異議之客體。

（二）**主體**：得對分配表異議之人必須是執行程序之當事人，
無論其為債權人抑債務人；但不論其為債權人抑或債務
人，其主張必須有對分配表之利益始可；例如前順位之
抵押權人，縱認後順位之抵押權人之債權並不存在，因
後順位之抵押債權是否刪除，與前順位並無利害衝突，
實務上不認得為異議之主體。又如債務人對分配表上債
權人間之次序有異議，惟債權人間之次序雖與各債權人
有利害衝突，但與債務人無關，債務人既無異議之利
益，實務上亦不許其為異議主體。

（三）**程序**：對分配表異議，應於分配期日之前一日，且必須
以書狀，向執行法院為之；書狀內應記載分配表何處不

當，及聲明應如何變更，期使執行法院瞭解異議是否正當及是否同意變更。

強制執行法第12條：聲請及聲明異議

當事人或利害關係人，對於執行法院強制執行之命令，或對於執行法院、書記官、執達員實施強制執行之方法，強制執行時應遵守之程序，或其他侵害利益之情事，得於強制執行程序終結前，為聲請或聲明異議。但強制執行不因而停止。

前項聲請及聲明異議，由執行法院裁定之。

不服前項裁定者，得為抗告。

第40條（執行法院對於異議之處置）
執行法院對於前條之異議認為正當，而到場之債務人及有利害關係之他債權人不為反對之陳述或同意者，應即更正分配表而為分配。
異議未依前項規定終結者，應就無異議之部分先為分配。

解說

地方法院民事執行處如果對於「債權人或債務人就分配表之聲明異議」認為正當，且到場的債務人及有利害關係的其他債權人亦不為反對的陳述或明白表示同意時，為求強制執行程序的迅速實行，此時應該立即更正分配表後，依更正後的分配表進行分配。

如果「債權人或債務人就分配表之聲明異議」僅係對分

配表之一部分為之，但對其他部分則無聲明異議，且有聲明異議之一部分又不能依本條第1項規定（即到場的債務人及有利害關係的其他債權人不為反對陳述或明白表示同意）而終結爭議，此時應該先就未被聲明異議的其他部分，先行依分配表進行分配，以求迅速。

第40條之1（更正分配表之送達與處置）
依前條第一項更正之分配表，應送達於未到場之債務人及有利害關係之他債權人。
前項債務人及債權人於受送達後三日內不為反對之陳述者，視為同意依更正分配表實行分配。其有為反對陳述者，應通知聲明異議人。

解說

執行法院對分配表之異議，其處置方式有三：

（一）**不合法**：例如異議之人為非其利害關係之債權人或債務人，或於分配期日後始為異議，類此之異議，係屬不合法之異議，執行法院應以裁定駁回其異議，但其欠缺係屬可以補正者，例如代理人代理異議，尚未補具委任狀，則執行法院應限期命其補正，逾期不補正，始裁定駁回。

（二）**異議正當者**：執行法院認為異議正當，而到場之債務人及有利害關係之他債權人不為反對之陳述或同意者，應即更正分配表而為分配。

換言之，即使執行法院認為異議正當，仍不得自行更正

分配表，必須在場之債務人及有利害關係的他債權人同意或沒有反對陳述時，才可更正分配表。

更正後之分配表，執行法院應將之送達於未到場之債務人及有利害關係之他債權人，使其有表示意見的機會。

未到場之債務人及有利害關係之他債權人於送達後三天內，如果沒有反對之陳述，視為同意依更正後之分配表實施分配。

如果分配表中一部有異議，一部無人異議，執行法院只能先就沒有異議的部分先為分配。

（三）**異議無理由**：異議雖然合法，然執行法院認為異議並無正當理由，由於執行法院對於分配表並無實體認定權，應諭知聲明異議人另行起訴，否則執行法院應依本法第41條第3項處理，即聲明異議人若未在十天內起訴者，視為撤回其異議之聲明。

第41條（分配表異議之訴）

異議未終結者，為異議之債權人或債務人，得向執行法院對為反對陳述之債權人或債務人提起分配表異議之訴。但異議人已依同一事由就有爭執之債權先行提起其他訴訟者，毋庸再行起訴，執行法院應依該確定判決實行分配。

債務人對於有執行名義而參與分配之債權人為異議者，僅得以第十四條規定之事由，提起分配表異議之訴。

聲明異議人未於分配期日起十日內向執行法院為前二項起訴之證明者，視為撤回其異議之聲明；經證明者，該債權應受分配之金額，應行提存。

前項期間，於第四十條之一有反對陳述之情形，自聲明異議人受通知之日起算。

解說

由於執行法院無實體決定權，因此，利害關係人於分配期日前，依法定程序對分配表聲明異議，如異議未終結，執行法院方不得自行認定。

故，本法第41條規定，異議未終結者，為異議之債權人或債務人，得向執行法院對為反對陳述之債權人或債務人提起分配表異議之訴。

（一）程序：聲明異議人未於分配期日起十日內向執行法院證明，其已提起分配表異議之訴，或已就同一事由先行提起其他訴訟，例如對以本票裁定聲請參與分配之債權人，已提起本票債權不存在之訴。

若聲明異議人於此期間內，未能提出起訴之證明，則視為異議之聲明已經撤回。

此十日之期間自分配期日開始起算，但依本法第40條之1之規定，有反對陳述之情形，則此十日之期間，自聲明異議人受通知之日起算。

如果聲明異議人未依此十日之法定期間起訴，執行法院應逕依原分配表實施分配。

但聲明異議人於法定期間內已經起訴者，執行法院應將有異議部分之債權提存，待將來判決確定時，再依確定判決實施分配。

（二）訴訟當事人：分配表異議之訴之原告，必須是依法定程序對分配表聲明異議之人。

分配表異議之訴之被告，則係被聲明異議人。所謂被聲明異議人，指除於分配期日到場而不為反對陳述或同意者外之其餘利害關係人。

故，此種訴訟，常有共同原告或共同被告，為共同訴訟，惟此種共同訴訟係就原告與被告間分配表之爭議，在實質上有個別性、相對性，故其性質係屬一般共同訴訟。

（三）**分配表異議之訴之法律性質**：分配表異議之訴確定時，有變更原分配表或撤銷原分配表之效力，性質上為形成之訴；其訴訟標的，係原告依法對分配表所主張之異議權。

故若原告受敗訴之判決確定，僅係表示其對分配表之異議權不存在，就原告與被告之債權部分，並不當然即具有既判力，而應視其情形而定，例如本票債權不存在，則就原告與被告之債權部分，有既判力，一般分配表異議之訴，則並無既判力。

（四）**管轄法院**：分配表異議之訴之管轄法院，由執行法院所屬法院之民事庭為之。

（五）**判決之效力**：升配表異議之訴全部或一部有理由時，執行法院應據以更正分配表，或撤銷原分配表，而另行製作新分配表。

但分配表異議之訴之訴訟標的，係對分配表之異議權，因此分配表異議之訴之確定判決，僅對分配表之異議權發生既外力（既判力客觀範圍）。

而其判決效力亦僅及於原告與被告之間，並不及於其他債權人（既判力主觀範圍）。

對原告及被告以外之其他債權人，非於判決效力所及
（主觀效力）。

而對原告與被告間之實際分配受領權，因非訴訟標的，
亦無既判力（客觀效力）。因此，原告或被告，對於依
據確定判決而受分配之原告或被告，仍得主張不當得利
返還請求權。

（六）**提起分配表異議之訴之限制**：本訴之原告若為債務人，
而被告係有執行名義之債權人之情形，則原告只能以本
法第14條規定的事由，主張異議權，提起分配表異議之
訴。

簡單的說，異議之訴的事由，必須是被告取得執行名義
後才發生的事由，才能提起本訴。

（一）64臺上字第1123號：

債權人依強制執行法第41條提起分配表異議之訴，僅得就
債權額受分配之比例，分配之次序，分配金額誤算或計算方法
等事項請求判決，對於有執行名義之債權人之聲明參與分配，
如主張其虛設債權，只能另行提起確認債權不存在之訴，不得
排斥該債權人按執行法院所作分配表受分配之權利。

（二）74臺上字第899號：

債權人依強制執行法第41條規定提起分配表異議之訴，僅
得就分配表金額之計算，及分配之次序等事項請求判決，此觀
同法第39條規定，不難明瞭。若主張執行法院未將其參與分配
之債權列入分配表，而請求列入，則非以提起分配表異議之訴
所能救濟。

（三）強制執行法第14條：債務人異議之訴（一）

執行名義成立後，如有消滅或防礙債權人請求之事由發生，債務人得於強制執行程序終結前，向執行法院對債權人提起異議之訴。如以裁判為執行名義時，其為異議原因之事實發生在前訴訟言詞辯論終結後者，亦得主張之。

執行名義無確定判決同一之效力者，於執行名義成立前，如有債權不成立或消滅或妨礙債權人請求之事由發生，債務人亦得於強制執行程序終結前提起異議之訴。

依前二項規定起訴，如有多數得主張之異議原因事實，應一併主張之。其未一併主張者，不得再行提起異議之訴。

（四）66臺上字第2488號：

強制執行法第14條所謂執行名義成立後發生消滅或妨礙債權人請求之事由，指該事由於執行名義成立後始新發生者而言，不包括於執行名義成立前已發生而繼續存在於執行名義成立後之情形在內。

（五）66臺上字第3281號：

債務人異議之訴，須以其主張消滅或妨礙債權人請求之事由係發生於執行名義成立後者始得為之，若其主張此項事由在執行名義成立之前即已存在，則為執行名義之裁判縱有不當，亦非異議之訴所能救濟。本件被上訴人所主張之消滅或妨礙上訴人請求之事由，既在執行名義成立以前即已存在，依照前開說明，尚不能謂被上訴人得依強制執行法第14條之規定，提起債務人異議之訴。

（六）69臺上字第3989號：

准許本票強制執行之裁定，如經債務人以本票係偽造而提起確認該債權不存在之訴，讓得勝訴判決確定時，應認原執

行名義之執行力，即因而不存在。若尚在強制執行中，債務人可依強制執行法第12條規定聲明異議。此與同法第14條所謂執行名義成立後，有消滅或妨礙債權人請求之事由發生之情形有別，債務人自無由依該條規定提起異議之訴。

第42條（刪除）
第43條（刪除）
第44條（刪除）

第二節　對於動產之執行

金錢債權之強制執行係請求債務人支付金錢，以實現債權人金錢債權之強制執行。

此種執行，並非強制債務人支付金錢，而係就債務人的財產強制執行，來滿足債權人之債權實現。

其執行階段，固如前述，有三個階段：（一）查封；（二）拍賣；（三）清償。

然，金錢債權之強制執行，究以債務人之財產為對象，而債務人之財產，有動產、不動產等有體物，亦有專利、商標、著作權等無體物。

因財產種類之不同，執行方法亦因而不同；因此，強制執行法，依據執行對象之不同，區分為動產、不動產、船舶或其他財產權，而分別定其程序。

本節係就對債務人之動產為強制執行時之規定。

第45條（動產之執行方法）
動產之強制執行，以查封、拍賣或變賣之方法行之。

解說

所謂動產，係指不動產以外之物。

而所謂不動產，係指土地及其定著物。

然，本節規定對於動產之執行，所稱之動產，其範圍與民法所稱之動產並非全然無異。亦有非民法之所謂動產，但依其性質，應視為動產加以執行，較易達到強制執行之效果者，例如：

（一）**不動產之出產物**：不動產之出產物，與不動產尚未分離者，為該不動產之一部分，例如果蔬樹木、五穀雜糧等。原則上不能單獨為執行之標的物，但新法規定若能於一個月內收穫者，仍得依動產執行程序執行，即在將成熟之際查封，並於成熟後收穫而為拍賣或變賣（強第53條第1項第5款）。

（二）**不動產之從物**：動產為不動產之從物者，如動產與不動產分離，即具有獨立性，自得依動產之執行程序而為強制執行。

本法規定，對動產之執行方法，以查封、拍賣或變賣為之。

所謂查封，指剝奪債務人之處分權，以確保強制執行財產之存在或其價值不致減損。

所謂拍賣，指以公開競價之方式出賣動產。

所謂變賣，指不經公開競價，而以市價任意出賣動產。

又，同前所述，執行方法有三階段，即：（一）查封；

（二）拍賣（或變賣）；（三）清償。

故，動產之執行方法，應先查封，始得拍賣或變賣，若未經查封程序，即予拍賣或變賣，則拍賣或變賣，均為無效。

參考資料

（一）民法第66條：不動產

稱不動產者，謂土地及其定著物。

不動產之出產物，尚未分離者，為該不動產之部分。

（二）29上字第1678號：

物之構成部分，除法律有特別規定外，不得單獨為物權之標的物。未與土地分離之樹木，依民法第66條第2項之規定，為土地之構成部分，與同條第1項所稱之定著物為獨立之不動產者不同。故土地所有人保留未與土地分離之樹木，而將土地所有權讓與他人時，僅對於受讓人有砍伐樹木之權利，不得對於更自受讓人受讓所有權之第三人，主張其有獨立之樹木所有權。

（三）49臺上字第2507號：

耕地既被徵收，則地上之樹木乃該耕地之部分，當然隨之附帶徵收，不因清冊內未記明附帶徵收而受影響。

（四）釋字第93號解釋：

輕便軌道除係臨時敷設者外，凡繼續附著於土地而達其一定經濟上之目的者應認為不動產。

（五）64臺上字第2739號：

系爭地上茶樹桐樹等未與土地分離前為土地之一部分並非附合於土地之動產而成為土地之重要成分，與民法第811條至第815條所定之情形無一相符，則上訴人依同法第816條規定訴

求被上訴人返還不當得利，自難謂合。

（六）民法第67條：動產

稱動產者，為前條所稱不動產以外之物。

（七）民法第68條：主物從物

非主物之成分，常助主物之效用，而同屬於一人者，為從物。但交易上有特別習慣者，依其習慣。

主物之處分，及於從物。

（八）院字第1514號：

工廠中之機器生財，如與工廠同屬於一人，依民法第68條第1項之規定，自為工廠之從物，若以工廠設定抵押權，除有特別約定外，依同法第862條第1項規定，其抵押權效力，當然及於機器生財（參照院字第1404號解釋）。至抵押權之設定聲請登記時，雖未將機器生財一併註明，與抵押權所及之效力，不生影響。

（九）民法第69條：天然孳息與法定孳息

稱天然孳息者，謂果實、動物之產物，及其他依物之用法所收穫之出產物。

稱法定孳息者，謂利息、租金及其他因法律關係所得之收益。

（十）民法第70條：孳息之歸屬

有收取天然孳息權利之人，其權利存續期間內，取得與原物分離之孳息。

有收取法定孳息權利之人，按其權利存續期間內之日數，取得其孳息。

（十一）29上字第403號：

民法第70條第1項規定，有收取天然孳息權利之人，其權

利存續期間內取得與原物分離之孳息，是無收取天然孳息權利之人，雖與原物分離之孳息為其所培養，亦不能取得之，耕作地之承租人依民法第421條第1項之規定，固得行使出租人之收益權，而有收取天然孳息之權利，惟出租人無收益權時，承租人如非民法第952條所稱之善意占有人，雖於該耕作地培養孳息，亦無收取之權利。本件被上訴人主張坐落某處之田，經所有人甲租與被上訴人耕種，民國27年上造禾穀為被上訴人所種，請求確認為被上訴人所有，上訴人則主張此項田畝經所有人乙租與上訴人耕種，民國27年上造禾穀為上訴人所種，提起反訴，請求確認為上訴人所有，原審於兩造之出租人對於該項田畝，孰為依民法第765條或第952條有收益權之人，如其出租人無收益權，而於民國27年上造耕種之一造，是否為善意占有人並未闡明確定，僅以民國27年上造之禾穀為被上訴人所耕種，即確認為被上訴人所有，將上訴人之反訴駁回，於法殊有未合。

（十二）21上字第3078號：

　　債務人在查封未撤銷前，就查封物所為之處分，對於債權人為無效。

（十三）51臺上字第156號：

　　債務人在查封後就查封物所為之處分，對於債權人不生效力，所謂債權人非僅指聲請執行查封之債權人而言，即參與分配之債權人亦包括在內。

（十四）67臺抗字第129號：

　　執行法院之拍賣，其性質雖為買賣之一種，但其拍賣必須依據法定程序為之。拍定人及拍賣之標的，非執行法院所得任准變更。

第46條（執行查封之人與其協助機關）
查封動產，由執行法官命書記官督同執達員為之。於必要時得請有關機關、自治團體、商業團體、工業團體或其他團體，或對於查封物有專門知識經驗之人協助。

解說

執行查封時，其主體為：

（一）**實施查封之人**：查封動產，由執行法官命書記官督同執達員為之。

故，執行法官得親自到場，亦僅僅以書面或言詞命書記官督同執達員到場。

惟書記官須督同執達員始得查封，即書記官或執達員均不得單獨為查封行為，否則即屬違背程序，當事人或利害關係人得依法聲明異議。

（二）**協助查封之人**：協助查封之人，得以積極及消極，分為二類，積極面，是由於動產種類繁多，而實施查封人員恐怕限於知識，因此，於必要時，得請有關機關、自治團體、商業團體、工業團體或其他團體，或對於查封物有專門知識經驗之人協助；消極面，是查封時常遇抗拒，實施查封之執行人員為排除抗拒，或遇有其他必要情形，得請警察或有關機關協助。

參考資料

（一）憲法第121條：縣為自治團體

縣實行縣自治。

（二）憲法第127條：縣自治

縣長辦理縣自治，並執行中央及省委辦事項。

（三）憲法第128條：市自治

市準用縣之規定。

（四）商業團體法第3條：分類

商業團體之分類如下：

一、商業同業公會：

（一）縣（市）商業同業公會。

（二）直轄市商業同業公會。

（三）全國商業同業公會。

二、商業同業公會聯合會：

（一）省商業同業公會聯合會。

（二）全國商業同業公會聯合會。

三、輸出業同業公會及聯合會：

（一）特定地區輸出業同業公會。

（二）全國輸出業同業公會聯合會。

四、商業會：

（一）縣（市）商業會。

（二）省（市）商業會。

（三）全國商業總會。

省（市）、縣（市）各級商業團體，應分別冠以所屬之行政區域名稱。特定地區輸出業同業公會，應冠以特別地區之名稱。全國性商業團體，應冠以中華民國字樣。各業同業公會，應冠以本業之名稱。

依第1項第1款第3目組織之商業同業公會，以其目的事業主管機關無地方機關為限。

（五）工業團體法第3條：分類體系

工業團體之分類體系如下：

一、工業同業公會：

　　（一）省（市）工業同業公會。

　　（二）特定地區工業同業公會。

　　（三）全國工業同業公會。

　　（四）全國各業工業同業公會聯合會。

二、工業會：

　　（一）縣（市）工業會。

　　（二）省（市）工業會。

　　（三）全國工業總會。

前項省（市）工業同業公會之組織，以未指定在特定地區內之省（市）者為限。

省（市）及縣（市）工業團體，應分別冠以所屬之行政區域名稱，特定地區工業團體，應冠以特定地區之名稱，全國性工業團體，應冠稱中華民國；各工業同業公會及聯合會，應冠以本業之名稱。

第47條（查封動產之方法）

查封動產，由執行人員實施占有。其將查封物交付保管者，並應依下列方法行之：

一、標封。

二、烙印或火漆印。

三、其他足以公示查封之適當方法。

前項方法，於必要時得併用之。

解說

實施查封之執行人員於查封動產時，原則上應排除債務人的占有，自行占有動產。

若查封後之動產，並非由執行人員自行占有，而係交付保管者，為避免查封物有被處分之可能，應以下列三種公示方法，以阻止私下處分，並避免第三人善意取得：

（一）**標封**：即以法院的封條黏貼在查封物上。

（二）**烙印或火漆印**：烙印是以火燒紅金屬製造的印刻，烙於動產之上；火漆印係將火漆融化，塗在查封物上。

（三）**其他足以公示查封之適當方法**：例如查封雞鴨，將其集中關於寮內，再在寮口張貼查封公告。

以上三種查封方法，執行人員可以任意選擇其一，於必要時，亦得併用。

• 查封之效力：

動產物權變動，原則上以移轉占有為公示方法，故查封物如由執行人員自行保管，執行人員對動產實施占有時，即生查封效力。

但如交付保管，則查封效力，應於完成封印或其他公示方法完成後生效。且，查封效力並不因之後封印等脫落或破損而失效。

參考資料

刑法第139條：污損封印查封標示及違背其效力罪

損壞、除去或污穢公務員依法所施之封印或查封之標示，或為違背其效力之行為者，處二年以下有期徒刑、拘役或20萬元以下罰金。

為違背公務員依法所發具扣押效力命令之行為者，亦同。

• 理由：

查暫行新刑律第154條注意謂查封之標示者，指未用印封，但用記章一切而指定其為查封之物者而言，例如倉庫閉鎖之後，雖未施以印封，但揭有在查封中之文字者，即屬查封之標示。為違背封印及查封效力之行為者，例如禁止行使舟車，使以查封標示，乃損壞或除去其印封標示，而行使其舟車者之類是。又該條補箋謂國家因實施法令，有體物之必須保全者甚多，保全方法，有直接管有者（如刑事證據品，留置於審判廳之類），有用封印及查封者，本條之規定，係保障其封印及查封之效力。違背效力，指不侵及封印之印文及記章，而實施保全中不應為之一切行為而言。例如貯酒倉庫既被查封，從他處穿窬將酒運出，而封印無損之類是也。本類有三種情形：（一）僅損壞、除去、污穢而未違背其效力；（二）損壞等行為中，兼違背其效力；（三）無損壞等行為，而僅違背其效力。三者情形雖異，罪則一也。

第48條（查封人員之權限及在場人）
查封時，得檢查、啟視債務人居住所、事務所、倉庫、箱櫃及其他藏置物品之處所。
查封時，如債務人不在場，應命其家屬或鄰右之有辨別事理能力者到場，於必要時，得請警察到場。

解說

執行人員為發見查封之動產，享有搜索權。

得搜索債務人住居所、事務所、倉庫、箱櫃及其他藏置物品的處所，例如債務人身上、辦公室等。

搜索包括檢查及啟視，所謂啟視，係將上鎖的東西、住居所等打開；如果無法打開，也得於必要限度內毀壞鎖匙。

惟搜索應以債務人占有或使用的住居所為限。

如果藏置物品的地方，雖然是債務人所有，但當時是由第三人占有使用，例如承租或借用，則仍不得逕引本條規定加以搜索。

蓋第三人並無忍受搜索之義務。

查封時之在場人員

查封，影響債務人權益極大，為免爭議，查封時，應有債務人在場，如果債務人不在場，應命其家屬、鄰人或其他有辨別事理能力之人在場。

必要時，也可請警察協助到場證明執行程序適當。

所謂有辨別事理能力之人，只要能辨別一般行為之通常效果者即可，不必已達成年者為限。

違背本條規定，利害關係人得聲明異議。

參考資料

（一）民法第20條：住所設定

依一定事實，足認以久住之意思，住於一定之地域者，即為設定其住所於該地。

一人同時不得有兩住所。

• 理由：

查民律草案第四節理由謂凡人之生活，必有住址，其因人

與住址之關係，以定法律關係者，乃古來各國所共認之立法政策，故本案亦採用之。又查同律第41條理由謂凡人以常住之意思，而住於一定之地域內，即於該地域內設定住址，使受因住址而生法律之效果，故特定本條，以示設定住址之要件。又查同律第42條理由謂同時應否許有數處住址，各國立法例雖不一致。然同時許有數處住址，徒使法律關係繁雜，於實際上頗為不便，故本條規定，住址以一處為限，以明示其旨。

• 修正理由：

本條第1項規定住所之設定，兼採主觀主義及客觀主義之精神，所謂「以久住之意思」一語，本應依據客觀事實認定，非當事人可任意主張，原條文規定欠明，易滋疑義，爰在第1項原條文首句前增列「依一定事實，足認」等字樣，明示應依客觀事實，認定其有無久住之意思，以避免解釋上之爭執，並符原立法意旨。

（二）民法第22條：擬制住所

遇有下列情形之一者，其居所視為住所：

一、住所無可考者。

二、在中國無住所者。但依法須依住所地法者，不在此限。

• 理由：

查民律草案第44條理由謂居所者，即繼續居住之處所也。住所無可考，及在中國無住所者，則視居所為住所，使受因住所而生法律上之效果，極為便利。惟依國際私法之原則，須從住所地之法令時，不可以其無住所於中國即以居所視為住所，而適用中國之法令，否則背乎依住所地法之法意也。故仍設本條以明示其旨。

（三）民法第23條：選定居所

因特定行為選定居所者，關於其行為，視為住所。

• 理由：

查民律草案第45條理由謂當事人住址在遠隔地，於實際上有不便時，因其特定行為，使得選定與住所有同一効力之暫時居所，始為適宜。至其選定之暫時居所，當事人得自由變更或廢止之，自屬當然之事，無待明文規定也。

（四）民法第29條：事務所

法人以其主事務所之所在地為住所。

• 理由：

查民律草案第64條理由謂法人與自然人，同有人格，則亦應有住所，是屬當然之事。

（五）民法第1123條：家屬

家置家長。

同家之人，除家長外，均為家屬。

雖非親屬而以永久共同生活為目的同居一家者，視為家屬。

（六）21上字第2238號：

父之妾如非自己之生母，固與之無親屬關係，惟以永久共同生活為目的而與之同居一家者，視為家屬，自己為家長時，即有扶養之義務。

（七）23上字第3096號：

男女訂定婚約尚未結婚者，與他方之父母固不發生親屬關係，但男方之父母以永久共同生活為目的，而與子之未婚妻同居一家者，依民法第1123條第3項之規定視為家屬。

第49條（刪除）

第50條（查封動產之範圍）

查封動產，以其價格足清償強制執行之債權額及債務人應負擔之費用者為限。

解說

　　本條規定學說上稱為超額查封之禁止。

　　蓋強制執行，以滿足債權之清償為目的，故查封之標的物，其價格如足以清償債權額，自不許再行超額查封。

　　所謂債務人應負擔之費用，指債權人取得執行名義之費用及強制執行之費用。

　　若債務人認為債權人已超額查封，得聲明異議。

第50條之1（查封動產之限制）

應查封動產之賣得價金，清償強制執行費用後，無賸餘之可能者，執行法院不得查封。

查封物賣得價金，於清償優先債權及強制執行費用後，無賸餘之可能者，執行法院應撤銷查封，將查封物返還債務人。

前二項情形，應先詢問債權人之意見，如債權人聲明於查封物賣得價金不超過優先債權及強制執行費用時，願負擔其費用者，不適用之。

解說

本條文規定，學說上稱之為無賸餘價值之禁止。其情形有二：

（一）**查封前已可認定無賸餘價值時不得查封**：應查封之動產，其賣得價金，如由執行人員本其知識或經驗，或經由鑑定，已足認定其賣得價金扣除強制執行之必要費用後，無賸餘可能者，即不得查封。

（二）**查封後認為無賸餘價值者亦應撤銷查封**：即，查封後因有優先債權人參與分配或查封物價值不如當初預期等原因，如果拍賣，在扣除清償優先債權及強制執行費用後，無賸餘價值，亦應撤封，而將查封物返還債務人。

以上兩種情形，如果債權人之認知與執行法院不同，且債權人又聲明：如果查封物賣得價金不超過優先債權及強制執行費用時，願負擔執行費用者時，執行人員縱認為無賸餘價值之可能，仍應繼續查封拍賣。

第51條（查封之效力）

查封之效力及於查封物之天然孳息。

實施查封後，債務人就查封物所為移轉、設定負擔或其他有礙執行效果之行為，對於債權人不生效力。

實施查封後，第三人未經執行法院允許，占有查封物或為其他有礙執行效果之行為者，執行法院得依職權或依聲請排除之。

解說

查封之效力，主要有三：

（一）**禁止處分**：查封係剝奪債務人對特定財產之處分權，以阻止債務人為有害於債權滿足之事，因此查封後，債務人喪失其對查封物之處分權，對查封物不得為移轉、設定負擔、租賃、借用，或其他有礙執行效果之行為。因此，債務人於查封後所為處分之行為應屬無效。惟此無效，並非絕對無效，而係相對無效，故本條第2項規定：實施查封後，債務人就查封物所為移轉、設定負擔或其他有礙執行效果之行為，僅對執行債權人不生效力。而非對所有債權人均屬無效。

（二）**及於查封物之天然孳息**：天然孳息指果實、動物之產物及其他依物之用法所收穫之出產物。

查封物之天然孳息，當然為查封效力所及；至於查封物之法定孳息，例如利息、租金及其他因法律關係所得之收益，其性質為本章第五節之其他財產權，必須對應支付法定孳息之第三人發扣押命令後，始生扣押效力，非動產查封效力所及。

（三）**得逕行排除第三人之占有**：執行人員實施查封，占有查封物，係公法上之占有；因此，實施查封後，如有第三人未經執行法院之允許，占有查封物或為其他有礙執行效果之行為者，執行法院得依職權或依聲請逕行排除。

參考資料

（一）民法第69條：天然孳息與法定孳息

稱天然孳息者，謂果實、動物之產物，及其他依物之用法

所收穫之出產物。

稱法定孳息者，謂利息、租金及其他因法律關係所得之收益。

（二）民法第70條：孳息之歸屬

有收取天然孳息權利之人，其權利存續期間內，取得與原物分離之孳息。

有收取法定孳息權利之人，按其權利存續期間內之日數，取得其孳息。

（三）民法第766條：所有人之收益權

物之成分及其天然孳息，於分離後，除法律另有規定外，仍屬於其物之所有人。

（四）68臺上字第3079號：

不動產實施查封後，就查封物所為之移轉，設定負擔或其他有礙執行效果之行為，對於債權人不生效力，強制執行法第113條、第51條第2項定有明文。故不動產物權之移轉，在法院實施查封前，雖已聲請登記，但尚未完成，至查封後始登記完成者，尚不得據以對抗債權人。債權人即非不得訴請法院塗銷其登記。

（五）72臺上字第2642號：

債務人就查封物所為移轉、設定負擔或其他有礙執行效果之行為，依強制執行法第51條第2項規定，僅對於債權人不生效力而已，並非絕對無效；裁判分割，既係法院基於公平原則，決定適當之方法分割共有物，自不發生有礙執行效果之問題，債權人即不得對之主張不生效力；且債務人之應有部分，經實施查封以後，因裁判分割，其權利即集中於分割後之特定物，此為債務人原有權利在型態上之變更，當為查封效力之所

及，於假處分亦無影響。

第52條（酌留生活必需物）

查封時，應酌留債務人及其共同生活之親屬二個月間生活所必需之食物、燃料及金錢。

前項期間，執行法官審核債務人家庭狀況，得伸縮之。但不得短於一個月或超過三個月。

解說

地方法院民事執行處執行人員於實施查封時，應該斟酌具體情事，留下債務人及其共同生活親屬於二個月期間內生活所必需的食物、燃料及金錢，不予查封。

前項所定二個月期間，辦理該強制執行事件的法官得審核債務人的家庭狀況，最多延長至三個月期間或最少縮短至一個月期間。

第53條（禁止查封之動產）

下列之物不得查封：

一、債務人及其共同生活之親屬所必需之衣服、寢具及其他物品。

二、債務人及其共同生活之親屬職業上成教育上所必需之器具、物品。

三、債務人所受或繼承之勳章及其他表彰榮譽之物品。

四、遺像、牌位、墓碑及其他祭祀、禮拜所用之物。

五、未與土地分離之天然孳息不能於一個月內收穫者。

六、尚未發表之發明或著作。

七、附於建築物或其他工作物，而為防止災害或確保安全，依法令規定應設備之機械或器具、避難器具及其他物品。

前項規定斟酌債權人及債務人狀況，有顯失公平情形，仍以查封為適當者，執行法院得依聲請查封其全部或一部。其經債務人同意者，亦同。

解說

查封，應適當為之。

因此，基於人道考量及尊重，有明定禁止查封之範圍與動產之必要：

（一）**禁止查封之範圍**：查封時，應酌留債務人及共同生活親屬兩個月間生活所必需的食物、燃料及金錢：此項期間，執行法官審核債務人家庭狀況，得伸縮之，但不得短於一個月或超過三個月。

（二）**禁止查封的動產**：依本法第53條規定，禁止查封之動產分為七類，即：

1.私人於生活上維持最低水準所必需之物品：例如衣服、寢具、餐具、家具。

2.職業或教育上之必需品：例如漁夫的漁網、理髮師的剃頭刀、學生的書包。

3.表彰榮譽的物品：例如勳章、獎杯、扁額等。

4.祭祀禮拜之物：例如遺像、牌位、墓碑、佛壇等。

5.未成熟之天然孳息：未與土地分離，且不能於一個月內

收穫之天然孳息。

6.尚未發表之發明或著作：為尊重人格權，是以發明及著作，若尚未發表，不能為查封之標的物。

7.基於公共安全所必需：例如消防設備等。

以上七類動產，原則上雖不許查封，例如仍許由執行法院斟酌債權人及債務人狀況，認為禁止查封之規定，有顯失公平之情形，認為仍以查封為適當時，得依債務人之同意或債權人之聲請，查封其中全部或一部，以維護實質之公平正義。

參考資料

（一）憲法第15條：生存權

人民之生存權、工作權及財產權，應予保障。

（二）民法第294條：不得讓與之債

債權人得將債權讓與於第三人。但下列債權，不在此限：

一、依債權之性質，不得讓與者。

二、依當事人之特約，不得讓與者。

三、債權禁止扣押者。

前項第2款不得讓與之特約，不得以之對抗善意第三人。

• 理由：

謹按債權人得將債權讓與他人，讓與之後，讓受人當然有讓與人之地位（即債權人），但其讓與，為不要式行為，亦不需得債務人之承認。然有特種之債權，即非變更債權內容不得讓與之債權（如扶養請求權）及當事人約定不許讓與之債權，則不得讓與，所以保護公益當事人之利益也。又禁止扣押之債權（於執行法中規定之，例如民事訴訟執行規則第97條規定，債務人對於第三人之債權係維持生活必要費用者，不得為強制

執行）。依同一之法意，亦不許其讓與。此第1項所由設也。
前項第2款依當事人之特約，不得將債權讓與他人者，此種特
約，僅於當事人間發生效力，不得以之對抗善意之第三人。此
第2項所由設也。

（三）50臺上字第539號：

違反禁止債權讓與契約所為之讓與，依民法第294條第1項
第2款之規定固屬無效，惟此項不得讓與之特約，不得以之對
抗善意第三人，為同法第2項所明定，若第三人不知有此特約
其讓與應為有效。

（四）軍人及其家屬優待條例第10條：維持生活財產不得強制
執行

動員時期應徵召服役之軍人於在營服役期間，其家屬賴以
維持生活所必需之財產，債權人不得請求強制執行。

第54條（查封筆錄及查封物品清單）

查封時，書記官應作成查封筆錄及查封物品清單。

查封筆錄，應載明下列事項：

一、為查封原因之權利。

二、動產之所在地、種類、數量、品質及其他應記明之事
項。

三、債權人及債務人。

四、查封開始之日時及終了之日時。

五、查封之動產保管人。

六、保管方法。

查封人員，應於前項筆錄簽名，如有保管人及依第48條第2
項規定之人員到場者，亦應簽名。

解說

查封之紀錄有二：

（一）**查封筆錄**：應載明本法第54條第1項總計6款情形，並應記載查封物之保管處所。

查封人員應於查封筆錄上簽名，如有保管人及查封時到場之人員，均應簽名，但其中如有不願簽名者，查封人員得將其不願簽名之事實記明筆錄。

（二）**查封物品清單**：查封時應作成查封物品清單，清單內宜記載：1.號數；2.物件類別；3.件數、長度、重量；4.估價；5.查對方法及其他重要或特別事項。

參考資料

（一）民法第3條：簽名

依法律之規定，有使用文字之必要者，得不由本人自寫，但必須親自簽名。

如有用印章代簽名者，其蓋章與簽名生同等之效力。

如以指印、十字或其他符號代簽名者，在文件上，經二人簽名證明，亦與簽名生同等之效力。

• 理由：

謹按文字者，所以證明法律行為之成立，或權利義務之存在也。依法律之規定，有使用文字之必要者，即法律上規定某種法律行為，須以訂立書面為必要也。此種書面，原則上應由本人自寫，方符法定程式，然我國教育尚未普及，不能自為文字之人，殆居多數，故其例外，復規定得不由本人自寫，而許其使他人代寫，但為慎重計，在他人代寫之後，仍為由本人親自簽名耳。第1項所謂簽名，即自己書寫姓名之謂，經自己

書寫姓名，即不蓋章，亦能發生效力，若由他人代寫，於其姓名下加蓋印章，以代簽名，其效力亦與自己簽名無異。第2項所謂代簽名者，或用指印，或用十字，或用其他符號，均無不可。惟此種簽名方法，不似親自簽名之正確，故必須經二人簽名證明，始與親自簽名生同等之效力。

（二）28院字第1909號：

訂立移轉或設定不動產質權之書面以十字代簽名者，若證明者二人亦僅簽十字時，立書面人之以十字代簽名，自不能與簽名生同等之效力。惟法律行為法定方式之欠缺，並非不許補正，一經補正，該法律行為即屬有效。

第55條（查封的時間限制）

星期日或其他休息日及日出前、日沒後，不得進入有人居住之住宅實施關於查封之行為。但有急迫情事，經執行法官許可者，不在此限。

日沒前已開始為查封行為者，得繼續至日沒後。

第一項許可之命令，應於查封時提示債務人。

解說

人民休息之時間，原則上不許查封，以維護人民居住的安寧。

然若查封並不必進入有人居住之住宅，例如依動產擔保交易法之規定，取回辦理動產擔保分期貸款之汽車，而須查封債務人停放於屋外之汽車，自不受查封時間之限制。

若未受許可，而於人民之休息時間為查封行為，債務人或

其他利害關係人得聲明異議。但查封時，債務人在場未異議，事後可否聲明異議；有學者以為債務人既已放棄責問權，則事後自不得再行聲明異議。

筆者認為法律既無限制當事人必須於當場聲明異議，否則不得聲明異議之規定，何況一般人民難以瞭解其實際於法律上是否有無何種權利，自不得反由執行人員以其現場並未責問為由，而剝奪法律所賦予人民之異議權，以免法律之規定，有名無實，而形同虛構具文。

因此，當事人即於當場不知應行責問，仍許其事後再聲明異議。

參考資料

（一）憲法第10條：人民之居住自由

人民有居住及遷徙之自由。

（二）民法第122條：休息日

於一定期日或期間內，應為意思表示或給付者，其期日或其期間之末日，為星期日、紀念日或其他休息日時，以其休息日之次日代之。

• 理由：

查民律草案第272條理由謂於一定之期日或期間內，為意思表示或為給付者，其期日或期間之末日，適值星期日、紀念日或其他休息日，則不能為意思表示或給付，故規定以其休息日之次日代之，以防無益之爭議，此本條所由設之。

第56條（重複查封之禁止）
書記官、執達員於查封時發現債務人之動產業經因案受查封者，應速將其查封原因報告執行法官。

解說

由於本法並不採重複查封之制度，而係採禁止重複查封之制度；因此，執行人員於實施查封時發現債務人之動產業經因案受查封者，即不得再行查封，而應將查封之原因事實報告執行法官。

（一）強制執行法第33條：擬制參與分配

對於已開始實施強制執行之債務人財產，他債權人再聲請強制執行者，已實施執行行為之效力，於為聲請時及於該他債權人，應合併其執行程序，並依前二條之規定辦理。

（二）強制執行法第33條之1：重複查封之禁止（一）

執行人員於實施強制執行時，發現債務人之財產業經行政執行機關查封者，不得再行查封。

前項情形，執行法院應將執行事件連同卷宗函送行政執行機關合併辦理，並通知債權人。

行政執行機關就已查封之財產不再繼續執行時，應將有關卷宗送請執行法院繼續執行。

（三）強制執行法第33條之2：重複查封之禁止（二）

執行法院已查封之財產，行政執行機關不得再行查封。

前項情形，行政執行機關應將執行事件連同卷宗函送執行法院合併辦理，並通知移送機關。

執行法院就已查封之財產不再繼續執行時，應將有關卷宗送請行政執行機關繼續執行。

第57條（拍賣期日之指定）

查封後，執行法官應速定拍賣期日。

查封日至拍賣期間，至少應留七日之期間。但經債權人及債務人之同意或因查封物之性質，須迅速拍賣者，不在此限。

前項拍賣期日不得多於一個月。但因查封物之性質或有不得已之事由者，不在此限。

解說

本法之拍賣，係屬公法上的拍賣，與民法之拍賣，性質上是私人間的法律行為，為買賣契約之一種，兩者不同，不能混淆。但現行實務上，仍認為本法之拍賣，其出賣人係為債務人本身，並非國家，故仍得準用民法之拍賣規定。

動產執行有三個階段，即：

（一）查封：由國家取得處分權。

（二）換價：即拍賣或變賣，將查封物金錢化之處分行為。

（三）清償：即實現或滿足債權人的金錢債權。

變賣係不依公開競價方式，由執行人員以相當價格賣出。拍賣則係於拍賣期日，便應買者公開競價，以出價最高的人為拍定人之換價方法。因此，動產執行在查封後，執行法官應速定拍賣期日。

拍賣期日離查封日，至少應在七天以上，以便兼顧債權人與債務人雙方之權益，但基於以下兩種情形，則不在此限：

（一）**經債權人及債務人同意**：由於拍賣期日必須兼顧債權人及債務人之權益，故此情形，必須其雙方均能同意，若僅一方同意，則無本條規定之適用。

（二）**因查封物之性質，須迅速拍賣**：例如查封之物，係水果，若非即時拍賣，價格將趨於低落。

　　拍賣期日原則上不得多於一個月，但因查封物之性質，例如查封物係屬古董字畫，或珠寶藝品，行家難尋或鑑價費時；或有不得已之事由，而無法於一個月內完成者，不在此限。

　　違反本條規定，利害關係人固得於程序終結前，聲明異議，但若程序已終結，其拍賣仍為有效。

參考資料

（一）民法第391條：拍賣

　　拍賣，因拍賣人拍板或依其他慣用之方法為賣定之表示而成立。

• 理由：

　　謹按拍賣者，關於清償之標的物不依權利人之意思而為者也。拍賣之性質，學說不一，有謂拍賣係公法處分者，有謂拍賣非買賣者，本法以拍賣為買賣之一種，並規定其如何成立之方法，俾資適用。此本條所由設也。

（二）32永上字第378號：

　　拍賣與標賣，雖皆為使競買人各自提出條件，擇其最有利者而出賣之方法。惟拍賣時，各應買人均得知悉他人之條件而有再行提出條件之機會，標賣時，各投標人均不知悉他人之條件而無再行提出條件之機會，此為其不同之點。拍賣之表示為要約之引誘，而非要約，民法第391條以下定有明文，而標賣

之表示，究為要約之引誘抑為要約，法律既無明文規定，自應解釋標賣人之意思定之。依普通情形而論，標賣人無以之為要約之意思，應解為要約之引誘，且投標非見他人投標之條件而為之，雖有出價較高之投標，而其他之投標亦不失其拘束力，故開標後標賣人或不與全體投標人訂約，或竟與出價較低之投標人訂約，均無不可。但標賣之表示明示與出價最高之投標人訂約者，除別有保留外，則應視為要約，出價最高之投標即為承諾，買賣契約因之成立，標賣人自負有出賣人之義務。

（三）民法第392條：拍賣人

拍賣人對於其所經管之拍賣，不得應買，亦不得使他人為其應買。

（四）民法第393條：拍定

拍賣人除拍賣之委任人有反對之意思表示外，得將拍賣物拍歸出價最高之應買人。

• 理由：

謹按拍賣者，召集多人以最高價賣去其物之方法也。故拍賣人除拍賣之委任人，有反對之意思表示外，得將拍賣物拍歸出價最高之應買人，以符拍賣之本旨。此本條所由設也。

（五）民法第394條：拍定之撤回

拍賣人對於應買人所出最高之價，認為不足者，得不為賣定之表示而撤回其物。

• 理由：

謹按依前條之規定，拍賣物固得拍歸出價最高之應買人，然應買人所出最高之價，與拍賣人所預定之價，相差甚鉅而認為不足者，如亦依拍板或其他慣用方法，為賣定之表示而成立，則拍賣人將受無限之損失，而無所救濟，殊非事理之平。

此時應使拍賣人得不為賣定之表示，而撤回拍賣物，以保護其利益。此本條所由設也。

（六）民法第395條：應買表示效力

應買人所為應買之表示，自有出價較高之應買或拍賣物經撤回時，失其拘束力。

・理由：

謹按應買之表示後，應買人當然受其意思表示之拘束，必須有其他出價較高之應買人，此出價較低之應買人，所為應買之表示，始失其拘束力。或雖無其他出價較高之應買人，而因拍賣人認為出價不足撤回其拍賣物，則此應買人所為應買之表示，亦失其拘束力。本條特設規定，所以防爭議也。

（七）民法第396條：現金支付

拍賣之買受人，應於拍賣成立時或拍賣公告內所定之時，以現金支付買價。

・理由：

謹按拍賣既經成立，拍賣之買受人，應即時支付買價，如拍賣公告內有支付之時期者，則應依拍賣公告內所定之時支付買價。其買價之支付，須以現金為之，蓋期適合於拍賣之意思也。故設本條以明示其旨。

（八）民法第397條：解約及賠償

拍賣之買受人如不按時支付價金者，拍賣人得解除契約，將其物再為拍賣。

再行拍賣所得之價金如少於原拍賣之價金及再行拍賣之費用者，原買受人應負賠償其差額之責任。

（九）民法第345條：買賣

稱買賣者，謂當事人約定一方移轉財產權於他方，他方支

付價金之契約。

當事人就標的物及其價金互相同意時，買賣契約即為成立。

• 理由：

謹按買賣者，謂當事人約定一方移轉財產於他方，他方支付價金之契約也，此為明示其成立之要件，故設第1項規定。凡契約之成立，只須當事人雙方之意思表示互相一致，並不以具備何種之方式為要件，買賣契約，何獨不然。故當事人就買賣標的物及其價金互相同意時，買賣契約即成立。此第2項所由設也。

（十）19上字第138號：

賣主就同一標的物為二重買賣，如前買約僅生債權關係，而後買約已發生物權關係時，前之買主不得主張後買約為無效。

（十一）20上字第1207號：

不動產物權移轉之契約，雖以書立契據為必要之方式，而關於買賣不動產之債權契約，則本為不要式行為，若雙方就房屋之標的物及價金互相同意，即不能謂其買賣之債權契約尚未成立。

（十二）61臺上字第964號：

契約有預約與本約之分，兩者異其性質及效力，預約權利人僅得請求對方履行訂立本約之義務，不得逕依預定之本約內容請求履行，又買賣預約，非不得就標的物及價金之範圍先為擬定，作為將來訂立本約之張本，但不能因此即認買賣本約業已成立。

（十三）62臺上字第1546號：

　　上訴人與建築房屋之某建築公司所訂委建房屋合約書，核其內容係上訴人將價款交付某建築公司，於房屋建成後，由該公司將土地及房屋過戶與上訴人，名為委建，其實質仍為房屋之買賣，上訴人自不能主張係原始建築人而取得其所有權。

（十四）64臺上字第2200號：

　　強制執行程序中之拍賣，為買賣方法之一種，關於出賣人所為允為出賣之意思表示（拍定），應由執行法院為之，如執行法院於拍賣時就應買之出價未為拍定之表示，雙方之意思表示自未合致，即不能認以拍賣為原因之買賣關係業已成立。

（十五）72臺上字第938號：

　　買賣契約僅有債之效力，不得以之對抗契約以外之第三人。本件上訴人雖向訴外人林某買受系爭土地，惟在林某將系爭土地之所有權移轉登記與上訴人以前，既經執行法院查封拍賣，由被上訴人標買而取得所有權，則被上訴人基於所有權請求上訴人返還所有物，上訴人即不得以其與林某間之買賣關係，對抗被上訴人。

（十六）民法第153條：契約之成立

　　當事人互相表示意思一致者，無論其為明示或默示，契約即為成立。

　　當事人對於必要之點，意思一致。而對於非必要之點，未經表示意思者，推定其契約為成立，關於該非必要之點，當事人意思不一致時，法院應依其事件之性質定之。

　　• 理由：

　　謹按契約者，由二人以上意思表示一致而成之雙方行為也。即須當事人之一方，將欲為契約內容之旨，提示於他方，

得他方之承諾，而後契約始能成立也。其僅由一方表示要約之意思，而他方不表示承諾之意思者，當然不受契約之拘束。其一方所表示之意思，與他方所表示之意思，彼此不一致者，亦當然不受契約之拘束。若當事人之表示意思彼此一致，而其表示之方法，則無論其為明示或默示，契約即為成立，此第1項所由設也。當事人於締結契約之事項中，是否合意，須依當事人之意思而定，故凡契約中必要之點，當事人既經合意，而其他非必要之點，雖未表示意思，其契約亦推定為成立。若當事人意思不一致時，法院應依其事項之性質，斟酌斷定之。蓋必要事項既經合意，不能因非必要事項之不合意，而妨礙契約之成立，此第2項所由設也。

（十七）61臺上字第1672號：

公法上契約與私法上之契約，其主要之區別為契約之內容及效力，是否均為公法所規定。苟契約之內容及效力，並無公法規定，而全由當事人之意思而訂定者，縱其一方為執行公務，仍屬於私法上契約之範圍。

（十八）63臺上字第1159號：

依臺灣省民間合會習慣，合會係會首與會員間所訂立之契約。會員與會員間並無法律關係之存在，合會定期開標，以標金（即所謂會息）最高者為得標，會員得標時應付出標金，此項標金為未得標會員所應得之利益，會首倒會應認為有損害未得標會員所應得利益之行為，對於未得標會員，除應給付原繳會款外，並應負給付標金之義務。

（十九）68臺上字第1504號：

契約固須當事人互相表示意思一致始能成立，但所謂互相表示意思一致並不限於當事人間直接為之，其由第三人為媒

介而將各方互為之意思表示從中傳達因而獲致意思表示之一致者，仍不得謂契約並未成立。

（二十）69臺上字第1710號：

當事人締結不動產買賣之債權契約，固非要式行為，惟對於買賣契約必要之點，即價金與標的物之意思表示必須一致，否則其契約即難謂已成立。

（二一）76臺上字第180號：

保險契約為要保人與保險人所訂立之債權契約，要保人指定第三人為受益人者，該第三人並非契約當事人，原審認被上訴人（保險人）得向上訴人（受益人）解除契約，並據以認定上訴人無請求被上訴人給付保險金之權利，自欠允洽。

第58條（查封之撤銷）

查封後，債務人得於拍定前提出現款，聲請撤銷查封。

拍定後，在拍賣物所有權移轉前，債權人撤回強制執行之聲請者，應得拍定人之同意。

解說

拍定，也就是賣定的意思表示。

本條規定，以拍定為區分之標準：

（一）拍定前：拍定，應就應買人所出之最高價，高呼三次後為之；因此，執行人員，於有人競價時，應高呼其最高價三次，高呼三次後，方為拍定，在拍定前，買賣契約尚未成立，債務人得提出現款清償，執行法院應立即停止拍賣，並撤銷查封。

（二）拍定後：拍定後，買賣契約已經成立，拍定人一方面有
　　　繳納價金之義務，另方面有取得動產所有權之權利；因
　　　此，拍定後，在拍賣物所有權移轉前，債權人如要撤回
　　　強制執行，必須得到拍定人的同意。

第59條（查封物之保管）

查封之動產，應移置於該管法院所指定之貯藏所或委託妥適
之保管人保管之。

認為適當時，亦得以債權人為保管人。

查封物除貴重物品及有價證券外，經債權人同意或認為適當
時，得使債務人保管之。

查封物交保管人時，應告知刑法所定損壞、除去或污穢查封
標示或為違背其效力之行為之處罰。

查封物交保管人時，應命保管人出具收據。

查封物以債務人為保管人時，得許其於無損查封物之價值範
圍內，使用之。

解說

　　被查封的動產，應該移置於執行法院所指定的貯藏所或委
託妥適的保管人予以保管。

　　於執行法院認為適當時，亦得交由債權人保管該被查封的
動產。

　　被查封的物品除非是屬於貴重物品或有價證券，否則經債
權人同意或執行法院認為適當時，得交由債務人自行保管。

　　被查封的物品交付保管人時，應同時告知刑法第139條所

定「損壞、除去或污穢公務員所施之封印或查封之標示，或為
違背其效力之行為者，處一年以下有期徒刑、拘役或300元以
下罰金。」之規定。

　　將被查封的物品交付保管人時，應該命保管人出具收據。

　　將被查封的物品交由債務人自行保管時，得允許其在無損
害被查封物品價值的範圍內，使用該物品。

刑法第139條

　　損壞、除去或污穢公務員依法所施之封印或查封之標示，
或為違背其效力之行為者，處二年以下有期徒刑、拘役或20萬
元以下罰金。

　　為違背公務員依法所發具扣押效力命令之行為者，亦同。

第59條之1（查封物之保全）
查封之有價證券，須於其所定之期限內為權利之行使或保全
行為者，執行法院應於期限之始期屆至時，代債務人為該行
為。

解說

　　被查封的有價證券，如果必須在其所定的期限內行使權利
或為保全行為，如：承兌、提示或請求支付，執行法院應該於
該期限的始期剛屆至時，就代替債務人為該行為，以免有價證
券失去價值。

第59條之2（查封物為天然孳息之處置）
查封未與土地分離之天然孳息者，於收穫期屆至後，始得拍賣。
前項拍賣，得於採收後為之，其於分離前拍賣者，應由買受人自行負擔費用採收之。

解說

查封因僅係金錢債權執行的第一階段，是，執行法院應將查封物妥善保管，以維持現狀，俾免減損價值，等待拍賣，因此，依本法第59條規定，查封物之保管，方法有四：

（一）**移置於指定之貯藏所**：貯藏所得設於法院內或法院外。

（二）**委託第三人保管**：例如雞、鴨、牛、羊應請有飼養專業之人保管。

（三）**交債權人保管**：執行處認為適當時，得以債權人為保管人。惟債權人保管查封物，係為自己之利益，故不得請求給付報酬，但因保管所需費用，仍屬強制執行費用，由債務人就其責任財產負擔之。

（四）**交債務人保管**：查封物除貴重物品及有價證券外，若經債權人同意，或執行人員認為適當時，均得使債務人保管。

以上四種情形，查封物交付保管人時，應使其出具收據或其他保管證明。

惟查封物若係有價證券或天然孳息時，應分別為特別之處置：

（一）**有價證券**：有價證券之查封，於執行人員占有該有價證券時，發至查封效力。若未能占有者，於扣押命令到達

第三債務人時發生效力。

有價證券由於容易流通，故不得交由債務人自行保管，因此，查封之有價證券，如須於一定期限內為權利之行使或保全行為者（例如提示、承兌或申報權利等），執行法院應於期限之始期屆至時，代債務人為該行為。

（二）天然孳息：天然孳息未與土地分離，不能於一個月內收穫者，不得查封。

查封未與土地分離之天然孳息，於收穫期屆至，始得拍賣。所謂收穫期屆至，指天然孳息已經成熟，得為交易客體時。

至於天然孳息之拍賣方法，又可分為二：

1.採收後拍賣：逕依動產執行程序處理。

2.採收前拍賣：採收前之拍賣，係執行法院就天然孳息未與土地分離之狀態而為拍賣；因此，拍賣後之買受人並非取得天然孳息之所有權，而係對於天然孳息的收取權，拍定人即買受人得自行收取天然孳息，但亦應自行負擔採收費用。

參考資料

（一）民法第535條：受任人

受任人處理委任事務，應依委任人之指示，並與處理自己事務為同一之注意。其受有報酬者，應以善良管理人之注意為之。

• 理由：

謹按受任人處理委任之事務，其結果無論利與害，均由委任人受之，則凡事務之處理，均應依委任人之指示為之。又受

任人之處理事務,為顧及委任人之利益計,自必特加注意,而其注意之程度則又視其受有報酬與否而不同。其未受報酬者,只須與處理自己事務,為同一之注意即為已足,其受有報酬者,則須以善良管理人之注意為之,否則應負損害賠償之責。此本條所由設也。

（二）62臺上字第1326號:

委任關係之受任人,依民法第535條前段之規定,雖未受有報酬,其處理委任事務,仍應與處理自己事務為同一之注意,亦即對於具體之經過失仍須負責,同法第544條第2項之規定,如解為此種受任人僅以有重大過失為限始負責任,則與同法第535條之規定未免牴觸,故應參照同法第223條,認為此種受任人,除與處理自己事務為同一之注意,欠缺此種注意,即應就具體過失負責外,如顯然欠缺一般人之注意而有重大過失,仍應負責。

（三）民法第544條:受任人之損害賠償責任

受任人因處理委任事務有過失,或因逾越權限之行為所生之損害,對於委任人應負賠償之責。

• 理由:

委任為無償時,依照第535條規定,受任人應與處理自己事務為同一之注意。原條文第2項規定有使人誤解為無償之受任人,僅就重大過失負責,對於具體之轉過失,可不負責任,顯與上述條文之規定相牴觸。為免疑義,受將第2項刪除。

（四）民法第545條:必要費用

委任人因受任人之請求,應預付處理委任事務之必要費用。

（五）刑法第139條：違背查封效力罪

損壞、除去或污穢公務員依法所施之封印或查封之標示，或為違背其效力之行為者，處二年以下有期徒刑、拘役或20萬元以下罰金。

為違背公務員依法所發具扣押效力命令之行為者，亦同。

第60條（變賣）

查封物應公開拍賣之。但有下列情形之一者，執行法院得不經拍賣程序，將查封物變賣之：

一、債權人及債務人聲請或對於查封物之價格為協議者。

二、有易於腐壞之性質者。

三、有減少價值之虞者。

四、為金銀物品或有市價之物品者。

五、保管困難或需費過鉅者。

第七十一條之規定，於前項變賣準用之。

解說

被查封的物品應該以公開拍賣為原則，但是具有下列情形之一時，地方法院民事執行處得選擇不採取公開拍賣程序，而改為將被查封的物品變賣：

一、債權人及債務人聲請變賣被查封物品，或雙方對於被查封物品的價格達成協議時。

二、被查封物品具有易於腐壞的性質時。

三、被查封物品有減少價值的可能性時。

四、被查封物品為金銀物品或是有市價的物品時。

五、被查封物品保管困難或保管所需費用過高時。

於進行前項變賣程序時，準用本法第71條的規定，亦即拍賣物品無人應買時，地方法院民事執行處應折抵價格將拍賣物品交由債權人承受，債權人不願意承受或依法不能承受時，應該由地方法院民事執行處撤銷查封，將拍賣物品返還給債務人。但拍賣物品顯然具有賣得相當價金的可能性時，仍準用本法第70條第5項的規定。

參考資料

強制執行法第70條第5項：

拍賣物依前項規定，再行拍賣時，應拍歸出價最高之應買人。但其最高價不足底價百分之五十；或雖未定底價，而其最高價顯不相當者，執行法院應作價交債權人承受；債權人不承受時，執行法院應撤銷查封，將拍賣物返還債務人。

第60條之1（其他財產權之準用）

查封之有價證券，執行法院認為適當時，得不經拍賣程序，準用第一百十五條至第一百十七條之規定處理之。

解說

變賣係不經公開競價，任意出賣之換價方法。

動產之換價，原則上以公開競價之拍賣方法為之。然動產種類繁多、性質不一；不乏須迅速換價，不適於先期公告之情形者，因此，本法另設變賣之規定。

（一）變賣之原因如次：

　　1.債權人及債務人聲請或對於查封物之價格為協議者。

　　2.易於腐壞者。

　　3.有減少價值之虞者。

　　4.金銀物品及有市價之物品。

　　5.保管困難或需費過鉅者。

（二）變賣之方法：

　　變賣之方法，由執行人員依查封物之性質、種類、數量等自行決之。

變賣不成立之處理

　　新法比照拍賣之規定，於無人應買時，由執行人員作價交由債權人承受，債權人不承受者，撤銷查封，將查封物返還債務人。

　　至於有價證券之換價，執行法院認為適當者，得不經拍賣程序，準用對其他財產權之執行程序為之，換言之，有價證券之換價，得：

（一）依動產執行程序之換價方法：即拍賣或變賣。

（二）依對其他財產權執行程序之換價方法：即對第三債務人發扣押命令、收取命令或移轉命令。

第61條（拍賣物動產之人員及場所）

拍賣動產，由執行法官命書記官督同執達員於執行法院或動產所在地行之。

前項拍賣，執行法院認為必要時，得委託拍賣行或適當之人行之。但應派員監督。

解說

拍賣動產，由執行法官命書記官督同執達員於執行法院或直接在動產所在地為之。

惟執行法院認為應由專業人員為之時，亦得委託拍賣行或其他有專門知識、專業經驗或販賣能力之個人或商號為之；但委託拍賣時，執行法院應派員監督。

第62條（貴重物品之鑑定）
查封物為貴重物品而其價格不易確定者，執行法院應命鑑定人鑑定之。

解說

查封物品是否為貴重物品，應依一般的社會觀念或具體情形認定。

惟執行法院命鑑定人鑑定後之鑑定價格，僅供執行法院決定拍賣底價的參考，並無拘束執行法院的效力。

第63條（拍賣之通知）
執行法院應通知債權人及債務人於拍賣期日到場，無法通知或屆期不到場者，拍賣不因而停止。

解說

地方法院民事執行處應該先行通知債權人及債務人於拍賣期日到現場，但若無法通知或經通知後仍屆期不到場時，拍賣

程序也不因而停止。

第**64**條（拍賣公告）

拍賣動產，應由執行法院先期公告。

前項公告，應載明下列事項：

一、拍賣物之種類、數量、品質及其他應記明之事項。

二、拍賣之原因、日時及場所。

三、閱覽拍賣物及查封筆錄之處所及日時。

四、定有拍賣價金之交付期限者，其期限。

五、定有應買之資格或條件者，其資格或條件。

六、定有保證金者，其金額。

解說

實行拍賣動產程序前，地方法院民事執行處應該於拍賣期日前預先公告，以使更多人能夠知悉拍賣資訊，於拍賣期日進行應買。

前項公告內容，應該載明下列事項：

一、拍賣物品的種類、數量、品質及其他應記明的事項，如使用方法、出產日期等。

二、拍賣的原因、日期時間及場所。

三、閱覽拍賣物及查封筆錄的處所及日期時間。

四、若定有拍賣價金的交付期限時，其期限為何。

五、若定有應買人的資格或條件時，其資格或條件為何。

六、若定有須預繳保證金始得應買時，其保證金金額為何。

第65條（公告方法）

拍賣公告，應揭示於執行法院及動產所在地之鄉鎮市（區）公所或拍賣場所，如認為必要或因債權人或債務人之聲請，並得公告於法院網站；法院認為必要時，得命登載於公報或新聞紙。

解說

　　本條於民國107年6月13日修正公布。

　　拍賣公告，應該揭示於辦理該強制執行事件的地方法院及動產所在地的鄉、鎮、市（區）公所或拍賣場所，如果認為有必要時或因債權人或債務人聲請時，並得公告於法院網站；法院次為有必要時，並得命同時登載於公報或新聞紙上。

第66條（拍賣之時期）

拍賣，應於公告五日後行之。但因物之性質須迅速拍賣者，不在此限。

解說

　　有關拍賣之意思，對不特定多數人為拍賣之表示，謂之公告。

　　對債權人及債務人為表示之送達，謂之通知。

（一）公告：

　　拍賣動產，應由執行法院先期公告，所謂先期，原則上公告日與拍賣日應在五天以上；俾不特定多數人得知悉拍賣之時間、地點、物品，屆時參與拍賣。

拍賣公告，應載明下列事項：

1. 拍賣物之種類、數量、品質及其他應記明之事項：例如電話有無欠繳電話費、汽車有無牌照等。

2. 拍賣之原因、日時及場所：所謂拍賣之原因，指強制執行之案由。

3. 閱覽拍賣物及查封筆錄之處所及日時：因拍賣物買受人就物之瑕疵無擔保請求權，因此應使應買人有先為閱覽之權利。

4. 定有拍賣價金之交付期限者，其期限：此項期限，不得延展，是若拍定人逾期不繳納，查封物將再被拍賣。

5. 定有應買資格或條件者，其資格或條件。

6. 定有保證金者，其金額：應買人未繳納保證金者，其應買無效。

拍賣公告，應揭示於執行法院及動產所在地之鄉鎮市區公所或拍賣場所，如認為必要或因債權人或債務人之聲請，並得登載於公報或新聞紙，如當地有其他習慣者，並得依其習慣方法公告之。

以上規定，除必須揭示於執行法院外，其餘均得由執行法院自行斟酌，何種方式最為適當，而擇一為之，或併採為之。

（二）通知：

執行法院應通知債權人及債務人於拍賣期日到場，然若無法通知，或雖有通知而受通知人屆期不到場，拍賣均不因而停止。

所謂無法通知，指債務人因遷移住居所或其他原因，而致無法通知者。

所謂屆期不到場，指債權人或債務人經通知而於拍賣期日

時不到場者。

56臺抗字第570號：

　　不動產之執行拍賣，依強制執行法第113條準用第63條之規定，固應通知債權人及債務人於拍賣期日到場，但無法通知，或屆期不到場者，拍賣並不因而停止。所謂無法通知，如遷徙、隱避及因故他往等情形均屬之，立法意旨只在促使執行法院踐行通知手續，苟已通知則縱發生上列情事，仍難謂與法定執行程序有何違背。

第67條（刪除）

第68條（拍賣物之交付）
拍賣物之交付，應於價金繳足時行之。

（一）民法第369：標的物之交付
　　買賣標的物與其價金之交付，除法律另有規定或契約另有訂定或另有習慣外，應同時為之。
（二）民法第396條：買價之支付時期
　　拍賣之買受人，應於拍賣成立時或拍賣公告內所定之時，以現金支付買價。

• 理由：

謹按拍賣既經成立，拍賣之買受人，應即時支付買價，如拍賣公告內有支付之時期者，則應依拍賣公告內所定之時支付買價。其買價之支付，須以現金為之，蓋期適合於拍賣之意思也。故設本條以明示其旨。

（三）民法第397條：不按時支付價金之效力

拍賣之買受人，如不按時支付價金者，拍賣人得解除契約，將其物再行拍賣。

再行拍賣所得之利益，如少於原拍賣之價金及費用者，原買受人應負賠償其差額之責任。

第68條之1（有價證券之拍賣）
執行法院於有價證券拍賣後，得代債務人為背書或變更名義與買受人之必要行為，並載明其意旨。

解說

本法第60條之1，本書曾提及，查封之有價證券，得不經拍賣程序，而直接準用對於其他財產權執行的規定，也就是由執行法院，對第三債務人發扣押命令，扣押其債權，並於扣押後命債務人交出該有價證券。蓋，查封應由執行人員占有該有價證券，並於完成占有時發生查封之效力（另詳參強第47條第1項）。

惟執行法院若決定對查封之有價證券為拍賣，則因有價證券是否禁止背書轉讓而有不同，申言之，未禁止背書轉讓之有價證券，因依法許其流通，自得依對於動產執行程序執行。

故其查封，應由執行人員占有該有價證券，於完成占有時發生查封效力，至其拍賣，未禁止背書轉讓之有價證券，有些是持有該有價證券，即表示其權利者，其流通固無問題，有些則是該有價證券上，業已表明權利人為誰者，則其流通，須以背書轉讓為之，若債務人是原權利人，且能為背書，自無問題，否則，為避免該有價證券經拍賣後，形同廢紙，執行法院得代債務人為背書之必要行為，並載明其意旨。

至禁止背書轉讓之有價證券，執行法院亦得逕為變更該有價證券之權利名義人，並載明其意旨。

第68條之2（再拍賣）
拍定人未繳足價金者，執行法院應再拍賣。再拍賣時原拍定人不得應買。如再拍賣之價金低於原拍賣價金及因再拍賣所生之費用者，原拍定人應負擔其差額。
前項差額，執行法院應依職權以裁定確定之。
原拍定人繳納之保證金不足抵償差額時，得依前項裁定對原拍定人強制執行。

解說

本法之拍賣，學說上一般雖認為係公法行為，惟實務上仍認出賣人係債務人自己，拍賣亦係買賣契約之一種，拍定人即為買受人；因此，拍定人有支付價金之義務，亦有取得拍賣物所有權之權利。

而價金之交付，應依其期限，若拍定人未依期限繳足價金，為免程序無法完成，原先之拍定，即當然失效，執行法院

不須定期催告原拍定人繳納價金，也不須向其通知買賣契約業已解除。

執行法院應另指定拍賣期日，定期再拍賣。惟應注意者，再拍賣與再行拍賣並不相同：

再拍賣：再拍賣乃原拍賣程序之重複，故其拍賣條件與原拍賣條件完全相同。

再行拍賣：所謂再行拍賣，係依本法第70條第5項規定之減價拍賣。

執行法院為再拍賣時，原拍定人不得應買，蓋其先已違約，故不許其應買。

（一）再拍定後之差額：

再拍定，其價格未必與原拍定之價金相同；若再拍定之價金高於原拍定價金，因再拍賣之物仍屬債務人所有之責任財產，此差額自亦歸屬債務人所有的責任財產。

若再拍賣之價金低於原拍賣價金及因再拍賣所生之費用者，此差額既因原拍定人之違約所致，自應由原拍定人負擔。

因此，再拍賣不足之差額，歸由原拍定人負擔，實兼具損害賠償之意義。

然，若再拍賣程序尚未終結前，因債權人撤回執行或執行程序被撤銷，致無再拍賣發生，則原拍定人自無負擔差額的問題。

（二）差額之確定及執行：

前述原拍定人應負擔的差額，執行法院得逕行認定，逕依職權以裁定確定。此項裁定係本法第4條第6款的執行名義。

如原拍定人有繳納保證金，則此項裁定的差額，逕以保證金補足即可。惟若原拍定人未繳保證金，或保證金全部抵補尚

有不足，則以此裁定對原拍定人為強制執行。

參考資料

（一）民法第391條：拍賣

拍賣，因拍賣人拍板或依其他慣用之方法為賣定之表示而成立。

（二）民法第393條：拍定

拍賣人除拍賣之委任人有反對之意思表示外，得將拍賣物拍歸出價最高之應買人。

（三）民法第396條：現金按時支付

拍賣之買受人，應於拍賣成立時或拍賣公告內所定之時，以現金支付買價。

（四）民法第397條：不按時支付價金之效力

拍賣之買受人，如不按時支付價金者，拍賣人得解除契約，將其物再為拍賣。

再行拍賣所得之價金，如少於原拍賣之價金及再行拍賣之費用者，原買受人應負賠償其差額之責任。

（五）民法第367條：買受人之義務

買受人對於出賣人，有交付約定價金及受領標的物之義務。

（六）64臺上字第2367號：

買受人對於出賣人有受領標的物之義務，為民法第367條所明定，故出賣人已有給付之合法提出而買受人不履行其受領義務時，買受人非但陷於受領遲延，並陷於給付遲延，出賣人非不得依民法第354條規定據以解除契約。

（七）民法第371條：價金交付之處所

標的物與價金應同時交付者，其價金應於標的物之交付處所交付之。

（八）民法第254條：非定期行為之給付遲延及解除契約

契約當事人之一方遲延給付者，他方當事人得定相當期限催告其履行，如於期限內不履行時，得解除其契約。

• 理由：

查民律草案第537條理由謂第231條，於債務人遲延給付時，認債權人有請求賠償因遲延所生損害之權。第232條遲延後之給付，於債權人無利益者，認債權人有拒絕給付，並請求賠償因不履行所生損害之權。然欲以規律交易上一切之雙務契約，未免有所不足，故設本條，於雙務契約因一方遲延給付時，而定相對人定期催告及解除契約之權利也。

（九）28上字第2113號：

民法第254條所謂解除契約，固指解除債權契約而言，但本於債權契約而成立物權移轉契約後，如有解除契約之原因，仍得將該債權契約解除。債權契約解除時，物權契約之效力雖仍存在，而依民法第259條之規定，受物權移轉之一方，負有將該物權移轉於他方以回復原狀之義務，不得謂物權契約一經成立，債權契約即不得解除。

（十）46臺上字第1685號：

民法第254條之規定，僅為法律所認解除權之一種，並非禁止契約當事人間另有保留解除權之特別約定。故買賣契約當事人間，就買受人一方支付價金之履行期有特別重要之意思表示，如買受人一方不按照時期履行者，則出賣人一方自得依同法第255條之規定，不經催告逕行解除其契約。

（十一）64臺上字第2367號：

買受人對於出賣人有受領標的物之義務，為民法第367條所明定，故出賣人已有給付之合法提出而買受人不履行其受領義務時，買受人非但陷於受領遲延，並陷於給付遲延，出賣人非不得依民法第254條規定據以解除契約。

（十二）70臺上字第3159號：

債權人就買賣價金所為之過大催告，僅該超過部分不生效力，尚難謂就債務人應給付部分亦不生催告之效力。本件兩造所訂買賣契約，就令只訟爭土地部分有效，上訴人催告被上訴人給付二、三期價款，亦僅超過該土地應付價款部分不生催告之效力。如被上訴人未依限給付應付部分之價款，尚不能謂上訴人據此所為解除該部分之買賣契約，不生效力。

（十三）民法第255條：定期行為之給付遲延及解約

依契約之性質或當事人之意思表示，非於一定時期為給付不能達其契約之目的，而契約當事人之一方不按照時期給付者，他方當事人得不為前條之催告，解除其契約。

• 理由：

查民律草案第552條理由謂依契約之性質，或當事人之意思表示，若非一定時期內給付，不能達契約之目的者，推定當事人有因一造不履行而保留解除權之意思。於此情形，若一方不履行義務，須使他方得即解除契約，以保護其利益。此本條所由設也。

（十四）30滬上字第1號：

定期行為，有絕對的定期行為與相對的定期行為之分，前者經過給付期，固即成為給付不能，而後者則不因經過給付期而成為給付不能。

（十五）64臺再字第177號：

民法第255條所謂依契約之性質，非於一定時期為給付不能達其契約之目的者，係指就契約本身，自客觀上觀察，即可認識非於一定時期為給付不能達其契約目的之情形而言，如訂製慶祝國慶牌坊是。又所謂依當事人之意思表示，非於一定時期為給付不能達其契約之目的者，必須契約當事人間有嚴守履行期間之合意，並對此期間之重要（契約之目的所在）有所認識，如定製手工藝品一套，並告以係為本月五日出國贈送親友之用。必須於本月四日交付是。本件再審原告應為之給付，係買賣價金，自客觀上觀察殊無非於一定時期為給付不能達其契約目的之情形，而兩造間又無從證明有嚴守六個月履行期限之合意，並對此期限之重要已有所認識，自無民法第255條之適用。

（十六）民法第260條：損害賠償之請求

解除權之行使，不妨礙損害賠償之請求。

・理由：

謹按契約之解除，與損害賠償之請求，有無妨礙，各國立法例，有契約當事人一方遲延給付時，他方當事人或請求賠償損害，或解除契約兩者之中任擇其一者，亦有由他方當事人除解除契約外，並得請求損害賠償者，兩種法例，後者最為妥適。本條特定解除權之行使，於損害賠償請求權並無妨礙，所以袪實際之疑惑也。

（十七）55臺上字第1188號：

民法第260條規定解除權之行使，不妨礙損害賠償之請求。據此規定，債權人解除契約時，得併行請求損害賠償，惟其請求損害賠償，並非另因契約解除所生之新賠償請求權，乃使因債務不履行（給付不能或給付遲延）所生之舊賠償請求

權，不因解除失其存在，仍得請求而已。故其賠償範圍，應依一般損害賠償之法則，即民法第216條定之，其損害賠償請求權，自債務不履行時起即可行使，其消滅時效，亦自該請求權可行使時起算。

第69條（無瑕疵擔保）
拍賣物買受人就物之瑕疵無擔保請求權。

解說

本法規定買受人就拍賣物之瑕疵沒有擔保請求權，係因強制執行之拍賣，為外力之介入，強制而為物的拍賣，係違反債務人意思的行為，而執行人員及債權人又因物非其所有，對物之品質亦難瞭解，因此規定拍賣前，應買人得閱覽查封物，故物的瑕疵責任則歸由其承擔。

惟本條規定「拍賣物買受人就物之瑕疵無擔保請求權」，係限制物的瑕疵擔保責任而已。即物之出賣人應擔保其物依民法第373條之規定危險移轉於買受人時，無減失或減少其價值之瑕疵，亦無減失或減少其通常效用，或契約預定之效用，於強制執行程序並不適用。

然民法之買賣，出賣人除應負前述之物之瑕疵擔保責任外，並應負權利瑕疵擔保責任。

本法雖規定拍賣物買受人就物之瑕疵無擔保請求權，亦僅限於規定拍定人不得主張物的瑕疵擔保請求權而已。

至於權利瑕疵擔保責任，即民法第349條規定出賣人應擔保第三人就買賣之標的物，對於買受人不得主張任何權利，之

所謂權利瑕疵擔保請求權，則於執行程序之拍賣，亦有其適用。

　因此，查封物上另有他項物權、或買受人不能取得查封物之全部或一部之所有權，或拍賣所表示之數量與買受人所拍定實得之數量不一時，自均有權利瑕疵擔保問題。拍定人自均得依民法債務不履行之規定，請求返還其價金之全部或一部。

（一）民法第354條：物的瑕疵擔保請求權

　物之出賣人，對於買受人應擔保其物依第373條之規定危險移轉於買受人時，無滅失或減少其價值之瑕疵，亦無滅失或減少其通常效用或契約預定效用之瑕疵。但減少之程度無關重要者，不得視為瑕疵。

　出賣人並應擔保其物於危險移轉時，具有其所保證之品質。

（二）29上字第826號：

1.民法上關於出賣人應負物之瑕疵擔保責任之規定，係為補充當事人之意思表示而設，除當事人有免除擔保責任之特約外，出賣人當然有此責任，不得謂當事人未訂有出賣人應負擔保責任之特約，出賣人即無此擔保責任。

2.民法第354條第1項規定，物之出賣人對於買受人，應擔保其物依第373條之規定危險移轉於買受人時，無滅失或減少其價值之瑕疵，亦無滅失或減少其通常效用或契約預定效用之瑕疵。是依第373條之規定，危險移轉於買受人之時，有第354條第1項所稱之瑕疵者，雖在契約成立時此項瑕疵尚未存在，出賣人對於買受人，亦應負擔保之責。

（三）49臺上字第376號：

上訴人出賣與被上訴人之土地登記之地目既為建築用地，依民法第354條第1項之規定，自負有擔保其物依第373條危險移轉於買受人時，無滅失或減少其價值之瑕疵，或減少通常效用或契約預定效用之瑕疵。茲系爭建地在交付前既屬於運河碼頭用地，依照都市計畫不得為任何建築，則不惟其通常效用有所減少，抑且減低經濟上之價值，從而被上訴人以此項瑕疵為原因，對上訴人解除買賣契約而請求返還定金及附加利息，自為民法第359條、第259條第1款、第2款之所許。

（四）73臺上字第1173號：

所謂物之瑕疵係指存在於物之缺點而言。凡依通常交易觀念，或依當事人之決定，認為物應具備之價值、效用或品質而不具備者，即為物有瑕疵，且不以物質上應具備者為限。若出賣之特定物所含數量缺少，足使物之價值、效用或品質有欠缺者，亦屬之。

（五）民法第349條：權利瑕疵擔保請求權

出賣人應擔保第三人就買賣之標的物，對於買受人不得主張任何權利。

• 理由：

謹按出賣人之義務，在擔保無第三人就買賣之標的物，對於買受人主張任何權利。若有，則出賣人應負除去之義務，所謂追奪擔保是也。故買受人基於買賣關係取得標的物後，設遇有第三人對於買受人主張標的物上之任何權利時，應由出賣人負其責任，以保護買受人之利益。但第425條之情形，則為例外。此本條所由設也。

（六）52臺上字第681號：

房屋之買賣無論房屋為違章建築與否，除其前手本身為債務人外，在未為移轉登記前，凡因第三人就買賣標的物對於承買人主張權利，指由執行法院實施查封時，原出賣人既均負有擔保之義務，以排除第三人對於承買人之侵害（參照民§349），則承買人本於民法第242條代位前手行使此項權利，要無不合。

（七）民法第350條：**權利瑕疵擔保請求權**

債權或其他權利之出賣人，應擔保其權利確係存在。有價證券之出賣人，並應擔保其證券未因公示催告而宣示無效。

- 理由：

謹按債權或其他權利之出賣人對於買受人，應擔保其權利之確係存在。前者如甲寄存乙處米穀十石，乙以之出讓與丙，設甲對丙主張該米穀為自己所有之物，則乙應負賠償之責。後者如著作權之出賣，應由出賣人擔保其有專有權是也。若有價證券之出賣人，並應擔保其證券未因公示催告而宣示無效。例如甲所遺失之有價證券，已依公示催告程序，宣示證券無效，被乙拾得出賣於丙，則丙因買受其證券所受之損失，應由乙負賠償之責任是也。本條特為保護買受人之利益而設此規定。

（八）民法第351條：**權利瑕疵擔保之免除**

買受人於契約成立時，知有權利之瑕疵者，出賣人不負擔保之責。但契約另有訂定者，不在此限。

（九）65臺上字第119號：

權利之出賣人，應擔保該權利無瑕疵，如出賣人主張買受人於契約成立時知權利有瑕疵，出賣人可不負擔保之責時，應由出賣人就買受人之知情負舉證責任。

（十）民法第353條：權利瑕疵擔保之效果

出賣人不履行第348條至第351條所定之義務者，買受人得依關於債務不履行之規定，行使其權利。

• 理由：

謹按出賣人對於第348條至第351條之各規定，皆應盡履行之義務，方足以保護買受人之利益。出賣人如不履行此種義務，則與債務人不履行債務無異，此時買受人即得依照債務不履行之規定，行使其權利。所謂行使關於債務不履行所生之權利者，即契約解除權、違約金請求權、損害賠償請求權等是也。故設本條以明示其旨。

（十一）40臺上字第1241號：

債權債務之主體應以締結契約之當事人為準，故買賣約據所載明之買受人，不問其果為實際上之買受人與否，就買賣契約所生買賣標的物之給付請求權涉訟，除有特別情事外，須以該約據上所載之買受人名義起訴，始有此項請求權存在之可言。

（十二）民法第256條：解除契約

債權人於有第226條之情形時，得解除契約。

• 理由：

謹按本法第226條之規定，因可歸責於債務人之事由，致給付不能者，債權人得請求賠償損害。其僅給付之一部不能者，若其他部分之履行，於債權人無利益時，債權人得拒絕該部之給付，並請求全部不履行之損害賠償。債權人遇有此種情形時，僅得解除其契約，蓋於行使損害賠償請求權之外，復予以解除契約之權，使債權人之權利，得受充分之保護他。

（十三）民法第259條：回復原狀

契約解除時，當事人雙方回復原狀之義務，除法律另有規定或契約另有訂定外，依下列之規定：

一、由他方所受領之給付物，應返還之。

二、受領之給付為金錢者，應附加自受領時起之利息償還之。

三、受領之給付為勞務或為物之使用者，應照受領時之價額，以金錢償還之。

四、受領之給付物生有孳息者，應返還之。

五、就返還之物，已支出必要或有益之費用，得於他方受返還時所得利益之限度內，請求其返還。

六、應返還之物有毀損、滅失，或因其他事由，致不能返還者，應償還其價額。

（十四）62臺上字第1045號：

出賣人解除已經履行之買賣契約，該買賣標的物（機器），倘現在由第三人占有，買受人不過負向第三人取回該物返還於出賣人之義務（民§259①），非謂買賣契約一經解除，該物即當然復歸於出賣人所有，出賣人自不得本於所有權，向第三人主張權利。

（十五）63臺上字第1989號：

契約之合意解除與法定解除權之行使性質不同，效果亦異。前者為契約行為，即以第二次契約解除第一次契約，其契約已全部或一部履行者，除有特別約定外，並不當然適用民法第259條關於回復原狀之規定。後者為單獨行為，其發生效力與否，端視有無法定解除原因之存在，既無待他方當事人之承諾，更不因他方當事人之不反對而成為合意解除。

（十六）67臺上字第3701號：

債權人於有民法第226條之情形時，得解除契約，為同法第256條所明定，依本條規定之意旨，被上訴人自毋庸為定期催告即得解除契約。其請求上訴人償還當時受領之價金及其法定遲延利息，難謂不當。

（十七）72臺上字第4365號：

解除權之行使，不妨礙損害賠償之請求，民法第260條定有明文。此項損害賠償，應不包括同法第259條第2款所定應返還自受領時起之利息，蓋此項利息之支付，為回復原狀之方法，而非同法第260條之損害賠償。從而被上訴人除依民法第259條第2款規定，請求返還自受領時起之利息外，尚非不得依約定請求給付違約金以為賠償。

第70條 （拍賣動產程序）

執行法院因債權人或債務人之聲請，或認為必要時，應依職權於拍賣前預定拍賣物之底價，並得酌定保證金額，命應買人於應買前繳納之。未照納者，其應買無效。

執行法院定底價時，應詢問債權人及債務人之意見，但無法通知或屆期不到場者，不在此限。

拍定，應就應買人所出之最高價，高呼三次後為之。

應買人所出之最高價，如低於底價，或雖未定底價而債權人或債務人對於應買人所出之最高價，認為不足而為反對之表示時，執行拍賣人應不為拍定，由執行法院定期再行拍賣。但債權人願依所定底價承受者，執行法院應交債權人承受。

拍賣物依前項規定，再行拍賣時，應拍歸出價最高之應買

人。但其最高價不足底價百分之五十；或雖未定底價，而其最高價顯不相當者，執行法院應作價交債權人承受；債權人不承受時，執行法院應撤銷查封，將拍賣物返還債務人。債務人不得應買。

解說

　　地方法院民事執行處因受債權人或債務人的聲請，或認為有必要時，應該依職權主動於實行拍賣前預先決定拍賣物的底價，並得斟酌情形決定應買人應預納的保證金額，並命應買人須於應買前繳納保證金。如果應買人未依所定保證金額繳納時，應買人所為的應買行為即屬無效。

　　地方法院民事執行處決定底價時，應該先行詢問債權人及債務人的意見，但如果無法通知或經通知後屆期仍不到現場時，則不須詢問其意見。

　　拍賣人就應買人所出的最高價額，高呼三次後，如無其他應買人願出更高價額時，應即為拍定。

　　應買人所出的最高價額，如果低於拍賣物的底價，或雖然未定有底價但債權人或債務人對於應買人所出的最高價額，認為不夠高而為反對的表示時，拍賣人應該不為拍定的動作，而交由地方法院民事執行處另行選定期日再次進行拍賣程序。但債權人如果願意依照地方法院民事執行處所定底價折抵債權而承受該拍賣物時，地方法院民事執行處應該將該拍賣物交由債權人直接承受，不須再行拍賣。

　　拍賣物依照前項規定，再行拍賣時，應拍定給出價最高的應買人。但如果應買人所出最高價額仍不足拍賣物底價的百分之五十時；或雖然未定有底價，但應買人所出最高價額與拍賣

物價值顯然不相當時，地方法院民事執行處應該將拍賣物價額折抵債權後交由債權人承受；債權人不願意承受時，地方法院民事執行處應該撤銷查封，將拍賣物返還給債務人債務人於前述拍賣程序中，均不得參與應買。

第71條（拍賣無人應買之處置）
拍賣物無人應買時，執行法院應作價交債權人承受，債權人不願承受或依法不能承受者，應由執行法院撤銷查封，將拍賣物返還債務人。但拍賣物顯有賣得相當價金之可能者，準用前條第五項之規定。

解說

　　總括而言，執行法院拍賣動產程序，主要步驟如次：

（一）預定底價：底價即拍賣物價格的最低標準。

　　　　動產拍賣與不動產拍賣不同，原則上不必定底價。

　　　　惟執行法院認為有必要時，或因債權人或債務人之聲請時，始由執行法院依職權預定底價。

　　　　所謂執行法院認為有必要時，一般而言，情況有二，其一是拍賣物在通常的社會觀念上價值較高，其二是拍賣物的價格不確定。

　　　　預定底價時，執行人員應詢問債權人及債務人的意見。但無法通知，例如債權人或債務人住所遷移而未陳報，致無法通知；或經通知屆期不到場，或到場而不表示意見，或意見不一時；執行法院應依客觀情形，以一般之市價，公平酌定底價。

惟，動產如經鑑價，只要以鑑定價格作為底價即可。

所應特別注意者是，動產拍賣預定底價後，為防止應買人互相勾結，即坊間所謂的回標，底價不得公開。

（二）**酌定保證金**：是否酌定保證金，由執行法院自行依動產的種類、性質、價值斟酌決定。

執行法院因債權人或債務人之聲請，或認為有必要，得於拍賣前酌定保證金額，命應買人於應買前繳納。

未繳納保證金之應買，無效，以防止應買人於拍定後拒絕繳納價金。

執行法院有酌定保證者，應先期公告。

（三）**拍定**：拍定，應就應買人所出的最高價，高呼三次後為之。

因此，若最高價在高呼三次確定以前，如果有人出更高價，執行人員應就新高價再高呼三次。

高呼三次與拍定之間，應有相當的間隔時間，在拍定前，買賣尚未成立。

拍定前，債務人可以現款清償，拍賣應立即停止，並撤銷執行處分。

拍定後，拍定人一方面有繳納價金義務，另方面有移轉物的所有權的權利；因此，拍定後，在拍定人取得物的所有權前，債權人尚可撤回強制執行的聲請，但必須得到拍定人的同意，即，拍定人若不同意，仍不許債權人撤回執行。

（四）**再行拍賣**：再行拍賣原因有三：即，1.應買人所出的最高價，尚低於底價。2.雖未定底價，而債權人或債務人對於應買人所出的最高價，認為不足而為反對的意思表

示時。3.雖未定底價，而應買人所出的最高價，執行法院認為顯然並不相當。

以上三種情形，執行拍賣人應不為拍定，而由執行法院定期再行拍賣。但第一種情形，若債權人願意依照所定的底價承受者，執行法院應交由債權人承受。

再行拍賣的程序與第一次拍賣程序相同，亦應拍歸出價最高的應買人：但是最高價若不足底價百分之五十，或雖未定底價，而最高價顯不相當者，執行法院應作價交由債權人承受；債權人不承受時，執行法院應撤銷查封，將拍賣物返還債務人。

（五）**債權人承受**：總結拍賣交由債權人承受之情形有三：

1. 第一次拍賣，最高價仍低於底價時：此時原則上執行法院應不為拍定，定期再行拍賣。但債權人若願依原定底價承受者，執行法院應交債權人承受。

2. 第一次拍賣無人應買時，執行法院應作價交債權人承受。

3. 再行拍賣而未拍定：再行拍賣，若定有底價者，不得低於百分之五十；未定底價者，應參考債權人及債務人意見，或依市場情形為查估，若未拍定，則應作價給債權人。

債權人承受者，如其得受分配之債權額高於拍賣價金，自無問題，若低於拍賣價金，在債權人未補繳差額前，不得將拍定物交付。

第72條（拍賣動產之限度）
拍賣於賣得價金足以清償強制執行之債權額及債務人應負擔
之費用時，應即停止。

解說

　　強制執行之目的，在於滿足債權人之債權，因此如拍賣所
得之價金，足以清償強制執行之債權額及債務人應負擔之費用
時，執行程序應即終止。

　　所謂執行程序應即終止，例如查封數個執行標的物，在拍
賣其中一部分時，若拍賣價金已足以清償強制執行的債權額及
債務人應負擔的費用時，應即終結拍賣程序，並撤銷尚未拍賣
的部分，將之返還債務人。

第73條（拍賣筆錄之製作）
拍賣終結後，書記官應作成拍賣筆錄，載明下列事項：
一、拍賣物之種類、數量、品質及其他應記明之事項。
二、債權人及債務人。
三、拍賣之買受人姓名、住址及其應買之最高價額。
四、拍賣不成立或停止時，其原因。
五、拍賣之日時及場所。
六、作成拍賣筆錄之處所及年、月、日。
前項筆錄，應由執行拍賣人簽名。

解說

　　拍賣終結後，書記官應作成拍賣筆錄，記載如本條共計六

款規定之事項。

拍賣筆錄製作完成後，應由執行拍賣人員，即實施拍賣之執行人員，例如書記官、執達員或法院委託的拍賣人等一齊簽名。

第74條（賣得價金之處理）
拍賣物賣得價金，扣除強制執行之費用後，應將餘額交付債權人，其餘額超過債權人取得執行名義之費用及其債權所應受償之數額時，應將超過額交付債務人。

解說

拍賣物賣得價金後，其清償之次序如下：

（一）應先扣除強制執行費用。

（二）取得執行名義之費用及債權人之普通債權同順序，應併受清償。

（三）如有餘額應還給債務人。

第三節　對於不動產之執行

不動產之強制執行程序，係執行債務人之主要責任財產，而不動產價值較大，故除準用動產之執行程序部分外，其與動產執行不同者，主要有二：

（一）優先權之處理及利害關係人範圍之擴大：不動產與動產之主要不同，除不動產價值較高外，不動產上往往有各種優先權之設定，如租賃權、擔保物權、用益物權；因

此不動產拍賣時，如何協調衡平其上之各種權利，厥惟不動產執行程序的最大課題，也是最大的難題。

（二）**強制管理**：動產之執行程序沒有強制管理之規定，而不動產之執行，除拍賣外，尚有強制管理之規定，所謂強制管理係指以不動產之使用價值為對象，加以管理，而以實施管理所得的收益作為清償債權的手段。

第75條（不動產的執行方法）

不動產之強制執行，以查封、拍賣、強制管理之方法行之。

前項拍賣及強制管理之方法，於性質上許可並認為適當時，得併行之。

建築物及其基地同屬於債務人所有者，得併予查封、拍賣。

應拍賣之財產有動產及不動產者，執行法院得合併拍賣之。

前項合併拍賣之動產，適用關於不動產拍賣之規定。

解說

何謂本法之不動產？

強制執行法中所謂之不動產，範圍大於民法規定之不動產，其範圍如次：

（一）民法之不動產。

（二）視為不動產之物權：例如礦業法第8條之礦業權及漁業法第20條之漁業權，均依本法適用對於不動產之執行程序。

（三）以不動產為標的之權利：例如抵押權、地上權、典權、永佃權等。

（四）不動產之應有部分：共有人對其於不動產上之應有部
分，應依不動產之執行程序為之。

故以上四種情形，均視為本法之不動產。

如何執行

動產之執行，其階段有三，即：

（一）查封。

（二）拍賣（或變賣）。

（三）清償。

不動產之執行，其階段亦有三，即：

（一）查封。

（二）拍賣及強制管理。

（三）清償。

兩者比較，可知動產與不動產執行程序主要不同，在於不
動產有強制管理程序。

故，本法第75條第1項規定：不動產之強制執行，以查
封、拍賣、強制管理之方法行之。

也就是說不動產查封後，係以其交換價值為對象（拍
賣），還是使用價值為對象（強制管理），兩者不妨同時進
行。

即拍賣原則上並不妨礙債務人占有使用不動產；而對於拍
賣無實益的情形，亦不妨以強制管理的收益來滿足債權人的債
權。

依此，本條第2項規定：前項拍賣及強制管理之方法，於
性質上許可，並認為適當時，得併行之。

即，除性質不許可外，債權人得自行選擇其一，或同時選

擇兩者併用，甚或先拍賣無實益後再強制管理，或先強制管理後再拍賣，均無不可。

然若強制管理與拍賣併行時，原則上兩種程序各自進行，迄拍賣物所有權移轉於買受人時，則應撤銷強制管理程序。

合併拍賣

合併拍賣之情形，主要有二，即：

（一）建築物及其基地同屬於債務人所有者，得併予查封、拍賣。

（二）應拍賣之財產有動產及不動產者，執行法院得合併拍賣。

蓋因建築物不能與基地之使用分離而獨立存在，為避免因分開拍賣而減損其價值，並衍生複雜的法律關係，自得合併拍賣。

而動產與不動產有時兩者有不可分離之關係，或雖非不能分離，但分離後將嚴重減損其價值者，例如工廠裡頭的機器設備與廠房的關係，合併拍賣能增益其價值，此時，執行法院自得合併拍賣，並適用關於不動產拍賣的規定。

參考資料

（一）民法第66條：不動產

稱不動產者，謂土地及其定著物。

不動產之出產物，尚未分離者，為該不動產之部分。

（二）22上字第546號：

不動產經查封後，債務人將其所有權移轉於第三人者，其移轉行為對於債權人固不生效力。若其移轉行為係在查封之

前，則雖在債權人聲請強制執行之後，亦惟其行為為雙方通謀所為之虛偽意思表示，或有其他之無效原因始為無效，其僅為民法第244條所謂有害於債權人之行為者，在債權人提起撤銷之訴得有勝訴之確定判決以前，仍不失其效力，不得僅以其為債權人聲請強制執行後之行為，即認為無效。

（三）51臺上字第156號：

債務人在查封後就查封物所為之處分，對於債權人不生效力，所謂債權人非僅指聲請執行查封之債權人而言，即參與分配之債權人，亦包括在內。

（四）67臺抗字第129號：

執行法院之拍賣，其性質雖為買賣之一種，但其拍賣必須依據法定程序為之。拍定人及拍賣之標的，非執行法院所得任准變更。

（五）80臺抗字第143號：

依強制執行法所為之拍賣，通說係解釋為買賣之一種，即債務人為出賣人，拍定人為買受人，而以拍賣機關代替債務人立於出賣人之地位（最高法院47年臺上字第152號及49年臺抗字第83號判例參照），故債務人若於其不動產被拍賣時再參加投標，則同時兼具出賣人與買受人之地位，與買賣須有出賣人與買受人兩個主體，因雙方意思表示一致而成立買賣契約之性質有違，自應解為債務人不得參與應買。

第76條（查封不動產之方法）
查封不動產，由執行法官命書記官督同執達員依下列方法行之：

一、揭示。

二、封閉。

三、追繳契據。

前項方法，於必要時得併用之。

已登記之不動產，執行法院並應先通知登記機關為查封登記，其通知於第一項執行行為實施前到達登記機關時，亦發生查封之效力。

解說

查封不動產，其執行機關與動產之執行機關相同，即由執行法官命書記官督同執達員行之。

查封方法有二：

（一）查封：查封的手段有三，即揭示、封閉及追繳契據。所謂揭示，指於不動產所在地，公布告知查封的事實，例如查封土地，而於土地所在地張貼查封公告，係實務上查封不動產最常用的方法；封閉，例如使用封條，禁止人的進出；追繳契據則係命令債務人交出不動產的所有權狀等。以上三種查封手段，必要時得併用之。

（二）登記：已登記之不動產，執行法院並應先通知登記機關為查封登記，以期藉登記的公示作用（土§43），確保交易安全。

查封效力何時發生

舊法時期，實務上都是先至不動產所在地實施查封，於查封完成時發生查封效力，之後再由執行法院行文通知地政機關辦理查封登記。

　　新法以為，由查封至登記，因公文旅行常有誤差，間隔中若發生善意第三人，因不知有查封，仍然辦理所有權移轉登記或是抵押權設定登記，則將因此肇致嚴重損害，因此規定，執行法院對已登記的不動產，應先通知地政登記機關為查封登記，以藉登記的公示作用，避免善意第三人之交易，因在查封後，而致損害。

　　因此，查封之效力，應視查封之揭示行為或查封之登記行為，先完成者而定。即若先完成揭示行為，則於其時發生查封效力。若先完成登記行為，則於登記到達登記機關時發生效力。

　　有問題者係，若執行法院違背程序，先完成揭示等之查封行為，而查封登記則於之後之數天後方才到達地政登記機關，即本條修正之主要關鍵；而其間，已發生善意第三人，因不知有查封，已辦理不動產所有權移轉登記或其間有貸款，並由銀行辦理抵押權設定登記時，該又如何處理？

　　此時，目前實務上仍如舊例，認為此項移轉登記或抵押權設定登記，即在查封揭示之後，雖在查封登記之前，仍然不能對抗債權人。

　　然若此，則本條之修正又有何意義？於此種情形，實無將執行法院之錯誤，而使善意第三人承擔之理，應由善意第三人另行對執行法院提起國家賠償之訴，請求國家損害賠償以為救濟。

　　另應注意者，國家賠償程序，應先請求協議，協議不成時，方得繳納訴訟費用，提起國家賠償之訴，此時，被告通常即是受訴法院。

（一）86臺上字第2858號：

查封係公法上之處分行為，其效力於實施查封後即已發生，不待查封登記完成時始發生。而動產於實施查封後，債務人就查封物所為移轉、設定負擔或其他有礙執行效果之行為，對於債權人不生效力；不動產之強制執行準用動產執行之規定，強制執行法第51條第2項、第113條分別定有明文。故不動產經法院實施查封後，尚未為查封登記前，如移轉登記與他人，對債權人不發生效力，債權人得請求該他人塗銷所有權移轉登記；倘該他人於債權人尚未請求其為塗銷登記而於查封登記前復將該不動產之所有權移轉登記或設定抵押權登記與第三人，為貫徹查封之公信力，以確保債權人之債權，應認債權人得請求第三人塗銷所有權移轉登記或抵押權設定登記，第三人不得主張有土地法第43條規定之適用而予以抗衡。

（二）土地法第43條：登記的絕對效力

依本法所為之登記，有絕對效力。

（三）土地法第62條：確定登記

聲請登記之土地權利，公告期滿無異議，或經調處成立或裁判確定者，應即為確定登記，發給權利人以土地所有權狀或他項權利證明書。

前項土地所有權狀，應附以地段圖。

（四）民法第758條：不動產物權的要式性

不動產物權，依法律行為而取得、設定、喪失及變更者，非經登記，不生效力。

前項行為，應以書面為之。

（五）57臺上字第1436號：

　　不動產物權之移轉，應以書面為之，其移轉不動產物權書面未合法成立，固不能生移轉之效力。惟關於買賣不動產之債權契約，乃非要式行為，若雙方就其移轉之不動產及價金業已互相同意，則其買賣契約即為成立。出賣不動產之一方，自應負交付該不動產並使他方取得該不動產所有權之義務，買受人若取得出賣人協同辦理所有權移轉登記之確定判決，則得單獨聲請登記取得所有權，移轉不動產物權書面之欠缺，即因之而補正。

（六）70臺上字第453號：

　　不動產抵押權之設定，固應以書面為之。但當事人約定設定不動產抵押權之債權契約，並非要式行為。若雙方就其設定已互相同意，則同意設定抵押權之一方，自應負使他方取得該抵押權之義務。又口頭約定設定抵押權時，若為有償行為，當不因債務人以後為履行義務，補訂書面抵押權設定契約及辦理抵押權設定登記，而使原有償之抵押權設定行為變為無償行為。

（七）國家賠償法第2條：國家賠償責任

　　本法所稱公務員者，謂依法令從事於公務之人員。

　　公務員於執行職務行使公權力時，因故意或過失不法侵害人民自由或權利者，國家應負損害賠償責任。公務員怠於執行職務，致人民自由或權利遭受損害者亦同。

　　前項情形，公務員有故意或重大過失時，賠償義務機關對之有求償權。

（八）73臺上字第3938號：

　　上訴人（臺南市政府）管理之路段即留有坑洞未能及時修

補，又未設置警告標誌，足以影響行車之安全，已不具備通常應有之狀態及功能，即係公共設施管理之欠缺，被上訴人因此受有身體或財產之損害，自得依國家賠償法第3條第1項及第9條第2項規定請求上訴人負賠償責任，至損害之原因，縱係由於某公司挖掘路面所致，倘認該公司應負責任，依同法第3條第3項之規定，上訴人對之有求償權，並不因而可免除上訴人對被上訴人之賠償義務。

（九）國家賠償法第7條：賠償方法

國家負損害賠償責任者，應以金錢為之。但以回復原狀為適當者，得依請求，回復損害發生前原狀。

前項賠償所需經費，應由各級政府編列預算支應之。

（十）國家賠償法第8條：時效期間

賠償請求權，自請求權人知有損害時起，因二年間不行使而消滅；自損害發生時起，逾五年者亦同。

第2條第3項、第3條第5項及第4條第2項之求償權，自支付賠償金或回復原狀之日起，因二年間不行使而消滅。

（十一）國家賠償法第9條：賠償義務機關

依第2條第2項請求損害賠償者，以該公務員所屬機關為賠償義務機關。

依第3條第1項請求損害賠償者，以該公共設施之設置或管理機關為賠償義務機關；依第3條第2項請求損害賠償者，以委託機關為賠償義務機關。

前二項賠償義務機關經裁撤或改組者，以承受其業務之機關為賠償義務機關。無承受其業務之機關者，以其上級機關為賠償義務機關。

不能依前三項確定賠償義務機關，或於賠償義務機關有爭

議時，得請求其上級機關確定之。其上級機關自被請求之日起
逾二十日不為確定者，得逕以該上級機關為賠償義務機關。

（十二）國家賠償法第10條：請求國家賠償應先經協議

依本法請求損害賠償時，應先以書面向賠償義務機關請求
之。

賠償義務機關對於前項請求，應即與請求權人協議。協議
成立時，應作成協議書，該項協議書得為執行名義。

（十三）國家賠償法第11條：訴訟

賠償義務機關拒絕賠償，或自提出請求之日起逾三十日不
開始協議，或自開始協議之日起逾六十日協議不成立時，請求
權人得提起損害賠償之訴。但已依行政訴訟法規定，附帶請求
損害賠償者，就同一原因事實，不得更行起訴。

依本法請求損害賠償時，法院得依聲請為假處分，命賠償
義務機關暫先支付醫療費或喪葬費。

第77條（查封筆錄之製作）

查封時，書記官應作成查封筆錄，載明下列事項：

一、為查封原因之權利。

二、不動產之所在地、種類、實際狀況、使用情形、現場調
　　查所得之海砂屋、輻射屋、地震受創、嚴重漏水、火災
　　受損、建物內有非自然死亡或其他足以影響交易之特殊
　　情事及其應記明之事項。

三、債權人及債務人。

四、查封方法及其實施之年、月、日、時。

五、查封之不動產有保管人者，其保管人。

查封人員及保管人應於前項筆錄簽名，如有依第四十八條第二項規定之人員到場者，亦應簽名。

解說

　　所謂不動產所在地，指土地座落詳細之地段地號，房屋座落之門牌號碼；不動產種類應記明查封為土地或建物，如係土地是屬何種地目，如係房屋有無辦理保存登記；實際狀況應記明不動產現狀與登記是否相符，有無增建；使用情形，應記明不動產作何使用，並由何人使用，是債務人占有使用抑第三人占有使用，如第三人占有使用到底是何種關係。此外，查封筆錄上尚應載明現場調查所得之海砂屋、輻射屋、地震受創、嚴重漏水、火災受損、建物內有非自然死亡或其他足以影響交易之特殊情事及其應記明之事項。

參考資料

（一）民法第3條：簽名

　　依法律之規定，有使用文字之必要者，得不由本人自寫，但必須親自簽名。

　　如有用印章代簽名者，其蓋章與簽名生同等之效力。

　　如以指印、十字或其他符號代簽名者，在文件上，經二人簽名證明，亦與簽名生同等之效力。

（二）68臺上字第3779號：

　　在票據上記載禁止背書轉讓者，必由為此記載之債務人簽名或蓋章，始生禁止背書轉讓之效力，此就票據法第30條第2項及第3項各規定觀之甚明（依同法第144條規定，各該項規定準用於支票），未經簽名或蓋章者，不知其係何人為禁止背書

轉讓之記載，亦與票據為文義證券之意義不符。本件支票背面雖有「禁止背書轉讓」之記載，但卻未經為此記載者簽名或蓋章，尚難謂可生禁止背書轉讓之效力。支票為文義證券（形式證券），不允債務人以其他立證方法變更或補充其文義。

第77條之1（債務人不履行陳述或提出文書義務之法律效果）
執行法官或書記官，為調查前條第一項第二款情事或其他權利關係，得依下列方式行之：
一、開啟門鎖進入不動產或訊問債務人或占有之第三人，並得命其提出有關文書。
二、向警察及其他有關機關、團體調查，受調查者不得拒絕。
前項情形，債務人無正當理由拒絕陳述或提出文書，或為虛偽陳述或提出虛偽之文書者，執行法院得依債權人聲請或依職權管收債務人。但未經訊問債務人，並認非予管收，顯難查明不動產狀況者，不得為之。
第三人有前項情形或拒絕到場者，執行法院得以裁定處新臺幣一萬五千元以下之罰鍰。

解說

執行人員為調查第77條第1項第2款情事或其他權利關係，得開啟門鎖進入不動產或訊問債務人或占有之第三人，並得命其提出有關文書；或向警察及其他有關機關、團體調查，且受調查者不得無故拒絕。

通常，債務人為妨礙執行程序之進行，會以種種方式妨害

執行，最常見的是使第三人為占有，因此除原來規定執行人員有訊問債務人或占有的第三人之調查權外，89年新法增訂執行人員尚得開啟門進入不動產之規定，查明不動產的實際狀況、由誰占有，如第三人占有，其占有的權源、憑據及開始占有的時期等，並得命其提出有關文書。

執行人員為前述調查時，若債務人沒有正當理由拒絕陳述或提出文書，或為虛偽陳述或提出虛偽文書者，執行法院得依債權人聲請或依職權管收債務人。但由於管收係拘束債務人人身自由的重大處分，因此管收前必須先行訊問債務人，且必須認定非予管收債務人，則顯然難以查明不動產狀況時，始得予以管收。

若是第三人沒有正當理由拒絕陳述或提出文書，或為虛偽陳述或提出虛偽文書（例如最常見的是偽造的租賃契約，且通常偽造的年限高達十年，甚至二十年），或拒絕到場者，執行法院得以裁定科處新臺幣15,000元以下的罰鍰。

此項裁定可以抗告，抗告中應停止執行。

第78條（債務人之管理及使用）
已查封之不動產，以債務人為保管人者，債務人仍得為從來之管理或使用。由債務人以外之人保管者，執行法院得許債務人於必要範圍內管理或使用之。

解說

不動產之查封，原則上只係剝奪債務人對不動產的處分權，並不剝奪債務人的使用收益權，直至拍定人取得不動產之

所有權時止。

　　故查封物為債務人保管者，債務人自得依循舊慣，為繼續之使用收益。

　　若查封之不動產係由債務人以外之人保管者，執行法院可就具體個案斟酌情形，決定是否許可債務人於必要範圍內為使用收益。

第79條（自治團體之保管使用）
查封之不動產保管或管理，執行法院得交由有關機關、自治團體、商業團體、工業團體或其他團體為之。

解說

　　不動產被查封時，有關其保管或管理，執行法院可依情形，交由有關機關或各自治團體。

民法第44條：法人賸餘財產之歸屬

　　法人解散後，除法律另有規定外，於清償債務後，其賸餘財產之歸屬，應依其章程之規定，或總會之決議。但以公益為目的之法人解散時，其賸餘財產不得歸屬於自然人或以營利為目的之團體。

　　如無前項法律或章程之規定或總會之決議時，其賸餘財產歸屬於法人住所所在地之地方自治團體。

第80條（鑑價）

拍賣不動產，執行法院應命鑑定人就該不動產估定價格，經核定後，為拍賣最低價額。

解說

由於不動產之價值較高，因此有關不動產底價之核定，應先經鑑價程序（動產拍賣則以查封物為貴重物品，且其價格不易確定者，始應經鑑價程序）。

有關鑑價之鑑定人，由執行法院依具有專門知識、經驗之機關、團體或個人選定之。

若債務人於不動產設定抵押權後，就同一不動產上復設定負擔或出租者，執行法院應命鑑定人就無負擔或未出租之價額與有負擔或出租之價額，分別估定（辦理強制執行事件應行注意事項第42項第4款）。

參考資料

（一）強制執行法第62條：貴重物品之鑑定

查封物為貴重物品而其價格不易確定者，執行法院應命鑑定人鑑定之。

（二）強制執行法第30條之1：準用

強制執行程序，除本法有規定外，準用民事訴訟法之規定。

第80條之1（拍賣無實益）

不動產之拍賣最低價額不足清償優先債權及強制執行之費用者，執行法院應將其事由通知債權人。債權人於受通知後七日內，得證明該不動產賣得價金有賸餘可能或指定超過該項債權及費用總額之拍賣最低價額，並聲明如未拍定願負擔其費用而聲請拍賣。逾期未聲請者，執行法院應撤銷查封，將不動產返還債務人。

依債權人前項之聲請為拍賣而未拍定，債權人亦不承受時，執行法院應公告願買受該不動產者，得於三個月內依原定拍賣條件為應買之表示，執行法院於訊問債權人及債務人意見後，許其應買；債權人復願承受者亦同。逾期無人應買或承受者，執行法院應撤銷查封，將不動產返還債務人。

不動產由順位在先之抵押權人或其他優先受償權人聲請拍賣者，不適用前二項之規定。

第一項、第二項關於撤銷查封將不動產返還債務人之規定，於該不動產已併付強制管理之情形；或債權人已聲請另付強制管理而執行法院認為有實益者，不適用之。

解說

　　不動產拍賣，除準用動產拍賣之規定外，因其價值較大，故為平衡債權人及債務人之利益，在這次修正中，加入了拍賣無實益的特別規定，即：拍賣不動產，執行法院固應命鑑定人就該不動產估定價格，經核定後，為拍賣之最低價額。

　　然，經執行法院核定後之不動產底價，如果已不足清償優先債權以及強制執行費用，則執行債權人就執行之不動產，已不可能自拍賣價金中受償，如此之強制執行程序，既可預期其

對執行之債權人沒有實際利益，只是浪費執行程序而已，自不應准許，此之謂無益執行禁止之原則，也叫作賸餘主義或無賸餘價值之禁止。

（一）拍賣無實益之通知：

新法規定，不動產之拍賣最低價額如不足清償優先債權及強制執行費用時，執行法院應將其事由通知債權人，即採拍賣無實益禁止原則。此項通知，因係構成撤銷執行之要件，故應以書面為之。

然債權人於受此通知後七日內，若認為拍賣並非無實益，則得舉證證明該不動產賣得價金有賸餘可能，或指定超過該項優先債權及執行費用總額的拍賣最低額，並聲明：如果沒有依此最低價額拍定，則願負擔執行費用，而聲請拍賣。

執行債權人逾期不提出聲請，執行法院應撤銷查封，直接將不動產返還給債務人。

執行債權人原則上固應於收到執行法院拍賣無實益的通知後七日內提出聲請；但若已超過七日，而法院尚未撤銷查封時，執行法院仍應依其聲請拍賣；蓋此七日僅係通常之法定期間，並非不變期間，若執行法院尚未撤封，則不因七天已過，而生除斥之法律效果。

（二）未拍定之處置：

執行法院依執行債權人前項聲請為拍賣，而未拍定時，執行債權人可聲明依此底價承受；如執行債權人不願承受時，執行法院應公告願買該不動產者，得於三個月內依原定拍賣條件為應買表示。

若逾期仍然沒人應買或承受者，執行法院應撤銷查封，將不動產直接返還債務人。

　　這種只要在執行法院的公告期間內，想買的人就可以直接向執行法院以拍賣最低價額應買，而不需要經過公開競爭出價的方式，稱為特別變賣（或稱特別拍賣）。惟應注意者，第80條之1第2項前段的特別變賣與第95條第1項的特別變賣，在適用前提上顯有不同：前者係為無益拍賣程序的特別變賣，後者則為無人應買之特別變賣。

　　所應注意者，在於應買人為應買之意思表示後，執行法院仍然應再詢問債權人及債務人的意見後，才可准許應買；原公告期間長達六個月，該期間內不動產價格變化恐有劇烈變化，且此本為特別變賣之公告，六個月期間殊嫌過長，且拍賣效果不彰，因此89年修法時將六個月縮短為三個月，以免案件因時間拖延而遲滯不決，影響債權人之權益。另外，仍應詢問債權人及債務人的意見後，始准應買人承買，以免承買價額過低，損及當事人之利益。

　　不過，債權人及債務人的意見，僅供執行法院參考，對於執行法院並無拘束力。

　　總結而言，拍賣無實益而撤銷查封，其原因惟二：

　　其一，因執行債權人未聲請拍賣：即執行法院既然認為拍賣無實益，而債權人又未聲請拍賣，自應撤銷查封，終結強制執行程序。

　　其二，因特別變賣無人應買。

拍賣無實益原則之例外

　　拍賣無實益原則，其規範目的在於平衡債權人與債務人的利益，以免徒費執行程序。

　　是以，若執行債權人本就是不動產之優先債權人，例如順位在先的第一順位抵押權人或其他優先受償權人聲請拍賣，則

自無所謂拍賣無實益之可言。

撤銷查封之例外

　　若因拍賣無實益,而一、執行債權人復未聲請拍賣。二、特別變賣又無人應買。執行法院本應撤銷查封;但,查封不動產之規範目的,本許執行債權人自由選擇拍賣或強制管理兩種換價的方法分別為之或合併採行;因此,本法規定,如果執行債權人已經聲請另依強制管理的方法繼續為強制執行程序,或併要求將該不動產付強制管理而有實益者,執行法院自不得僅因拍賣無實益,而將不動產逕行撤封返還債務人。

第81條 （拍賣不動產之公告）

拍賣不動產,應由執行法院先期公告。

前項公告,應載明下列事項:

一、不動產之所在地、種類、實際狀況、占有使用情形、調查所得之海砂屋、輻射屋、地震受創、嚴重漏水、火災受損、建物內有非自然死亡或其他足以影響交易之特殊情事及其應記明之事項。

二、拍賣之原因、日期及場所。如以投標方法拍賣者,其開標之日時及場所,定有保證金額者,其金額。

三、拍賣最低價額。

四、交付價金之期限。

五、閱覽查封筆錄之處所及日、時。

六、定有應買資格或條件者,其資格或條件。

七、拍賣後不點交者,其原因。

八、定有應買人察看拍賣物之日、時者,其日、時。

解說

　　拍賣亦係買賣契約之一種，執行法院自應將拍賣物之實際狀況及其通盤情形，詳細公告，始能確保應買者的機會平等，及避免糾紛，俾應買人充分瞭解不動產之情形，而據以評估其價值成本，並決定其應買價格。

　　尤其有關農地之應買人，須有自耕能力；共有土地，其他共有人有優先購買權之條件，或拍賣後如果不點交，將嚴重影響不動產之價格，自應將不點交之原因載明，以便應買人決定是否應買及價格如何。

（一）47臺抗字第92號：

　　拍賣不動產之公告應載明閱覽查封筆錄之處所及日時，為強制執行法第81條第2項第5款所明定，是項規定，係使一般投標人預先明瞭查封之內容，從容決定投標之條件，庶投標結果臻於公平，自屬強制規定之一種，倘該項公告就此漏未記載，則拍賣程序即難謂無瑕疵，依同法第12條利害關係人對之聲明異議，應認為有理由。

（二）強制執行法第64條：拍賣公告

　　拍賣動產，應由執行法院先期公告。

　　前項公告，應載明下列事項：

　　一、拍賣物之種類、數量、品質及其他應記明之事項。

　　二、拍賣之原因、日時及場所。

　　三、閱覽拍賣物及查封筆錄之處所及日時。

　　四、定有拍賣價金之交付期限者，其期限。

　　五、定有應買之資格或條件者，其資格或條件。

六、定有保證金者，其金額。

（三）強制執行法第77條：查封筆錄之製作

查封時，書記官應作成查封筆錄，載明下列事項：

一、為查封原因之權利。

二、不動產之所在地、種類、實際狀況、使用情形、現場
　　調查所得之海砂屋、輻射屋、地震受創、嚴重漏水、
　　火災受損、建物內有非自然死亡或其他足以影響交易
　　之特殊情事及其應記明之事項。

三、債權人及債務人。

四、查封方法及其實施之年、月、日、時。

五、查封之不動產有保管人者，其保管人。

查封人員及保管人應於前項筆錄簽名，如有依第48條第2
項規定之人員到場者，亦應簽名。

第82條（拍賣時期）

拍賣期日距公告之日，不得少於十四日。

解說

所謂十四日之期間，從拍賣公告揭示於執行法院及不動產
所在地或其所在地的鄉鎮市區公所的翌日開始起算。

（一）民法第120條：期間之起算

以時定期間者，即時起算。

以日、星期、月或年定期間者，其始日不算入。

（二）民法第121條：期間之終止點

以日、星期、月或年定期間者，以期間末日之終止，為期間之終止。

期間不以星期、月或年之始日起算者，以最後之星期、月或年，與起算日相當日之前一日，為期間之末日。但以月或年定期間，於最後之月，無相當日者，以其月之末日，為期間之末日。

第83條（拍賣人員）
拍賣不動產，由執行法官命書記官督同執達員於執行法院或其他場所為之。

解說

不動產拍賣與動產拍賣，主要不同在於動產拍賣，執行法院得委由拍賣行或適當之人行之（本法第61條）；而不動產拍賣，則不許委託前開之人。

又，動產拍賣無投標之規定；而不動產之拍賣，實務上主要則採投標方式，並均由執行法官負責開標。

參考資料

（一）民法第391條：拍賣

拍賣，因拍賣人拍板或依其他慣用之方法，為賣定之表示而成立。

• 理由：

謹按拍賣者，關於清償之標的物不依權利人之意思而為者

也。拍賣之性質，學說不一，有謂拍賣係公法處分者，有謂拍賣非買賣者，本法以拍賣為買賣之一種，並規定其如何成立之方法，俾資適用。

（二）民法第392條：拍賣人應買之禁止

拍賣人對於其所經管之拍賣不得應買，亦不得使他人為其應買。

• 理由：

謹按經管拍賣之人，不得自為應買人，亦不得使他人應買，法律特加限制，蓋以防拍賣發生不公平之弊也。

（三）民法第393條：拍定

拍賣人除拍賣之委任人有反對之意思表示外，得將拍賣物拍歸出價最高之應買人。

• 理由：

謹按拍賣者，招集多人以最高價賣去其物之方法也。故拍賣人除拍賣之委任人，有反對之意思表示外，得將拍賣物拍歸出價最高之應買人，以符拍賣之本旨。

（四）民法第394條：拍定之撤回

拍賣人對於應買人所出最高之價，認為不足者，得不為賣定之表示，而撤回其物。

• 理由：

謹按依前條之規定，拍賣物固得拍歸出價最高之應買人，然應買人所出最高之價，與拍賣人所預定之價，相差甚鉅而認為不足者，如亦依拍板或其他慣用方法，為賣定之表示而成立，則拍賣人將受無限之損失，而無所救濟，殊非事理之平。此時應使拍賣人得不為賣定之表示，而撤回拍賣物，以保護其利益。

（五）民法第395條：應買效力

應買人所為應買之表示，自有出價較高之應買或拍賣物經撤回時，失其拘束力。

• 理由：

謹按為應買之表示後，應買人當然受其意思表示之拘束，必須有其他出價較高之應買人，此出價較低之應買人，所為應買之表示，始失其拘束力。或雖無其他出價較高之應買人，而因拍賣人認為出價不足撤回其拍賣物，此則應買人所為應買之表示，亦失其拘束力。本條特設規定，所以防爭議也。

第84條（公告方法）

拍賣公告，應揭示於執行法院及不動產所在地或其所在地之鄉鎮市（區）公所。

拍賣公告，應公告於法院網站；法院認為必要時，得命登載於公報或新聞紙。

解說

本條於民國107年6月13日修正公布。

拍賣公告應揭示於執行法院，不得欠缺，否則其拍賣無效。

除此之外，不論是不動產所在地抑或不動產所在地之鄉鎮市（區）公所，擇一公告即可。並應公告於法院網站；法院認為有必要時，得同時命登載於公報或新聞紙上，惟除執行法院之公告外，餘均為訓示規定，即未登載或揭示，亦不影響拍賣效力。

（一）51臺上字第3631號：

執行法院拍賣之公告，只須揭示於執行法院及該不動產所在地即生效力，強制執行法第84條雖另規定：「如當地有公報或新聞紙亦應登載，如有其他習慣者，並得依其習慣方法公告之。」等語，亦僅屬一種訓示規定，不能以其未登載公報或新聞紙，或未依習慣方法公告，即認拍賣為無效。至於就不動產所在地所為公告之揭示方法雖有不當，當事人或利害關係人只得依強制執行法第12條規定為聲請或聲明異議，但其揭示行為未經撤銷前，要非當然無效。

（二）強制執行法第65條：公告方法

拍賣公告，應揭示於執行法院及動產所在地之鄉鎮市（區）公所或拍賣場所，如認為必要或因債權人或債務人之聲請，並得公告於法院網站；法院認為必要時，得命登載於公報或新聞紙。

第85條（投標）

拍賣不動產，執行法院得因債權人或債務人之聲請或依職權，以投標之方法行之。

（一）強制執行法第30條之1：民事訴訟法之準用

強制執行程序，除本法有規定外，準用民事訴訟法之規定。

（二）民事訴訟法第122條：以言詞代替書狀

於言詞辯論外，關於訴訟所為之聲明或陳述，除依本法應用書狀者外，得於法院書記官前以言詞為之。

前項情形，法院書記官應作筆錄，並於筆錄內簽名。

第116條及第118條至第120條之規定，於前項筆錄準用之。

（三）66臺再字第96號：

聲明參與分配，依強制執行法第32條第1項規定，應以書面為之，為必備程式之一，此於強制執行法既有明文規定，即無再準用民事訴訟法第122條規定之餘地。

第86條（保證金）

以投標方法拍賣不動產時，執行法院得酌定保證金額，命投標人於開標前繳納之。

解說

有關執行法院如何酌定保證金額，法律並未有明文規定，而聽憑執行法官決定，實務上，均定為底價的百分之二十。

保證金應於當次不動產投標的開標前繳納，所謂開標前，係指執行法官尚未開啟標匭前，不過，目前實務上之作法，保證金必須與投標書一齊放進標匭中，否則視為廢標。

繳納保證金之方法，實務上以前作法，係由投標人填具聲請書，連同現金或以臺灣銀行為發票人之支票（即俗稱之臺支），逕至法院出納室繳納，由出納室給予收據一式三聯，投標人應將其中一聯黏貼在投標書上，一齊投入標匭。目前則已

幾近完全揚棄這種作法，即，法院出納室不再代收保證金，不管那是現金還是支票。投標人必須自己到法院的服務臺買取全套的投標書及投標信封，並將以臺灣銀行為發票人或付款人的支票或本票；或其他銀行為發票人或付款人的支票或本票，一齊放進標匭內；開標時，若無此保證金支票則視為廢票。

得標時，此保證金支票則視為價金之一部分，由執行法院當場開給國庫收據，交給得標人。

沒有得標之其他投標人，則當場領回其保證金的支票或本票，手續要較以往簡省許多。

第87條（投標之方法及投標書之記載）
投標人應以書件密封，投入執行法院所設之標匭。
前項書件，應載明下列事項：
一、投標人之姓名、年齡及住址。
二、願買之不動產。
三、願出之價額。

解說

由於投標與拍賣係採公開競價方式不同，投標係採不公開之競價，因此，投標人應以書件密封，投入執行法院所設之標匭，以防其他人得知其所出之價格，以達秘密競價的目的。

投標書應記載：

（一）投標人的姓名、年齡及住址：投標人為自然人時，固無問題；若投標人為法人時，並應記載其法定代理人之姓名。投標書如不能確定應買人為誰，則投標無效。

（二）願買之不動產：投標書若無法分辨其特定應買之不動產
　　　者，其投標無效。
（三）願出之價額：投標書應記載明確投標的具體金額。
　　　實務上投標書目前均採定式的印刷例稿，由投標人直接
向法院服務臺洽購，其中記載，除前述外，並有執行案號、案
由、地號、建號等明細，均宜依規定一一填載。

參考資料

（一）46臺抗字第101號：
　　　執行法院就抵押物所為之拍賣及投標人應此拍賣而為之
投標，揆其性質原與買賣之法律行為無異，投標人應以書件密
封，投入執行法院所設之標匭，既為強制執行法第87條第1項
所明定，則書件密封投入標匭，即屬此項法律行為所應遵循之
法定方式，違之者，依民法第73條前段之規定，其投標即非有
效。
（二）61臺抗字第631號：
　　　強制執行法第87條第2項第3款，僅規定投標書件應載明
「顯出之價額」，而未規定應載明每宗不動產之價額，故投標
書書件已載明願買之不動產及顯出之價額者，即應認已合法律
規定之方式。本件相對人既於投標書「願買之不動產」欄分別
記明：願買之三筆不動產之坐落地號，而於「願出價額」欄載
明：右三筆合計新臺幣若干元正，即已記明其承標價額，應認
為合法。
（三）民法第66條：不動產
　　　稱不動產者，謂土地及其定著物。
　　　不動產之出產物，尚未分離者，為該不動產之部分。

（四）64臺上字第2739號：

　　系爭地上茶樹桐樹等未與土地分離前為土地之一部分並非附合於土地之動產而成為土地之重要成分，與民法第811條至第815條所定之情形無一相符，則上訴人依同法第816條規定訴求被上訴人返還不當得利，自難謂合。

（五）39臺上字第585號：

　　土地法第30條之所謂能自耕，不僅指能自任耕作者而言，凡為維持一家生活而能直接經營耕作者亦包含在內，此就同法第6條所定自耕之意義對照，觀之甚明。

（六）64臺上字第1352號：

　　土地法第30條規定，私有農地所有權之移轉，其承受人以承受後能自耕者為限，而此項承受人自耕能力之有無，縱未經當事人主張或抗辯，法院亦應先為調查認定，以為判斷之依據，倘承買人並無自耕能力而竟承買私有農地，即係以不能之給付為契約標的，依民法第246條第1項前段之規定，其契約為無效。

（七）66臺上字第2189號：

　　私有農地所有權之移轉，其承受人以承受後能自耕者為限，修正前土地法第30條定有明文，此項規定，於當事人間以贈與為原因聲請辦理農地所有權移轉登記之場合，亦有其適用。

第88條（開標）
開標應由執行法官當眾開示，並朗讀之。

解說

開標必須由執行法官當眾為之，不得由書記官或執達員等為之。

故開標期日執行法官應到開標場所，於開標時間當眾開啟標匭，除廢標（無效標，例如未附保證金支票者）外，一一朗讀得標人的姓名以及投標的金額。

第89條（未納保證金之效果）
投標應繳納保證金而未照納者，其投標無效。

解說

保證金之目的，在於擔保得標人得標後，後悔或未依規定於期限內繳納價金，而延滯了整個執行程序。因此，目前實務上執行法官開標時，若見投標書未附有保證金支票，即依法視為廢標。

53臺抗字第195號：

強制執行法第86條既僅規定以投標方法拍賣不動產時，執行法院得酌定保證金額命投標人於開標前繳納之，而未定明應繳何處，則投標人於開標前果將應繳之保證金遵命繳交執行推事或書記官，按諸同法第3條即難謂其繳納不符法定要件，而有同法第89條所謂投標應繳納保證金而未繳納者，其投標無效規定之適用。

第90條（出價相同之處理）

投標人願出之最高價額相同者，以當場增加之金額最高者為得標人；無人增加價額者，以抽籤定其得標人。

前項得標人未於公告所定期限內繳足價金者，再行拍賣。但未中籤之投標人仍願按原定投標條件依法承買者，不在此限。

解說

執行法院開標後，若：

（一）只有一人投標，但其標價已達最低拍賣價者，以該投標人為得標人。

（二）投標人有兩人以上，且出價額均達最低拍賣價額者，以最高價為拍定人。若兩人出價相同，則以當場增加之金額較高者為拍定人；無人增加價額者，以抽籤定其得標人。

得標人確定後，並應由執行法官朗讀之，確定後為拍定人。

前揭拍定人若未於公告期限內繳足價金，則拍定喪失效力，執行法院此時仍有兩種處置方法：

（一）依原拍賣的最低拍賣價額，另指定拍賣期日，再行拍賣。

（二）未中籤的投標人願依原定投標條件依法承買者，仍視為拍定，不須再行拍賣。

民法第393條：最高價之拍定

　　拍賣人除拍賣之委任人有反對之意思表示外，得將拍賣物拍歸出價最高之應買人。

第91條（無人應買時之處置）

拍賣之不動產無人應買或應買人所出之最高價未達拍賣最低價額，而到場之債權人於拍賣期日終結前聲明願承受者，執行法院應依該次拍賣所定之最低價額，將不動產交債權人承受，並發給權利移轉證書。其無人承受或依法不得承受者，由執行法院定期再行拍賣。

依前項規定再行拍賣時，執行法院應酌減拍賣最低價額；酌減數額不得逾百分之二十。

解說

　　拍賣之不動產，若有：

（一）無人應買。

（二）應買人所出的最高價都未達拍賣底價。

　　到場的債權人可在當次拍賣期日終結前聲明願意依當次底價承受。

　　執行法院此時亦有兩種處置方式：

（一）依當次拍賣底價，將該不動產交由該聲明願意承受的債權人承受。

（二）若無到場的債權人聲明願意承受，或聲明願意承受的債權人依法不得承受者，例如農地拍賣，聲明願依法承受

的債權人無自耕能力。則執行法院應另定期日，再行拍賣。

執行法院另定期日，再行拍賣時，應酌減底價，酌減數額不得逾百分之二十；實務上，一般則以百分之二十為酌減額，定為下次拍賣之底價。

第92條（再行拍賣）
再行拍賣期日，無人應買或應買人所出之最高價，未達於減定之拍賣最低價額者，準用前條之規定；如再行拍賣，其酌減數額，不得逾減定之拍賣最低價額百分之二十。

解說

再行拍賣，如仍無人應買，或應買人所出的最高價，都未達到再行拍賣的底價，如有債權人願意依底價承受，則應交由其承受；否則，若債權人不願承受或依法不得承受時，應另定期日，再行拍賣。

再行拍賣，底價應再次酌減，酌減數額仍以百分之二十為限。

第93條（再行拍賣之期日）
前二條再行拍賣之期日，距公告之日，不得少於十日多於三十日。

解說

　　拍賣期日因為無人應買，或應買人所出的最高價，仍然不足當次拍賣底價，應由執行法院酌減底價後，另定期日拍賣，稱為減價拍賣。

　　減價拍賣與拍定人在拍定後，未在期限內繳足價金，而致拍定失其救力之依原底價，另定拍賣期日再行拍賣者不同。

　　因此減價拍賣，必有減低拍賣底價，而再定拍賣期日，並且其再定拍賣期日，距公告之日，不得少於十日，多於三十日。

第94條（債權人承受）

債權人有二人以上願承受者，以抽籤定之。

承受不動產之債權人，其應繳之價金超過其應受分配額者，執行法院應限期命其補繳差額後，發給權利移轉證書；逾期不繳者，再行拍賣。但有未中籤之債權人仍願按原定拍賣條件依法承受者，不在此限。

第六十八條之二之規定，於前項再行拍賣準用之。

解說

　　所謂債權人承受，指到場之債權人，在當次拍賣期日終結前，聲明願依當次拍賣底價受讓該不動產，而以應受分配的債權金額抵充價金，如有不足，願意在限期內補足價金之謂。

　　因此，得承受之債權人，限於拍賣期日時到場的債權人，但不限其是否有執行名義，例如雖無執行名義，但依法對於該不動產有擔保物權或優先受償權的債權人，經聲明參與分配，

或執行法院直接依職權將其列入分配，亦得聲明承受債權。

債權人有兩人以上聲明願依底價承受者，執行法院應以抽籤定其承受人。

債權人承受拍賣物後，如果該債權人應受分配的債權金額便足以抵付價金，執行法院應儘速發給權利移轉證書。

如其應繳的價金超過其應受償的價金分配額者，執行法院應再限期命其補繳差額後，再發給權利移轉證書。如果債權人逾期不繳，則其聲明承受，失效；執行法院應依原價再行拍賣，但有未中籤的債權人仍願按原定拍賣條件聲明承受者，執行法院則可交由其承受。

所謂未中籤的債權人，指拍賣期日到場聲明承受的債權人有兩人以上，而抽籤結果並未中籤者而言。

再行拍賣時，原聲明承受人，因已違約在先，故不許其應買，且如再行拍賣的價金低於原承受的價金及因再行拍賣所生的費用總和者，原承受人應負擔其差額。此差額，執行法院應逕行以職權加以確定，且此確定之裁定，為強制執行法第4條第6款的執行名義。

第95條（再行拍賣）

經二次減價拍賣而未拍定之不動產，債權人不願承受或依法不得承受時，執行法院應於第二次減價拍賣期日總結後十日內公告願買受該不動產者，得於公告之日起三個月內依原定拍賣條件為應買之表示，執行法院得於詢問債權人及債務人意見後，許其買受。債權人復願為承受者，亦同。

前項三個月期限內，無人應買前，債權人亦得聲請停止前項
拍賣，而另行估價或減價拍賣，如仍未拍定或由債權人承
受，或債權人未於該期限內聲請另行估價或減價拍賣者，視
為撤回該不動產之執行。
第九十四條第二項、第三項之規定，於本條第一項承買準用
之。

解說

　　有關不動產之執行，舊法規定原則上採拍賣方式，例外
則於不動產經過兩次減價拍賣後未拍定，且債權人不願承受或
依法不得承受時，由執行法院選定管理人，將不動產交管理人
強制管理，以管理所得用來清償債權。然於管理中，若認不動
產仍有拍賣價值，仍得減價後再拍賣，或另估價拍賣。此所謂
減價，指就第二次減價拍賣的底價（即第三次拍賣），再予酌
減；而另估價拍賣，指執行法院重新鑑價，並核定新底價。上
述程序，如仍有不能拍定之情形，到場債權人可以在拍賣期日
終結前聲明承受，無人承受或依法不得承受者，由執行法院再
減價拍賣。若仍未拍定，尚可再減價拍賣一次（本法第91條第
1項）。總計第一次拍賣，加上兩次減價拍賣，以及最後三次
減價拍賣，共有六次拍賣機會。

　　上述拍賣程序，不僅複雜且常因多次拍賣而使原不動產價
值衰減，除延宕結案時間外，對於當事人而言並無實益。為避
免上述情形，89年修法時將本條第1項有關強制管理及再減價
拍賣或另估價拍賣之規定刪除，明定經二次減價拍賣而未拍定
之不動產，債權人不願承受或依法不得承受時，執行法院應進
行特別變賣程序。

特別變（拍）賣

特別變賣性質為正常拍賣程序之補充程序，故須不動產經兩次減價拍賣而未拍定，債權人亦不承受或依法不得承受時，始得為之，尚不得基於其他原因而實施。特別變賣之程序如下：

（一）執行法院應於第二次減價拍賣期日終結後十日內公告之。

（二）應買人得於三個月內應買。如有數人應買時，應以其應買之意思到達法院之先後決之，而非依其出價高低決之。而債權人亦得於該期間內，聲明承受。

（三）應買人須依原定拍賣條件應買。所謂原定拍賣條件，指特別變賣前最後一次的拍賣條件。

（四）執行法院應詢問債權人及債務人意見。蓋擔心價格上有暴起暴落，產生所謂「一日三市」之情形而造成不公，因此執行法院可詢問債權人及債務人意見以供參考。

（五）須經執行法院准許。

特別變賣期間內，債權人聲請另行估價拍賣或減價拍賣

特別變賣期間，為自公告日起算三個月內，無人應買前，債權人得聲請停止特別變賣，而進行另行估價拍賣或減價拍賣程序，此刻，執行法院應撤銷特別變賣程序，改行估價拍賣或減價拍賣程序。

於此程序中，如有下列三種原因，因不動產已無拍賣實益，為避免執行當事人之損害加鉅，均視為撤回該不動產之執行：

（一）於另行估價拍賣或減價拍賣程序仍未拍定。

（二）債權人不願承受該不動產，或依法不得承受時。

（三）債權人未於上述三個月期間內聲請另行估價或減價拍賣
　　　程序者。

第96條（拍賣不動產之限制）

供拍賣之數宗不動產，其中一宗或數宗之賣得價金，已足清
償強制執行之債權額及債務人應負擔之費用時，其他部分應
停止拍賣。

前項情形，債務人得指定其應拍賣不動產之部分。但建築物
及其基地，不得指定單獨拍賣。

解說

　　若供拍賣之數宗不動產，其中一宗或數宗之賣得價金，已
足清償強制執行之債權額及債務人應負擔之費用時，其他部分
應停止拍賣。

　　此本係當然之理，然為杜爭議，仍有明文規定之必要，故
一仍舊法，禁止：

（一）**超額查封**：如本法第113條，準用第50條之規定。但不
　　　動產價值每難憑斷，而且其上之限制物權，例如擔保物
　　　權之擔保金額多少，用益物權將致使不動產之價值減至
　　　如何，均非執行人員所能瞭解，因此，執行法院在使
　　　用禁止超額查封規定時，宜更慎重，以免愛之適足以害
　　　之，反而增加債權人及債務人許多不必要的程序及費
　　　用。

　　蓋本法已有超額拍賣之禁止規定了，因此，例如日本之

強制執行法，對於動產部分，固仍有禁止超額查封之規定，但於不動產上，則無禁止超額查封之規定，即此道理。

（二）**超額拍賣**：即供拍賣之數宗不動產，其中之一或其中部分賣得之價金，若已足清償強制執行之債權及費用，其他部分，即應停止拍賣。

所謂停止拍賣，包括停止拍賣程序及雖已拍賣但不予拍定而言。

有前述停止拍賣之情形，到底何者應停止拍賣，或何部分雖已拍賣但不予拍定，債務人有最切身之利害，故債務人有指定之權利。

不過，由於建物及基地不能分離，故建物及基地併付拍賣時，雖其中之一所得價金，已足清償；債務人仍不得指定單獨拍定，以免因此而減損不動產之價值。

有關債務人之指定權，若執行法院疏未注意，債務人依法得聲明異議。

若債務人得指定而不指定，執行法院得自行斟酌決定。

參考資料

（一）強制執行法第72條：拍賣動產之限度

拍賣於賣得價金足以清償強制執行之債權額及債務人應負擔之費用時，應即停止。

（二）強制執行法第113條：準用動產執行之規定

不動產之強制執行，除本節有規定外，準用關於動產執行之規定。

（三）強制執行法第50條：查封動產之範圍

查封動產，以其價格足清償強制執行之債權額及債務人應負擔之費用者為限。

第97條（權利移轉證書之發給）
拍賣之不動產，買受人繳足價金後，執行法院應發給權利移轉證書及其他書據。

解說

經拍賣程序而被拍定的不動產，於拍定人（買受人）繳足價金後，辦理該強制執行事件的地方法院民事執行處應即發給買受人該不動產的權利移轉證書及其他相關書據文件。

另依民法第758條及第759條規定，強制執行非屬因法律行為（如：一般土地、房屋買賣行為）而變動不動產所有權的情形，所以不須至地政事務所辦理不動產過戶移轉登記，而係於法院發給權利移轉證書時，就立即發生不動產所有權移轉的效力。

參考資料

（一）強制執行法第76條：查封不動產之方法

查封不動產，由執行法官命書記官督同執達員依下列方法行之：

　　一、揭示。
　　二、封閉。
　　三、追繳契據。

前項方法，於必要時得併用之。

已登記之不動產，執行法院並應先通知登記機關為查封登記，其通知於第1項執行行為實施前到達登記機關時，亦發生查封之效力。

（二）強制執行法第101條：書據之交出

債務人應交出書據而拒絕交出時，執行法院得將書據取交債權人或買受人，並得以公告宣示未交出之書據無效，另作證明書發給債權人或買受人。

（三）46臺上字第365號：

拍賣程序雖與普通買賣不同，但拍賣亦為一種買賣性質，其關於出賣人於出賣當時應踐行之程序，無妨由拍賣機關為之踐行。

第98條（領得權利移轉證書之效力）

拍賣之不動產，買受人自領得執行法院所發給權利移轉證書之日起，取得該不動產所有權，債權人承受債務人之不動產者亦同。

前項不動產原有之地上權、永佃權、地役權、典權及租賃關係隨同移轉。但發生於設定抵押權之後，並對抵押權有影響，經執行法院除去後拍賣者，不在此限。

存於不動產上之抵押權及其他優先受償權，因拍賣而消滅。但抵押權所擔保之債權未定清償期或其清償期尚未屆至，而拍定人或承受抵押物之債權人聲明願在拍定或承受之抵押物價額範圍內清償債務，經抵押權人同意者，不在此限。

解說

　　不動產拍定後，買賣關係成立，拍定人負有繳納價金之義務。

　　拍賣之不動產，買受人繳足價金後，執行法院應發給權利移轉證書。其間縱有停止執行之裁定，執行法院亦僅得停止將價金交付債權人，而不得停止發給拍定人權利移轉證書。

參考資料

31院字第2310號：

　　拍定人依民事訴訟執行規則第75條之規定取得不動產所有權，並繳足價金後，其地位不因強制執行法施行及有停止執行之裁定而受影響，執行法院自不得停止權利移轉證書之發給，惟拍定人所繳價金，執行法院如未交付債權人，應依停止執行之裁定停止交付。

取得不動產所有權之時期

　　有關不動產拍定後，應買人究於何時取得不動產之所有權，其時期標準，各有不同：

（一）拍定時：如德國法及我國舊強制執行法採之，認為應買人於拍定時取得所有權，故前述司法院31年院字第2310號解釋，認為拍定人既因允許拍定之決定，而取得不動產所有權，因此，縱有停止執行之裁定，執行法院亦僅得停止將價金交付債權人，而不得停止權利移轉證書之核發。

（二）繳納價金時，如日本民事執行法規定。

（三）取得權利移轉證書時：如我國現強制執行法。因此，權

利移轉證書之核發，解釋上為拍賣程序之最後階段，即拍定人取得所有權，拍賣程序始為終結；因此，債務人異議之訴、第三人異議之訴等，之後即有理由，亦不得撤銷已終結的拍賣程序。

故，司法院31年院字第2310號解釋，以拍定為強制執行程序之最後終結階段，而認如有停止執行之裁定，執行法院亦不得停止權利移轉證書之核發，於今，則不得適用；以免影響當事人權益甚鉅，且無法挽救，徒增訟累。

為此，本法既採：「拍賣之不動產，買受人自領得執行法院所發給權利移轉證書之日起，取得該不動產所有權。」

則拍定人繳納價金後，如有停止執行之裁定發生，執行程序既尚未終結，執行法院即不得續行核發權利移轉證書，而應俟停止的原因消滅後，再行決定是否核發權利移轉證書。

原司法院31年院字第2310號解釋，不再援用。

因之，拍定人或承受之債權人，於領得權利移轉證書之日起，取得該拍賣不動產之所有權。但非經登記，尚不得處分。

參考資料

（一）民法第759條：相對登記主義

因繼承、強制執行、徵收、法院之判決或其他非因法律行為，於登記前已取得不動產物權者，應經登記，始得處分其物權。

• 理由：

謹按依前條之規定，凡不動產物權，如有取得、設定、喪失或變更之情事，非經登記，不生效力，是本法對於不動產物權，係採登記要件主義。故因繼承、強制執行、公用徵收或

法院之判決，在未登記之前，業已取得不動產所有權者，亦非經登記後，不得處分該不動產物權，以貫徹登記要件主義之本旨。

（二）43臺上字第1016號：

　　不動產物權因法院之判決而取得者，不以須經登記為生效要件，固為民法第759條之所明定。惟此之所謂判決，係僅指依其宣告足生物權法上取得某不動產物權效果之力，恆有拘束第三人之必要，而對於當事人以外之一切第三人亦有效力者（形成力亦稱創效力）而言，惟形成判決（例如分割共有物之判決）始足當之，不包含其他判決在內。

（三）65臺上字第1797號：

　　民法第759條所謂因法院之判決，於登記前已取得不動產物權者，係指以該判決之宣告足生物權法上取得某不動產效果之力，恆有拘束第三人之必要，而對於當事人以外之一切第三人亦有效力者而言，惟形成判決始足當之，不包含其他判決在內。關於命被上訴人陳某辦理所有權移轉登記之確定判決，性質上既非形成判決，尚須上訴人根據該確定判決辦畢所有權移轉登記後，始能取得所有權，自難謂上訴人於該所有權移轉登記事件判決確定時，即取得系爭土地之所有權。嗣後上訴人既迄未辦理所有權移轉登記，則其尚未取得系爭土地之所有權，殊無疑義，是上訴人本於所有權請求排除被上訴人楊某等之強制執行，即難認為有理由。

（四）67臺上字第3581號：

　　修正土地法第30條第1項規定私有農地不得移轉為共有之立法目的，在禁止農地成立新共有關係，或由原少數人共有變更為多數人共有，致妨害土地之利用。從而得否移轉登記，應

以農地移轉登記時為準。如由法院拍賣者，應以法院發給權利移轉證書之日為準（參見強§98、民§759）。縱拍賣或其他登記原因發生於土地法第30條修正之前，仍有該修正後法條之適用。

（五）69臺上字第1012號：

分割共有物，性質上為處分行為，依民法第759條規定，共有不動產之共有人中有人死亡時，於其繼承人未為繼承登記以前，固不得分割共有物。惟上訴人因被上訴人劉某就系爭建地尚未辦理繼承登記，依法不得為物權之處分。於本件訴訟中，請求劉某等辦理繼承登記，並合併對劉某等及其餘被上訴人為分割共有物之請求，不但符合訴訟經濟原則，亦與民法第759條及強制執行法第130條規定之旨趣無違。

（六）69臺上字第1134號：

法院裁判分割共有物而以原物分配於各共有人時，係使共有關係變更為單獨所有，其性質為共有人間應有部分之交換，自屬處分行為，如係變賣共有物而以價金分配於共有人，即係以處分共有物為分割之方法，均以共有人之處分權存在為前提，如果共有人就共有物並無處分權可資行使，法院即無從基此為裁判分割。本件被上訴人之被繼承人某甲及某乙死亡後，被上訴人迄未辦理繼承登記，依民法第759條規定，自不得處分該應有部分，上訴人未先行或同時請求被上訴人辦理繼承登記，逕訴請分割共有物，自有未當。

（七）74臺上字第2024號：

民法第759條所謂未經登記不得處分其物權，係指物權處分行為而言。繼承人簡甲、簡乙代表全體繼承人出賣系爭土地，所訂買賣契約僅屬債權行為。訂約時，即令繼承人未辦畢

繼承登記亦不生違反民法第759條規定，而使債權契約成為無效之問題。

（八）86臺抗字第606號：

不動產之拍賣程序，應以拍定人已依強制執行法第97條、第98條規定繳足價金，領得執行法院所發給權利移轉證書而取得該不動產所有權，始得謂為終結。

權利移轉證書之更正

強制執行程序，除本法有規定外，準用民事訴訟法之規定。強制執行法第30條之1有明文規定。

而依民事訴訟法第232條規定，判決如有誤寫、誤算或其他類此之顯然錯誤者，法院得隨依聲請或依職權以裁定更正之；其正本與原本不符者亦同。

以是，權利移轉證書性質上既係執行法院依法所為之裁定，如有誤寫、誤算或其他顯然錯誤，執行法院自得依聲請或依職權更正之。

參考資料

（一）民事訴訟法第232條：判決之更正

判決如有誤寫、誤算或其他類此之顯然錯誤者，法院得依聲請或依職權以裁定更正，其正本與原本不符者，亦同。

前項裁定，附記於判決原本及正本；如正本已經送達，不能附記者，應製作該裁定之正本送達。

對於更正或駁回更正聲請之裁定，為抗告。但對於判決已合法上訴者，不在此限。

（二）23抗字第2173號：

民事訴訟法第232條之更正裁定，雖非參與原判決之推事亦得參與。

（三）41臺抗字第66號：

判決如有誤寫、誤算或其他類此之顯然錯誤者，法院得隨時以裁定更正之，民事訴訟法第232條第1項定有明文，所謂顯然錯誤，乃指判決中所表示者與法院本來之意思顯然不符者而言，故判決理由中所表示之意思，於判決主文中漏未表示者，亦屬顯然錯誤。

（四）43臺抗字第1號：

和解筆錄，如有誤寫、誤算或其他類此之顯然錯誤者，法律上雖無得為更正之明文，而由民事訴訟法第380條、強制執行法第4條第3款等規定觀之，訴訟上之和解與確定判決有同一之效力，民事訴訟法第232條第1項關於判決書更正錯誤之規定，於和解筆錄有同一之法律理由，自應類推適用（參照司法院院字第2515號解釋），是和解筆錄只須具有誤寫、誤算或其他類此之顯然錯誤之情形，法院書記官即得類推適用民事訴訟法第232條第1項之規定，而為更正之處分。

（五）65臺抗字第217號：

民事訴訟法第232條第3項規定對於駁回更正判決聲請之裁定不得抗告，此項裁定如有再審之原因，固得聲請再審，但再審法院認其聲請為不合法或無理由而駁回之裁定，亦在不得抗告之列。

（六）院字第2233號：

法院誤認上訴不合法以裁定駁回者，其裁定所表示之意思，與其本來之意思並無不符，不能認為民事訴訟法第232條

所稱之顯然錯誤。

所有權之範圍

買受人依不動產權利移轉證書上之記載，取得拍賣物所有權之範圍。

故，不動產權利移轉證書之記載，如與拍賣公告有所出入，則因應買人之應買係本於拍賣公告，而不動產權利移轉證書之記載，亦係依據拍賣公告，此時依前述，由執行法院準用民事訴訟法第232條之規定，依聲請或依職權為更正，固無不可。

然若權利移轉證書上所示之不動產與拍賣公告上所示之不動產所有權範圍雖則一致；但此與實際拍賣之不動產卻不一致者，例如拍賣物係大樓一樓，包含地下室八十分之一之所有權，拍賣公告及不動產權利移轉證書上卻均誤為八百分之一之所有權，此時又待如何？

範圍之基準

簡單而言，認定所有權範圍之基準有二：

（一）形式基準：如前所述，拍定人或承受人取得所有權之範圍，係以不動產權利移轉證書之記載為其形式基準。而不動產權利移轉證書之記載，又係依拍賣公告；拍賣公告與不動產權利移轉證書之記載不同時，執行法院得依職權或依聲請更正權利移轉證書。

但如前述，債務人對地下室之所有權為八十分之一，拍賣公告及權利移轉證書上卻均誤為八百分之一之所有權；此時權利移轉證書之記載，到底應認是否錯誤，其判斷基準何在？

一般言之，拍賣公告、權利移轉證書所示之不動產權利範圍，與實際之不動產權利範圍不一致時，如能證明確定此兩者係同一不動產，執行法院自應依聲請或逕依職權依實際狀況為更正之記載。至於價金之部分，則應命應買人補繳。以免同一之不動產，反而因拍賣公告錯在先，權利移轉證書錯在後，而致使不動產物權之登記，也隨之凌亂不堪，而影響應買人並及共有人之權益，目前實務上多採之。

（二）**實質基準**：續前所述，即應買人取得所有權範圍，在形式上，係由不動產自身而不動產拍賣公告，再由不動產拍賣公告而權利移轉證書；如有錯誤，自應以不動產自身之登記範圍，作為其取得所有權之範圍。

但在實質上，也就是物的本身範圍，往往又超過其權利範圍，簡言之，不動產查封效力所及範圍往往大於不動產登記面積之範圍；即查封之不動產實際面積較地政機關之面積為大時，應買人仍以實際面積取得所有權。即，不動產所有權之基準，及於不動產之附屬建物、部分、從物、從權利以及果實的收穫權。

 參考資料

（一）30上字第2203號：

強制執行中拍賣之不動產為第三人所有者，其拍賣為無效，所有權人於執行終結後，亦得提起回復所有權之訴請求返還，法院判令返還時，原發管業證書當然失其效力，法院自得命其撤銷，業經司法院院字第578號解釋在案。至強制執行法第98條規定拍賣之不動產，買受人自領得執行法院所發給權利

移轉證書之日起,取得該不動產所有權,係指拍賣之不動產本得為強制執行之標的物者而言,若不動產屬於第三人所有,而不應為強制執行之標的物者,即應依上開解釋辦理。

（二）47臺上字第152號：

　　強制執行法上之拍賣,應解釋為買賣之一種,即以債務人為出賣人,拍定人為買受人(執行法院即屬代債務人出賣之人)。故執行拍賣基地時,關於土地法第104條之規定亦在適用之列,而該條所定承租人之優先承購權,僅為租賃雙方之權利義務關係,如出租人違反此項義務將其基地之所有權賣與他人,並已為土地權利變更登記時,未經登記優先承購權之承租人,固僅能請求賠償損害,不得遽指該項買賣契約為無效。但如買受人尚未取得該不動產所有權時,承租人之優先承購權,即不受其影響。

（三）67臺上字第3581號：

　　修正土地法第30條第1項規定私有農地不得移轉為共有之立法目的,在禁止農地成立新共有關係,或由原少數人共有變更為多數人共有,致妨害土地之利用。從而得否移轉登記,應以農地移轉登記時為準。如由法院拍賣者,應以法院發給權利移轉證書之日為準(參見強§98、民§759)。縱拍賣或其他登記原因發生於土地法第30條修正之前,仍有該修正後法條之適用。

（四）民法第第66條：不動產

　　稱不動產者,謂土地及其定著物。

　　不動產之出產物,尚未分離者,為該不動產之部分。

（五）29上字第1678號：

　　物之構成部分,除法律有特別規定外,不得單獨為物權之

標的物，未與土地分離之樹木，依民法第66條第2項之規定，為土地之構成部分，與同條第1項所稱之定著物為獨立之不動產者不同，故土地所有人保留未與土地分離之樹木，而將土地所有權讓與他人時，僅對於受讓人有砍伐樹木之權利，不得對於更自受讓人受讓所有權之第三人，主張其有獨立之樹木所有權。

（六）49臺上字第2507號：

耕地既被徵收，則地上之樹木乃該耕地之部分，當然隨之附帶徵收，不因清冊內未記明附帶徵收而受影響。

（七）建築法第9條：建造行為

本法所稱建造，係指下列行為：

一、新建：為新建造之建築物或將原建築物全部拆除而重行建築者。

二、增建：於原建築物增加其面積或高度者；但以過廊與原建築物連接者，應視為新建。

三、改建：將建築物之一部分拆除，於原建築基地範圍內改造，而不增高或擴大面積者。

四、修建：建築物之基礎、樑柱、承重牆壁、樓地板、屋架或屋頂，其中任何一種有過半之修理或變更者。

（八）建築法第25條：建物建造使用拆除之限制——違章建築

建築物非經申請直轄市、縣（市）（局）主管建築機關之審查許可並發給執照，不得擅自建造或使用或拆除。但合於第78條及第98條規定者，不在此限。

直轄市、縣（市）（局）主管建築機關為處理擅自建造或使用或拆除之建築物，得派員攜帶證明文件，進入公私有土地或建築物內勘查。

不動產負擔之處理

不動產遭拍賣後，原先設定之負擔，即存於該不動產上之擔保物權或用益物權究應如何處理，立法例上，情況有三：

（一）塗銷主義：指不動產上之擔保物權及用益物權，拍賣後亦隨之而消滅，買受人取得無任何負擔的不動產。

（二）承受主義：指不動產上之擔保物權及用益物權，拍賣後由買受人承受。

（三）賸餘主義：亦稱折衷主義，指一般債權人或後順位的債權人聲請拍賣不動產者，必須該不動產拍賣的價金，於清償先順位債權以及執行費用後，仍有賸餘者，始可。若一般債權人聲請拍賣的不動產，於清償優先債權及執行費用外，並無賸餘，即不許拍賣。

新強制執行法就擔保物權原則上採賸餘及塗銷主義，規定：「存於不動產上之抵押權及其他優先受償權，因拍賣而消滅。」例外則採承受主義，規定：「但抵押權所擔保之債權未定清償期或其清償期尚未屆至，而拍定人或承受抵押物之債權人聲明願在拍定或承受之抵押物價額範圍內清償債務，經抵押權人同意者，不在此限。」惟若依例外規定採承受主義者，而保留不動產上之抵押權者，須於不動產拍定後，繳納價金期滿日前，由拍定人或承受人及抵押權人共同向執行法院陳明。

拍定人或承受人依規定承受後，發生代債務人承擔債務之效力，因此僅須就拍定價額扣除承擔債務的差額，負擔繳納價金的義務。

至於對用益權，新強制執行法原則上採承受主義，規定：「不動產上原有的地上權、永佃權、地役權、典權及租賃關係隨同移轉。」蓋因此等用益權，性質上非如擔保物權，可以簡

單的計算其價值，並具體以價金補償，故採承受主義。惟如用
益權「但發生於設定抵押權之後，並對抵押權有影響，經執行
法院除去後拍賣者。」則例外採塗銷主義；蓋此等用益權，若
發生在抵押權之後（亦稱為中間用益權），則勢必降低不動產
的拍賣價額，嚴重影響抵押權人的利益，故新法明定經執行法
院以裁定除去後拍賣者，則歸消滅，以維護優先權人之地位。

　　惟用益權如發生於查封後，通常所見查封後，債務人往往
仍意圖僥倖，而將不動產租給第三人；有關查封後之用益權，
因直接違反查封效力，故不得對抗債權人；於拍賣後，不待執
行法院除去，即歸消滅。

　　但，如何判斷用益權到底是否發生於查封後？實務上常以
執行法院之查封筆錄為斷。惟債權人亦可自己舉證證明，以供
執行法院暸解。

第99條（不動產之點交）
債務人應交出之不動產，現為債務人占有或於查封後為第三
人占有者，執行法院應解除其占有，點交於買受人或承受
人；如有拒絕交出或其他情事時，得請警察協助。
第三人對其在查封前無權占有不爭執或其占有為前條第2項
但書之情形者，前項規定亦適用之。
依前二項規定點交後，原占有人復即占有該不動產者，執行
法院得依聲請再解除其占有後點交之。
前項執行程序，應徵執行費。

解說

　　所謂點交，係指拍賣不動產之執行法院直接解除債務人或第三人之占有，而交由買受人或承受人占有；使買受人或承受人得以迅速占有該不動產之執行程序。

點交的情形

　　點交的情形有四：

（一）**查封後占有不動產者**：任何第三人之占有不動產，若係在查封之後，則不論其占有之原因為何，均不得對抗查封之債權人，均得對之為點交。

　　　　實務上最常見者，係查封後，債務人或第三人提出查封之前所訂租賃契約，然查封當時，未見有依租賃關係而占有之情形；即，不論其租賃關係之真假如何，依查封筆錄之所載，查封當時既無依租賃而占有之情形，則縱租賃契約為真，其占有既在查封之後，該承租人仍屬查封後占有不動產之第三人，仍得對之為點交。

（二）**查封前占有不動產而具備一定要件之第三人仍得點交**，其要件有二：

　　1.第三人對其在查封前之無權占有並不爭執：即第三人之占有雖在查封前，但於執行法院調查時，對其無權占有並不爭執，亦未主張其他權利，則查封筆錄一經記載，執行法院即得對之為點交；縱此第三人於查封筆錄製作後，此第三人反悔，而為爭執，執行法院仍可點交。

　　　　但若第三人之占有，並非無權占有，而只係權源不明，則執行法院仍不得命點交，以免傷及合法權益。

　　2.第三人占有之權利業經執行法院依法排除者：第三人於

查封前，雖基於地上權、地役權、典權等用益物權，或準物權之租賃關係（用益權）而占有，但此等權利如發生於抵押權之後，並影響及抵押權人之利益，執行法院可以將以上用益權，依本法第98條第2項但書之規定除去後再拍賣。

則第三人之用益權既已被法院除去，自不能復行主張其有基於正當權源之占有關係；此種情形，執行法院亦得對之為點交。

（三）**債務人及其一般繼承人**：除以上兩種情形係對於第三人外，執行法院之點交，係針對債務人及其一般繼承人。

所謂債務人指執行債務人，即查封時之不動產所有人，而非實體關係上之債務人。

所謂一般繼承人，指執行債務人死亡後之繼承人；或公司合併後之繼受人。

（四）**債務人之輔助占有人**：點交既得對於債務人為之，自亦得對債務人之輔助占有人為之。

所謂債務人之輔助占有人，指債務人之受僱人、學徒或與債務人共同生活的家屬，或其他受債務人指示或協助債務人而對不動產有管領力之人。

故，債務人如為法人，其法定代理人或有限公司之董事占有不動產者，亦得視為債務人之輔助占有人，而對之為點交。

再行點交

執行法院解除債務人或第三人之占有，將不動產點交買受人或承受人後，原占有人復即占有該不動產者，執行法院得依

聲請再解除其占有後點交之。

　　惟再行點交必係原占有人復即占有該不動產者，因此，再行點交之相對人，必與原點交命令相對人同；如非原相對人，買受人應另行起訴，而不得聲請再行點交；亦必係原相對人復即占有，即短時間內復行占有，始可。

　　由於原執行名義，於執行點交完畢時，已經失效；故再行點交，係依本法第99條第3項之新執行名義，故應另行分案，並徵收執行費。

50臺抗字第284號：

　　強制執行程序中關於不動產之拍賣，其性質與因訴訟結果而為交付標的物之執行迥異，如該項拍賣之不動產為第三人所占有，除該第三人係為債務人而占有，或於實施查封後始行占有，應受點交命令之拘束者外，即非強制執行程序中所稱之債務人，執行法院尚難依強制執行法第99條規定，強使騰交該物與買受人或債權人。

第100條（不動產內未拍賣動產之點交）

房屋內或土地上之動產，除應與不動產同時強制執行外，應取去點交債務人或其代理人、家屬或受僱人。

無前項之人接受點交時，應將動產暫付保管，向債務人為限期領取之通知，債務人逾限不領取時，得拍賣之而提存其價金，或為其他適當之處置。

前二項規定，於前條之第三人適用之。

解說

　　不動產上之動產，除屬於不動產之成分或從物或與不動產併付拍賣，為查封或拍賣效力所及外；率多非不動產成分或從物，亦非與不動產併付拍賣之動產，自不得一併點交拍定人，而應取去點交予債務人，如債務人不在場時，應點交給其代理人、家屬、受僱人。

　　如債務人或其代理人、家屬、受僱人均不在場，無從點交時，應將動產暫付保管，暫時保管之方法，準用本法第59條之規定；再向債務人為限期領取之通知，命債務人限期領取。

　　若債務人逾限仍不領取時，執行法院可以將之拍賣，而提存其價金。亦可為其他適當的處置，例如無甚價值之物，拍賣恐怕無人應買，或縱有人應買，尚不及拍賣費用時，亦可拋棄。

參考資料

（一）強制執行法第59條：查封物之保管

　　查封之動產，應移置於該管法院所指定之貯藏所或委託妥適之保管人保管之。認為適當時，亦得以債權人為保管人。

　　查封物除貴重物品及有價證券外，經債權人同意或認為適當時，得使債務人保管之。

　　查封物交保管人時，應告知刑法所定損壞、除去或污穢查封標示或為違背其效力之行為之處罰。

　　查封物交保管人時，應命保管人出具收據。

　　查封物以債務人為保管人時，得許其於無損查封物之價值範圍內，使用之。

（二）44臺抗字第6號：

　　執行名義命債務人返還土地，雖未明白命其拆卸土地上之

房屋，而由強制執行法第125條所準用之第100條法意推之，該
執行名義當然含有使債務人拆卸房屋之效力。

第101條（書據之交出）
**債務人應交出書據而拒絕交出時，執行法院得將書據取交債
權人或買受人，並得以公告宣示未交出之書據無效，另作證
明書發給債權人或買受人。**

解說

　　不動產拍定或承受後，債務人已喪失所有權，自不宜繼續
保有證明不動產所有權之書據。

　　因此，執行法院於查封時，未追繳不動產書據者，應於發
給權利移轉證書時，命債務人交出書據。

　　債務人若拒絕交出，執行法院得以強力將書據取交，亦得
以公告宣示未交出的書據無效，另作證明書發給債權人或買受
人。

第102條（共有物應有部分之拍賣）
**共有物應有部分第一次之拍賣，執行法院應通知他共有人。
但無法通知時，不在此限。
最低拍賣價額，就共有物全部估價，按債務人應有部分比例
定之。**

解說

　　共有物應有部分第一次之拍賣，執行法院應通知他共有

人。

　　所謂他共有人，指債務人以外之其他共有人，使其他共有人知道共有物應有部分拍賣之事實，而參與拍賣，藉此消滅或減少共有關係；主要的考慮則是優先承購權。

　　因此，若區分所有的建築物（例如大樓或公寓中的一戶或數戶）與其基地的應有部分合併拍賣；則基地的共有人並無優先承購權；蓋基地部分只是不能分別拍定而已，故無通知的必要。

　　此項通知，僅於第一次拍賣為之即可：之後可不再通知。但若連第一次通知，也無法通知時，則不在此限。例如對共有人的住所為通知時，共有人已離去其住所。

　　又債務人為不動產共有物的分別共有人，債權人雖不得對共有物強制執行，但得對債務人之應有部分強制執行；惟有關共有物之應有部分之最低拍賣額，仍須就共有物全部估價，再依債務人應有部分的比例定之；即其鑑價，仍係共有物全部，再按債務人應有部分比例定最低拍賣價額。

參考資料

土地法第34條之1：共有物之處分、變更及負擔

　　共有土地或建築改良物，其處分、變更及設定地上權、永佃權、地役權或典權，應以共有人過半數及其應有部分合計過半數之同意行之。但其應有部分合計逾三分之二者，其人數不予計算。

　　共有人依前項規定為處分、變更或設定負擔時，應事先以書面通知他共有人；其不能以書面通知者，應公告之。

　　第1項共有人，對於他共有人應得之對價或補償，負連帶

清償責任。於為權利變更登記時，並應提出他共有人已為受領或為其提存之證明。其因而取得不動產物權者，應代他共有人申請登記。

共有人出賣其應有部分時，他共有人得以同一價格共同或單獨優先承購。

前四項規定，於公同共有準用之。

依法得分割之共有土地或建築改良物，共有人不能自行協議分割者，任何共有人得申請該管直轄市、縣（市）地政機關調處。不服調處者，應於接到調處通知後十五日內向司法機關訴請處理，屆期不起訴者，依原調處結果辦理之。

第103條（強制管理）

已查封之不動產，執行法院得因債權人之聲請或依職權，命付強制管理。

解說

不動產的強制管理係以其收益為執行對象，由管理人實施管理，以管理所得來清償債權，至於管理人則由執行法院選任。

由於不動產強制管理，通常收益不多，費時又久，故除對禁止讓與的不動產或超額、高額抵押權設定的不動產外，甚少採用。

已查封之不動產，若欲採用強制管理，執行法院得因債權人之聲請或依職權為之：

（一）依債權人之聲請為之：債權人之聲請得以言詞或書面，

均無不可；執行法院如許可債權人之聲請，應發強制管理命令；如不許可，則應以裁定駁回聲請。

債權人對於駁回聲請之裁定，得為抗告。

（二）依職權為之：執行法院依職權開始強制管理之情形有二：1.已查封之不動產，執行法院認為以強制管理為適當者得以職權命付強制管理。2.經兩次減價而未拍定之不動產，若債權人不願承受或依法不得承受時，應命為強制管理。

強制執行法第95條：再行拍賣

經二次減價拍賣而未拍定之不動產，債權人不願承受或依法不得承受時，執行法院應於第二次減價拍賣期日終結後十日內公告願買受該不動產者，得於公告之日起三個月內依原定拍賣條件為應買之表示，執行法院得於詢問債權人及債務人意見後，許其買受。債權人復願為承受者，亦同。

前項三個月期限內，無人應買前，債權人亦得聲請停止前項拍賣，而另行估價或減價拍賣，如仍未拍定或由債權人承受，或債權人未於該期限內聲請另行估價或減價拍賣者，視為撤回該不動產之執行。

第94條第2項、第3項之規定，於本條第1項承買準用之。

第104條（強制管理對債務人及第三人之效力）

命付強制管理時，執行法院應禁止債務人干涉管理人事務及處分該不動產之收益，如收益應由第三人給付者，應命該第

三人向管理人給付。

前項命第三人給付之命令，於送達於該第三人時發生效力。

解說

強制管理係以不動產之收益為執行對象，所謂收益不以現在之收益為限，包括強制管理後能收益者在內。

惟不動產收益，僅限於不動產本身之天然孳息或法定孳息；不包括基於營業權而產生的營業收入。且此不動產之天然孳息及法定孳息，不能已為其他財產權的執行標的。

若不動產的天然孳息或法定孳息已經其他債權人聲請強制執行，則亦不得命為強制管理。

執行法院對已查封的不動產命為強制管理時，執行法院應禁止債務人干涉管理人事務及處分該不動產的收益。即，強制管理命令送達債務人後，債務人即喪失其對該不動產管理收益及處分收益的權能。因此債務人對未收穫的天然孳息不得再行收穫；對於尚未給付的法定孳息，亦均不得再行收取。

如收益應由第三人給付者，應命第三人向管理人給付；第三人則於接到強制管理命令時，不得再對債務人續為給付；否則，其續為給付不得對抗管理人，即，管理人得再請求給付。

民法第69條：天然孳息與法定孳息

稱天然孳息者，謂果實、動物之產物，及其他依物之用法所收穫之出產物。

稱法定孳息者，謂利息、租金及其他因法律關係所得之收益。

第105條（管理人選任）

管理人由執行法院選任之。但債權人得推薦適當之人。

執行法院得命管理人提供擔保。

管理人之報酬，由執行法院詢問債權人及債務人意見後定之。

解說

管理人由執行法院選任，但債權人得推薦適當之人。

執行法院選任管理人，應得被選任者同意；但自然人及法人均得為管理人。

管理人之報酬，由執行法院詢問債權人及債務人的意見後定之，惟應參酌社會交易之行情為之。

第106條（一人管理與數人管理）

強制管理，以管理人一人為之。但執行法院認為必要時，得選任數人。

管理人有數人時，應共同行使職權。但執行法院另以命令定其職務者，不在此限。

管理人共同行使職權時，第三人之意思表示，得僅向其中一人為之。

解說

管理人究為一人或數人為宜，由執行法院依各具體情形，斟酌決之。惟管理人有數人時，除了執行法院另以命令決定各人之職務外，應共同行使職權。

管理人共同行使職權時，第三人的意思表示不必向全體管

理人為全部送達，得僅向其中一人為之即可。

第107條（對管理人之監督）
執行法院對於管理人，應指示關於管理上必要之事項，並監督其職務之進行。
管理人將管理之不動產出租者，應以書面為之，並應經執行法院之許可。
執行法院為前項許可時，應詢問債權人及債務人之意見。但無法通知或屆期不到場者，不在此限。

解說

　　由於強制管理之執行機關仍為執行法院，故，管理人係基於執行法院之授權，以自己之名義與責任，協助執行法院，就具體之管理行為為直接之行使，故管理人法律上之地位應屬執行法院之輔助機關。

　　為此，執行法院對管理人，應指示其關於管理上必要事項，及監督其職務之進行。故利害關係人對管理人之各個具體管理行為，如有認為不當或損害，均得聲請執行法院對管理人直接行使監督權，而非直接對執行法院聲明異議。

　　而管理人對不動產之強制管理，包括管理與收益；所謂管理，指不變更標的物或權利性質，加以利用或改良：所謂收益，指基於不動產之利用，便生天然孳息，或法定孳息。而有關法定孳息部分，尤以與第三人訂立租賃契約為最主要。

　　因此，管理人將管理的不動產出租者，應訂立書面，並應經執行法院許可。執行法院為許可時，應詢問債權人及債務人

之意見，但有無法通知或屆期不到場者，不在此限。

（一）民法第421條：租賃

稱租賃者，謂當事人約定，一方以物租與他方使用收益，他方支付租金之契約。

前項租金，得以金錢或租賃物之孳息充之。

•理由：

謹按租賃者。當事人約定一方以物租與他方使用（例如房屋），或收益（例如田地），他方支付租金之契約也。其當事人有二：曰出租人，即以物供他方之使用或收益，而收取租金者也。曰承租人，即支付租金以使用他人之物或就他人之物而為收益者也。雙方互相約定，契約即已成立，故設第1項明定其意義。

租金種類之充當，法律上亦有明定之必要，故設第2項以明示其旨。

（二）46臺上字第519號：

因使用租賃物而支付之對價，即為租金，其約定之名稱如何，原非所問。上訴人使用系爭房屋，依調解結果，按月應給付被上訴人稻穀150臺斤，不得謂非使用房屋之對價，應不因其名為補貼而謂非屬租金性質。

（三）48臺上字第1258號：

租賃，乃特定當事人間所締之契約，出租人既不以所有人為限，則在租賃關係存續中，關於租賃上權利之行使，例如欠租之催告，終止之表示等項，概應由締結契約之名義人行之，始能生效。

（四）民法第422條：不動產租賃

不動產之租賃契約，其期限逾一年者，應以字據訂立之，未以字據訂立者，視為不定期限之租賃。

• 理由：

查民律草案第637條理由謂存續期間，逾一年之不動產租賃契約，於當事人之利害極有關係，應使其訂立字據，藉防日後之爭論。其未訂立字據者，則應視為不定期限之租賃，當事人自得隨時終止契約。故設本條以明示其旨。

（五）30渝上字第311號：

土地之租賃契約，以承租人自行建築房屋而使用之為其目的者，非有相當之期限不能達其目的，故當事人雖未明定租賃之期限，依契約之目的，探求當事人之真意，亦應解為定有租至房屋不堪使用時為止之期限，惟應受民法第449條第1項之限制而已。至民法第422條，固規定不動產之租賃契約，其期限逾一年者，應以字據訂立之，未以字據訂立者，視為不定期限之租賃。然以字據訂立之土地租賃契約，依字據所載契約之目的，解為定有一年以上之租賃期限，仍無背於該條規定之本旨。

（六）民法第449條：租賃最長期限

租賃契約之期限，不得逾二十年，逾二十年者，縮短為二十年。

前項期限，當事人得更新之。

租用基地建築房屋者，不適用第1項之規定。

（七）29上字第1731號：

租賃契約之期限不得逾二十年，其逾二十年者，縮短為二十年，民法第449條第1項定有明文。租賃契約訂明年限不

定，只許客辭主，不許主辭客者，縱可解為以租賃物存在之時期為其租賃期限，但其期限逾二十年者，應縮短為二十年。依民法第450條第1項之規定，其租賃關係於二十年屆滿時消滅，如二十年屆滿後已依民法第451條視為以不定期限繼續契約者，依民法第450條第2項之規定，出租人亦得隨時終止契約。

（八）62臺上字第3128號：

民法第449條第1項所定租賃契約之期限不得逾二十年，係指定有期限之租賃而言，條文文義甚明。司法院院字第536號解釋及本院30年渝上字第311號判例，亦係就定期租賃而為。

（九）民法第450條：租賃契約之消滅

租賃定有期限者，其租賃關係，於期限屆滿時消滅。

未定期限者，各當事人得隨時終止契約。但有利於承租人之習慣者，從其習慣。

前項終止契約，應依習慣先期通知。但不動產之租金，以星期、半個月或一個月定其支付之期限者，出租人應以曆定星期、半個月或一個月之末日為契約終止期，並應至少於一星期、半個月或一個月前通知之。

（十）37上字第7729號：

租賃契約屆滿後，如非有民法第451條所定視為以不定期限繼續契約之情形，則其租賃關係，應依同法第450條第1項規定，於租期屆滿時消滅，不受土地法第100條所定各款之限制，業經司法院院解字第3489號解釋有案。雖原判決成立於該解釋發表以前，而係以司法院院解字第3238號解釋為依據，但第3489號解釋，已將第3238號解釋所持之見解變更，則土地法第100條規定，實應解為不包含定有期限之租賃契約在內。原審乃以兩造所訂定有期限之租賃契約，應與未定期限之租賃契

約，同受土地法第100條規定之限制，不問其有無民法第451條規定之情形，不容以期限屆滿而主張租賃關係消滅收回房屋，自嫌未合。

（十一）土地法第100條：出租人收回房屋之限制

出租人非因下列情形之一，不得收回房屋：

一、出租人收回自住或重新建築時。

二、承租人違反民法第443條第1項之規定，轉租於他人時。

三、承租人積欠租金額，除以擔保金抵償外，達二個月以上時。

四、承租人以房屋供違反法令之使用時。

五、承租人違反租賃契約時。

六、承租人損壞出租人之房屋或附著財物，而不為相當之賠償時。

（十二）院解字第3953號：

未定期之房屋租賃，約定出租人於一個月前通知承租人應行遷讓者，仍應依土地法第100條辦理，如終止租約之表示，在房屋租賃條例施行後到達者，應依該條例辦理。

（十三）土地法第114條：不定期耕地租賃契約終止之限制

依不定期限租用耕地之契約，僅得於有下列情形之一時終止之：

一、承租人死亡而無繼承人時。

二、承租人放棄其耕作權利時。

三、出租人收回自耕時。

四、耕地依法變更其使用時。

五、違反民法第432條及第462條第2項之規定時。

六、違反第108條之規定時。

七、地租積欠達二年之總額時。

（十四）41臺上字第223號：

　　承租人將其承租之耕地一部變更原狀占為己有者，對於該部分係使出租人失其間接占有人之地位，致其土地所有權失其從來之圓滿狀態，不得謂承租人非違反民法第432條之規定，出租人自得依土地法第114條第5款終止租用耕地契約。

（十五）耕地三七五減租條例第17條：租期屆滿前之終止

　　耕地租約在租佃期限未屆滿前，非有下列情形之一不得終止：

一、承租人死亡而無繼承人時。

二、承租人放棄耕作權時。

三、地租積欠達二年之總額時。

四、非因不可抗力繼續一年不為耕作時。

五、經依法編定或變更為非耕地使用時。

　　依前項第5款規定，終止租約時，除法律另有規定外，出租人應給予承租人下列補償：

一、承租人改良土地所支付之費用。但以未失效能部分之價值為限。

二、尚未收穫農作物之價額。

三、終止租約當期之公告土地現值，減除土地增值稅後餘額三分之一。

（十六）51臺上字第2829號：

　　司法院大法官會議釋字第78號係就耕地三七五減租條例第17條第2款所為之解釋，上訴人放棄耕作權既與該條之規定有牴觸，本難認為有效，不因該號解釋公布在後，而受影響有所

差別。

（十七）耕地三七五減租條例第19條：租約期滿時承租人之保護

耕地租約期滿時，有下列情形之一者，出租人不得收回自耕：

一、出租人不能自任耕作者。

二、出租人所有收益足以維持一家生活者。

三、出租人因收回耕地，致承租人失其家庭生活依據者。

出租人為擴大家庭農場經營規模，得收回與其自耕地同一或鄰近地段內之耕地自耕，不受前項第2款規定之限制。

出租人依前項規定收回耕地時，準用第17條第2項規定補償承租人。

出租人不能維持其一家生活而有第1項第3款情事時，得申請鄉（鎮、市、區）公所耕地租佃委員會予以調處。

（十八）47臺上字第732號：

耕地租約期滿時，如出租人有自耕能力，且其所有收益不足維持一家生活者，依法固得主張收回自耕，但承租人倘因地被收回致家庭生活失所依據，亦非兩全之道，故法院為兼顧業、佃利益起見，酌情命為一部收回，一部續租之判決，仍非法所不許。

（十九）52臺上字第834號：

耕地租約期滿時，如出租人不能自任耕作者，不得收回自耕，耕地三七五減租條例第19條第1項第1款定有明文。所謂不能自任耕作，不僅指無耕作能力而須雇工耕作者而言，即出租人之住居所與耕地距離過遠，依日常經驗，不能自任耕耘收割者，亦包括在內。

（二十）51臺上字第582號：

　　耕地三七五減租條例第19條第1項第1款所謂不能自任耕作，係屬事實認定問題，其立證方法，非得由第三人出具保證書代之，苟不能自任耕作，則關於出租人收益是否不足維持一家生活，及收回後是否不致使承租人失其家庭生活依據，要非所問。

（二一）52臺上字第1240號：

　　耕地租約期滿時，出租人申請收回耕地，主管機關審核其所有收益是否足以維持一家生活，固應以租約期滿前一年之綜合所得（因期滿當年之綜臺所得額倘未申報及核定關係）及全年生活費支出之情形為準，但若因收回耕地而涉訟，事實審法院依法調查證據之結果，出租人之收支情形已有變更者，自非不得以其結果為裁判之依據。

（二二）釋字第128號解釋：

　　行政機關就耕地三七五減租條例第19條所為耕地准否收回自耕之核定與調處，出租人、承租人如有不服，應循行政訟爭程序請求救濟。

（二三）61臺上字第1605號：

　　當事人對於行政機關依耕地三七五減租條例第19條所為，准予收回自耕之核定並無不服，僅承租人不遵照核定交還土地者，原出租人另行起訴，於取得執行名義後聲請法院執行，自無不可。

（二四）行63判字第799號：

　　耕地租約期滿時，如業、佃雙方均係生活困難，出租人並非絕對不得收回自耕。行政院（49）內字第7226號令所謂：「承租人與其同居一家，而以永久共同生活為目的之人，綜合

所得額內扣除收回耕地部分之所得額後，能否支應承租人及與其同居一家而以永久共同生活為目的之人全年生活費用」，係就承租人是否因收回耕地而失其家庭生活依據所定之標準，並不排斥耕地三七五減租條例第19條第2項之適用。

第108條（管理人之撤換）
管理人不勝任或管理不適當時，執行法院得解除其職務或更換之。

解說

　　所謂管理人不勝任，包括其身心障礙，及其他具體情形，可認已不勝任者，例如長久不在國內。

　　所謂管理不適當，可依利害關係人之陳報或執行法院依職權，就具體事項而為判定，例如管理人侵占收益、虛偽報告，或未即時將收益交給債權人；及其他重要事由，認有必要者，執行法院得解除其職務或更換之。

第109條（管理人之職權）
管理人因強制管理及收益，得占有不動產，遇有抗拒，得請執行法院核辦，或請警察協助。

解說

　　總括而言，管理人之職權有三：
（一）管理收益：管理人對不動產有管理及收益之權。如收益

為金錢以外之物，並得將之換價，用以分配給債權人。

（二）**占有不動產**：管理人因強制管理及收益，得占有不動產，遇有抗拒，得請執行法院核辦，或請警察協助，又可分為兩種情形：

1. **占有人為債務人**：債務人包括與債務人共同生活之家屬。管理人占有不動產，得逕行強制排除債務人的占有，不須另行取得執行名義。

2. **占有人為第三人**：第三人之占有，若係無權占有，管理人得請求其交付不動產，第三人如仍不交付，管理人應另行取得執行名義後，始得聲請強制執行。第三人若為有權占有，則管理人除提起訴訟，取得執行名義而為強制執行外，亦得於該第三人因占有不動產而有支付金錢之義務時，例如第三人係基於租賃關係，則管理人應對第三人之支付租金，以為收益行為。

（三）**就管理行為為訴訟**：管理人基於管理或收益之必要，得以自己名義提起訴訟，請求第三人給付或排除其侵害。管理人之起訴，與破產管理人起訴之法律性質相同。

參考資料

（一）民法第940條：占有人

對於物有事實上管領之力者，為占有人。

• 理由：

查民律草案第1261條理由謂占有之意義，古今學說暨立法例均不一致。本法以事實上管領物之人為占有人，不問其為自己，抑為他人，均保護之，所以重公益也。但占有輔助人，例如僱工承僱主之命管領其物，則不得為占有人。故設本條以明

示其旨。

（二）44臺上字第721號：

強制執行法第15條所謂就執行標的物有足以排除強制執行之權利者，係指對於執行標的物有所有權、典權、留置權、質權存在情形之一者而言。占有依民法第940條之規定，不過對於物有事實上管領之力，自不包含在內。

（三）53臺上字第861號：

占有僅占有人對於物有事實上管領力為已足，不以其物放置於一定處所，或標示為何人占有為生效條件。苟對於物無事實上管領力者，縱令放置於一定處所，並標示為何人占有，亦不能認其有占有之事實。

（四）民法第941條：間接占有人

質權人、承租人、受寄人、或基於其他類似之法律關係，對於他人之物為占有者，該他人為間接占有人。

（五）43臺上字第176號：

租賃物交付後，承租人於租賃關係存續中，有繼續占有其物而為使用收益之權利。故其占有被侵奪時，承租人自得對於無權占有之他人，行使其占有物返還請求權，此就民法第423條、第941條及第962條等規定觀之甚明。

（六）民法第942條：占有輔助人

受僱人、學徒、家屬或基於其他類似之關係，受他人之指示，而對於物有管領之力者，僅該他人為占有人。

• 理由：

查民律草案第1266條理由謂僱用人、學徒等，須從主人之指示，乃主人之機關，非主人之代理人。若為主人管領物品時，主人為完全占有人，此等人並非直接占有人也。故設本條

以明示其旨。

- 修正理由：

1.民法上之占有以占有人是否親自占有為區別標準，可分為自己占有與輔助占有。凡占有人親自對於其物為事實上之管領者謂之自己占有：反之，對於其物，係基於特定之從屬關係，受他人指示而為占有者，謂之輔助占有。民法第942條即為輔助占有之規定。

2.查民律草案第1266條理由謂僱用人、學徒等，須從主人之指示，乃主人之機關，非主人之代理人。若為主人管領物品時，主人為完全占有人，此等占有輔助人並非直接占有人也。民國18年民法物權編立法時，立法者未察竟將之完全照抄以致有誤。

3.實務上，最高法院在65年臺抗字第163號判例中直接以「受僱人」一詞而並未使用「僱用人」一詞，亦可說明最高法院之見解。即最高法院若無堅強有力之理論基礎，其決不敢斷然採取與實證法律規定完全相反之見解。

4.民法第942條之錯誤，可謂為凡習法之人無不知，而非習法之人則幾乎無人知，爰予修正。

（七）65臺抗字第163號：

所謂輔助占有人，重在其對物之管領，係受他人之指示，至是否受他人之指示，仍應自其內部關係觀之，所謂內部關係，即民法第942條所指受僱人、學徒或其他類似關係。再抗告人雖為債務人之女，並與之住於同一屋內，但其本人如確已結婚成家獨立生活，而無從自內部關係證明其使用被執行之房屋係受債務人之指示時，尚難謂該再抗告人為債務人之輔助占

有人。

（八）民法第943條：占有權利之推定

占有人於占有物上行使之權利，推定其適法有此權利。

前項推定，於下列情形不適用之：

一、占有已登記之不動產而行使物權。

二、行使所有權以外之權利者，對使其占有之人。

（九）39臺上字第127號：

占有人以占有之事實，而主張占有物之所有權者，必爭執此所有權之人無相反之證明，或其所提出之反證無可憑信，始依民法第943條規定，生推定之效力。

第110條（收益的清償順序及分配）

管理人於不動產之收益，扣除管理費用及其他必需之支出後，應將餘額速交債權人；如有多數債權人參與分配，執行法院認為適當時，得指示其作成分配表分配之。

債權人對於前項所交數額有異議時，得向執行法院聲明之；如債權人於前項分配表達到後三日內向管理人異議者，管理人應即報請執行法院分配之。

第一項收益，執行法院得依債務人或其共同生活之親屬之聲請，酌留維持其生活所必需之數額，命管理人支付之。

解說

管理人對不動產之收益，於扣除管理費用及必要開支後，應盡速分配給債權人。

所謂管理費用，指強制管理所必需之費用，例如管理人的

報酬。

　　所謂其他必需之支出，指管理費用外，為不動產所支付之一切必要費用，例如不動產的稅捐等。

　　債權人如僅一人，管理人對收益餘額固然只有交付的問題，若債權人有數人參與分配，執行法院得視狀況，或認為由管理人分配適當，應具體指示管理人製作分配表分配之；執行法院如認為由管理人分配不適當，亦得自行分配。

　　債權人對於管理人所交付的數額有異議時，得向執行法院聲明之。

　　所謂對交付的數額有異議，包括對不動產收益數額、管理費用及必要支出等數額有異議。

　　又，由於管理人僅為執行法院的輔助機關，並無處理當事人異議的權限，故，債權人對其所作分配表若無異議，管理人固可依分配表為之；若債權人對其所作分配表有異議，則管理人所為之分配表即因之失效。故債權人對管理人分配表之異議應逕向執行法院為之；若債權人直接向管理人為之時，管理人亦應亦即轉由執行法院處理。

　　若有其他債權人，於強制管理中要參與分配，應直接向執行法院聲請，再由執行法院通知管理人分配。

　　不過，有執行名義的債權人固得參與分配，若不動產上有抵押權等優先權人欲參與分配，亦應於取得執行名義後始可。而非如強制拍賣時，係本法第34條第2項規定擔保物權等優先權，因拍賣而消滅，而有許其於無執行名義時參與分配之必要。

　　如債權人對於分配表之異議，係於分配表到達後3天內向管理人異議者，管理人因無處理爭議之權，管理人應即時報由

執行法院分配。本規定之期間並非不變期間，原則上若管理人之分配尚未開始，則縱逾期，尚不生失權效果。

　　不動產收益，執行法院得依債務人或其共同生活親屬的聲請，酌留維持其生活所必需的數額，命管理人支付。惟執行法院適用本規定，須審酌債務人或其親屬是否確因強制管理影響其生計；酌留的數額，則應以社會最基本的生活數額定之；且須依債務人或其親屬的聲請，不得逕依職權為之。

強制執行法第34條：參與分配之程序

　　有執行名義之債權人聲明參與分配時，應提出該執行名義之證明文件。

　　依法對於執行標的物有擔保物權或優先受償權之債權人，不問其債權已否屆清償期，應提出其權利證明文件，聲明參與分配。

　　執行法院知有前項債權人者，應通知之。知有債權人而不知其住居所或知有前項債權而不知孰為債權人者，應依其他適當方法通知或公告之。經通知或公告仍不聲明參與分配者，執行法院僅就已知之債權及其金額列入分配。其應徵收之執行費，於執行所得金額扣繳之。

　　第2項之債權人不聲明參與分配，其債權金額又非執行法院所知者，該債權對於執行標的物之優先受償權，因拍賣而消滅，其已列入分配而未受清償部分，亦同。

　　執行法院於有第1項或第2項之情形時，應通知各債權人及債務人。

第111條（管理人收支計算書之呈送）

管理人應於每月或其業務終結後，繕具收支計算書，呈報執行法院，並送交債權人及債務人。

債權人或債務人對於前項收支計算書有異議時，得於接得計算書後五日內，向執行法院聲明之。

解說

執行法院對於管理人提出的收支計算書，應依職權監督或調查，如認有所不實或不當，應命管理人更正或補充；債權人或債務人對收支計算書異議的五天期間，應為通常的法定期間，逾期而未異議，除法院本於監督權，主動命管理人更正外，應認為承認管理人對收益的處理，承諾解除管理人就收支計算書之責任。

不過，亦有學者認為此五天期間係不變期間；本書以為，既然執行法院仍得本以監督權，指示管理人更正，則縱使逾期，顯然並非完全發生失權效果，故應為通常之法定期間，而非不變期間。

第112條（強制管理之終結與撤銷）

強制執行之債權額及債務人應負擔之費用，就不動產之收益已受清償時，執行法院應即終結強制管理。

不動產之收益，扣除管理費用及其他必需之支出後，無賸餘之可能者，執行法院應撤銷強制管理程序。

解說

　　強制管理除債權人撤回強制執行或強制執行程序被撤銷外，因下列兩種原因而消滅：

（一）**全部清償**：即強制執行之債權額及債務人應負擔之費用已受清償，則強制管理目的已經完成，自應終結管理。

（二）**管理無實益**：即強制管理所得之收益，如扣除管理費用及其他必要支出後已無膳餘，為免雪上加霜，應避免此無益之執行程序，而依法終結。

　　強制管理有以上終結的原因者，執行法院應即撤銷強制管理；撤銷後，債務人回復管理收益權，管理人不得再為管理收益。

　　日本規定之撤銷，非如一般法律行為之撤銷有溯及消滅之效力，而係單向將來生效，故撤銷前管理人所為的行為仍然有效。

　　因此，管理人與第三人所定的租賃契約，效力仍及於債務人。

參考資料

（一）民法第309條：清償

　　依債務本旨，向債權人或其他有受領權人為清償，經其受領者，債之關係消滅。

　　持有債權人簽名之收據者，視為有受領權人。但債務人已知或因過失而不知其無權受領者，不在此限。

（二）42臺上字第843號：

　　債之清償雖得由第三人為之，但第三人代為之清償，仍須依債務之本旨，如以他種給付代原定之給付，自非得債權人之

承諾不可。

（三）48臺上字第190號：

　　債務人依債務本旨，向債權人以外有受領權之第三人為清償，並經其受領者，依民法第309條第1項，固使債之關係趨於消滅，惟該第三人如非基於受領權，而係受債務人委任代向債權人本人而為清償時，則債之關係是否消滅，仍應視債權人實際已否受領清償為斷。

（四）66臺上字第1893號：

　　法定代理人通常固有受領清償之權限，如為意定代理人，受領權之有無，尚應依授與代理權之範圍定之。

> **第113條**（準用動產執行之規定）
> 不動產之強制執行，除本節有規定外，準用關於動產執行之規定。

解說

　　不動產的強制執行，除本節有特別規定者外，其餘準用關於動產執行的規定。

參考資料

（一）57臺上字第3129號：

　　拍賣不動產，依強制執行法第113條準用第63條，及辦理強制執行案件應注意事項第28條等規定，應通知債權人及債務人於拍賣期日到場，通知須以送達方法行之，作成送達證書附卷，若有應通知而不通知，或通知未經合法送達者，均為違反

強制執行時應遵守之程序，未受通知或未受合法通知之當事人，均得對之聲明異議。

（二）68臺上字第3079號：

不動產實施查封後，就查封物所為之移轉、設定負擔或其他有礙執行效果之行為，對於債權人不生效力，強制執行法第113條、第51條第2項定有明文。故不動產物權之移轉，在法院實施查封前，雖已聲請登記，但尚未完成，至查封後始登記完成者，尚不得據以對抗債權人。債權人即非不得訴請法院塗銷其登記。

第四節　對於船舶及航空器之執行

船舶及航空器，在實體法中，原為動產，本應依本法第二章第二節對於動產執行的規定強制執行。惟因其價值常甚為鉅大，故不論中外，均另設特別規定，使其得準用不動產執行的規定，而有別於動產的執行。此本節所由設也。

第114條（船舶的強制執行）

海商法所定之船舶，其強制執行，除本法另有規定外，準用關於不動產執行之規定；建造中之船舶亦同。

對於船舶之強制執行，自運送人或船長發航準備完成時起，以迄航行完成時止，仍得為之。

前項強制執行，除海商法第四條第一項但書之規定或船舶碰撞之損害賠償外，於保全程序之執行名義，不適用之。

解說

何謂海商法所定之船舶？

所謂海商法所定之船舶指其具備以下四要件之船舶者：

（一）**供航行之用**：若非供航行之用，如邇來盛行的海上旅館等，均非屬海商法之船舶。

若原來雖供航行之用，但強制執行程序進行時，已非供航行之用，如待解體之舊船或擱淺後之報廢船等，僅須適用對動產之執行程序即可。

（二）**須在海上航行或在與海相通之水面或水中航行**：否則，若係如僅能航行於內湖（如日月潭）之船舶，皆非海商法所定的船舶。

（三）**動力船舶總噸位20噸以上，非動力船舶50噸以上**：未達此標準之船舶，僅得適用動產執行之規定。

（四）**須非專供軍用或公務用之船舶**：例如軍艦或緝私船等，亦非海商法上所定之船舶。

參考資料

（一）海商法第1條：船舶

本法稱船舶者，謂在海上航行，或在與海相通之水面或水中航行之船舶。

（二）院字第186號：

對於船舶之強制執行準用關於不動產執行之規定者，應以本條所稱依海商法規定之船舶為限。

（三）院字第807號：

僅能航行內河之船舶，其總噸數雖超過本法第3條第1款之限制，亦不適用海商法。

（四）海商法第3條：排除規定

下列船舶除因碰撞外，不適用本法之規定：

一、船舶法所稱之小船。

二、軍事建制之艦艇。

三、專用於公務之船舶。

四、第1條規定以外之其他船舶。

（五）51臺上字第2242號：

系爭漁船之總噸數僅有5.09噸，依海商法第3條第1款規定，即不得認係海商法上之船舶，而應視為民法上所稱動產之一。其權利之取得，亦不以作為書面並經主管官署蓋章證明為要件。

何謂建造中之船舶？

所謂建造中之船舶，指自安放龍骨或相當於安放龍骨之時起，至成為海商法所定的船舶時止之船舶。

參考資料

船舶登記法第50條：建造中船舶之登記

登記建造中船舶之抵押權，應記載下列各款於申請書，向建造地航政主管機關申請之：

一、船舶之種類。

二、計畫之長度、寬度及深度。

三、計量之容量。

四、建造地。

五、造船者之姓名、住、居所；如造船者為法人時，其名稱及事務所。

六、登記原因及其年、月、日。

七、登記之目的。

八、登記之機關。

九、申請之年、月、日。

十、申請人之姓名、年齡、籍貫、住、居所；如係法人時，其名稱及事務所。

十一、由代理人申請時，代理人之姓名、年齡、籍貫、住、居所。

前項第1款至第5款應附送造船者所給之證明文件。

何謂海商法第4條第1項但書規定？

所謂海商法第4條第1項但書規定，指為使航行可能所生之債權。例如為準備航行所購置之糧食、添加之油料，或修繕所生之債權等。

海商法第4條：船舶之強制執行

船舶保全程序之強制執行，於船舶發航準備完成時起，以迄航行至次一停，泊港時止，不得為之。但為使航行可能所生之債務，或因船舶碰撞所生之損害，不在此限。

國境內航行船舶之保全程序，得以揭示方法為之。

何謂船舶碰撞所致之損害賠償？

有關船舶碰撞之原因，須非因不可抗力所引起者，如係因不可抗力，例如颱風所引起者，則無損害賠償之問題；若係另一船舶之過失所致之碰撞，則由該應負責之船舶負損害賠償責任。

参考資料

（一）海商法第95條：因不可抗力之碰撞

碰撞係因不可抗力而發生者，被害人不得請求損害賠償。

（二）海商法第96條：一船過失

碰撞係因於一船舶之過失所致者，由該船舶負損害賠償責任。

（三）海商法第97條：共同過失

碰撞之各船舶有共同過失時，各依其過失程度之比例負其責任，不能判定其過失之輕重時，各方平均負其責任。

有過失之各船舶，對於因死亡成傷害所生之損害，應負連帶責任。

（四）17解字第119號：

船員執行職務應受船長之監督，而引水人非船員，惟因熟悉某種航線為人僱用，如輪船係照引水人認定之路線航行，設有兩輪相遇，其指揮責任視過失屬於何人而定。

（五）海商法第99條：時效

因碰撞所生之請求權，自碰撞日起算，經過兩年不行使而消滅。

（六）海商法第100條：加害船舶之扣押

船舶在中華民國領海內水港口河道內碰撞者，法院對於加害之船舶，得扣押之。

碰撞不在中華民國領海內水港口河道內，而被害者為中華民國船舶或國民，法院於加害之船舶，進入中華民國領海，得扣押之。

前兩項被扣押船舶得提供擔保，請求放行。

前項擔保，得由適當之銀行或保險人出具書面保證代之。

（七）海商法第101條：管轄法院

關於碰撞之訴訟，得向下列法院起訴：

一、被告之住所或營業所所在地之法院。

二、碰撞發生地之法院。

三、被告船舶船籍港之法院。

四、船舶扣押地之法院。

五、當事人合意地之法院。

船舶的強制執行？

對於船舶的強制執行，略可分為兩個階段：

保全執行與終局執行。

即本條規定之旨，謹略述如次：

（一）保全執行：包括假扣押及假處分等程序

船舶之查封，須使船舶停泊於指定處所；因此，若船舶已完成啟航準備，則因為旅客已登船、貨物已裝船，為確保旅客及貨主權益；自發航準備完成迄航行終了的期間內，除：1.為使船舶航行可能所生的債務；2.因船舶碰撞的損害賠償。兩種原因，仍得為保全執行外；其餘原因，原則上，則不許為保全執行。

所謂「發航準備完成」，指客船其旅客已上船，貨船其貨物已裝載完畢；艙口封閉，船員就緒，均已具備出航所必需的事宜及法律上要件。

所謂航行完成，有採預定航程主義與航段主義之分。前者之航行完成，指繼續至已訂定的運送契約終了為止；後者之航行完成，即船舶到達每一航段的預定停泊港，即屬航行完成。

目前我國實務上採航段說，認為船舶到達預定停泊港，即

屬航行完成。

（二）終局執行：

　　對船舶之終局執行，與前述保全執行不同，並無查封時間之特別限制，即只須船舶在我國領域內，即可為終局執行；縱於發航準備完成時起至航行完成時止，亦得為之。

法律適用

　　由於以上規定與海商法之規定不同；因強制執行法就強制執行事件係特別法，於時間上又係後法；故依特別法優於普通法，後法優於前法之原則，應適用強制執行法。

海商法第4條：船舶強制執行之限制

　　船舶保全程序之強制執行，於船舶發航準備完成時起，以迄航行至次一停泊港時止，不得為之。但為使航行可能所生之債務，或因船舶碰撞所生之損害，不在此限。

　　國境內航行船舶之保全程序，得以揭示方法為之。

第114條之1（船舶查封之管理）

船舶於查封後，應取去證明船舶國籍之文書，使其停泊於指定之處所，並通知航政主管機關。但經債權人同意，執行法院得因當事人或利害關係人之聲請，准許其航行。

債務人或利害關係人，得以債權額及執行費用額或船舶之價額，提供擔保金額或相當物品，聲請撤銷船舶之查封。

前項擔保，得由保險人或經營保證業務之銀行出具擔保書代之。擔保書應載明債務人不履行義務時，由其負責清償或併

賠償一定之金額。

依前二項規定撤銷船舶之查封時，得就該項擔保續行執行。

如擔保人不履行義務時，執行法院得因債權人之聲請，逕向擔保人為強制執行。

第二項、第三項係就債權額及執行費用額提供擔保者，於擔保提出後，他債權人對該擔保不得再聲明參與分配。

第一項但書情形，不影響海商法第二十四條第一項第一款之優先受償權。

解說

（一）查封之方法：

不動產之查封方法有揭示、封閉及追繳契據三種。

而船舶因具有高度的移動性，本質上與一般不動產不同，故其查封方法有二：

1. 揭示：依海商法第4條第2項規定，國境內航行船船之假扣押，得僅以揭示方法為之。

2. 取去證明船舶國籍之文書，使其停泊於指定之處所：就船舶之終局執行，或非航行國內船舶之假扣押，應予揭示，於揭示行為完成時，發生查封之效力。

   惟查封後應取去其證明船舶國籍之文書，使其停泊於指定之處所；以確保船舶所在，防止查封後逃逸。

   船長如拒絕交付船籍國證書者，執行法院人員得進入船舶，搜索船籍國證書的所在。

以上二方法，有關揭示之方法，係查封之必要處分，即如未揭示查封公文，並不發至查封效力。

至有關取去船籍國證書，則僅係查封處外之附隨處分，如

未取去證書，亦不違反查封效力。

　　執行法院於查封後，應即時通知航政主管機關。

（二）查封之效力：

　　船舶之查封，除限制債務人之處分外，並拘束船舶之航行。

　　是，船舶查封後，發生禁止債務人處分之效力。

　　船舶查封之效力，及於船舶之從物或船舶之屬具。

　　惟船舶查封後，固得限制債務人之處分權，使船舶停泊於一定之場所。此於船舶係由債務人自己營運者，或債務人仍保有對於船長之選任、監督之權的傭船契約，固無問題。

　　若是光船租賃契約，因傭船人對船舶有獨立占有之權源，且係自行選任、監督船長，則依目前之通說，仍不得使之停止航行。

（三）船舶執行之管轄：

　　船舶執行之管轄法院為何，一般而言有三種立法例：

　　1.船籍港主義：即以船舶登記的船籍港法院為管轄法院。

　　2.停泊港主義：即以船舶所停泊之港口之法院為管轄法院，我國舊強制執行法採之。

　　3.船舶所在地法院：即以船舶實體所在地之法院為管轄法院，新強制執行法採之。

　　新制之優點，在於方便執行法院就船舶查封，不僅對於船舶進入港口時，尚包括船舶於港口外之停泊情形，均可予以強制執行。

強制執行法第7條：執行事件之管轄法院

　　強制執行由應執行之標的物所在地或應為執行行為地之法院管轄。

　　應執行之標的物所在地或應為執行行為地不明者，由債務人之住、居所、公務所、事務所、營業所所在地之法院管轄。

　　同一強制執行，數法院有管轄權者，債權人得向其中一法院聲請。

　　受理強制執行事件之法院，須在他法院管轄區內為執行行為時，應囑託該他法院為之。

查封船舶之後

　　船舶查封後，原則上應使其停泊於一定之處所，並得委由航政機關、船長或其他要適之人或機關保管，或許可為必要的保存行為。

　　有關船舶之保管費用，執行法院得命債權人預納。

查封船舶之許可航行

　　船舶查封後，經債權人同意，執行法院得因當事人或利害關係人之聲請，准許其航行，即許可航行，必須具備以下二要件：

（一）須因當事人或利害關係人之聲請。

（二）須經債權人同意：惟何謂債權人？通說認為係指聲請執　　　行之債權人，不包括只是參與分配之債權人。

　　　　執行法院為航行之許可時，為以裁定為之，並於裁定中明示許可航行之航線、期間及停泊港。

執行法院之許可航行，不防礙其原揭示之查封效力。

許可航行之效力

執行法院雖為許可航行之裁定，惟債務人之處分權仍受限制，被查封之船舶原揭示之查封效力，亦依然存在，除此之外，並有以下效力：

（一）**執行程序的暫時停止**：許可航行後，在許可期間內，執行程序暫時停止，執行法院應將船籍國證書返還債務人。

（二）**訴訟費等優先權仍然存在**：海商法第24條第1款明定之訴訟費等債權，其優先受償之順序，在船舶抵押權之前；惟依海商法第30條第1款之規定，船舶離去後，優先權隨之而消滅。似此情形，如因執行法院許可船舶航行，而致其優先權消滅，反而害了優先罐人，因此本條文（強§114-1）第6項規定許可航行不影響海商法第24條第1項第1款之優先受償權；排除海商法第30條第1款之適用，以平衡債權人及債務人間這利益。

惟應注意者，在於債務人於許可航行後，因航行所生之收益，例如運費收入，並非船舶查封效力所及，故債權人如欲對該收益強制執行，應另行聲請。

（一）海商法第24條：使先權項目

下列各款為海事優先權擔保之債權，有優先受償之權：

一、船長、海員及其他在船上服務之人員，本於僱傭契約所生之債權。

二、因船舶操作直接所致人身傷亡，對船舶所有人之賠償
　　請求。

三、救助之報酬、清除沉船費用及船舶共同海損分擔額之
　　賠償請求。

四、因船舶操作直接所致陸上或水上財物毀損滅失，對船
　　舶所有人基於侵權行為之賠償請求。

五、港埠費、運河費、其他水道費及引水費。

前項海事優先權之位次，在船舶抵押權之前。

（二）22上字第2584號：

為債權人之共同利益，修繕船舶破損部分之費用，自係海
商法第27條第1項第1款所謂為債權人之共同利益而保存船舶之
費用，此項債權其優先受償之位次，依同條第2項之規定，在
船舶抵押權之前。

（三）55臺上字第2588號：

系爭停泊費、繫解纜費，係海商法第24條第1項第1款所定
之港埠建設費。港務機關即被上訴人有優先受償之權，而同
條第2項更規定，該項債權所列優先權之位次，在船舶抵押權
之前，即其效力較抵押權為強，債權人自得不依破產法程序先
於抵押權而行使，被上訴人據以之聲明參與分配，應為法之所
許。

第24條第1項海事優先權自其債權發生之日起，經一年而
消滅。但第24條第1項第1款之賠償，自離職之日起算。

船舶查封之撤銷

債務人或利害關係人，得以債權額及執行費用額或船舶之
價額，提供擔保金額或相當物品，聲請撤銷船舶之查封，其要

件為：

（一）須債務人或利害關係人提出聲請。

（二）聲請人須以債權額及執行費用額、或船舶之價額，提供擔保金或相當物品。

聲請人所提供之擔保，除得以現金、有價證券等為之外，並得由保險人或經營保證業務的銀行出具擔保物。

擔保書應載明債務人不履行義務時，由其負責清償或併賠償一定金額之意旨。

因債務人或利害關係人提供擔保撤銷船舶之查封者，得就該擔保繼續執行，即擔保如為現金，則將之分配或交付予債權人；如擔保為物品，亦得以之為換價後之價金為分配交付。如係擔保書，執行法院應催告出具擔保書人給付，如擔保人不履行義務時，執行法院得依債權人之聲請，逕向擔保人為強制執行。

所宜特別注意者，蓋執行法院對擔保繼續執行時，他債權人可否參與分配，舊法並未規定，新法則分別情形定之。

（一）如債務人或利害關係人，係依船舶價值提供擔保者，則他債權人之參與分配，只要合於本法第32條第1項有關參與分配之規定外，原則上並不受限制。

（二）如債務人或利害關係人，係以債權額及執行費用額，提供擔保者，則於擔保提出後，他債權人不得就此之擔保聲請參與分配。

強制執行法第32條：參與分配之程序

他債權人參與分配者，應於標的物拍賣、變賣終結或依法

交債權人承受之日一日前，其不經拍賣或變賣者，應於當次分配表作成之日一日前，以書狀聲明之。

逾前項期間聲明參與分配者，僅得就前項債權人受償餘額而受清償；如尚應就債務人其他財產執行時，其債權額與前項債權餘額，除有優先權者外，應按其數額平均受償。

第114條之2（船舶之拍賣及變賣）

依前條第一項但書准許航行之船舶，在未返回指定之處所停泊者，不得拍賣。

但船舶現停泊於他法院轄區者，得囑託該法院拍賣或為其他執行行為。

拍賣船舶之公告，除記載第八十一條第二項第二款至第五款事項外，並應載明船名、船種、總噸位、船舶國籍、船籍港、停泊港及其他事項，揭示於執行法院、船舶所在地及船籍港所在地航政主管機關牌示處。

船舶得經應買人、債權人及債務人同意變賣之，並於買受人繳足價金後，由執行法院發給權利移轉證書。

前項變賣，其賣得價金足以清償債權人之債權者，無須得其同意。

解說

船舶未歸之處置：

　　許可航行之船舶，於許可航行期間屆滿前歸港者，固得繼續強制執行程序。

　　如船舶未依時限返回指定之處所停泊者，則不得拍賣。但

船舶現停泊於其他法院轄區者，得囑託該轄區法院拍賣或為其他執行行為，例如禁止航行等。

參考資料

（一）民事訴訟法第7條：船舶管轄（一）

　　對於船舶所有人或利用船舶人，因船舶或航行涉訟者，得出船籍所在地之法院管轄。

（二）民事訴訟法第8條：船舶管轄（二）

　　因船舶債權或以船舶擔保之債權涉訟者，得由船舶所在地之法院管轄。

船舶之拍賣公告

　　船舶拍賣公告除記載強制執行法第81條第2項第2款至第5款事項外，述應記載船名、船種、總噸位、船舶國籍、船籍港、停泊港及其他事項。

　　所謂其他事項，指其他足以彰顯船舶外觀或特徵之事項。

　　拍賣公告並應揭示於執行法院、船舶所在地及船籍港所在地航政主管機關牌示處，以利變賣。

參考資料

強制執行法第81條：公告事項

　　拍賣不動產，應由執行法院先期公告。

　　前項公告，應載明下列事項：

一、不動產之所在地、種類、實際狀況、占有使用情形及
　　其應記明之事項。

二、拍賣之原因、日期及場所。如以投標方法拍賣者，其

開標之日時及場所，定有保證金額者，其金額。

三、拍賣最低價額。

四、交付價金之期限。

五、閱覽查封筆錄之處所及日時。

六、定有應買資格或條件者，其資格或條件。

七、拍賣後不點交者，其原因。

八、定有應買人察看拍賣物之日、時者，其日、時。

船舶之變賣

船舶之變賣，情況有二：

原則：船舶之變賣，原則上應經應買人、債權人及債務人之同意為之。

例如：船舶之變賣，若變賣之價金足以清償債權人之債權者，無需得其同意。

買受人繳足價金後，由執行法院發給權利移轉證書。

惟變賣之價金高低，直接影響債權人及債務人之利益，是不論原則上應經同意之情形，或不需同意之情形，執行法院均得探詢船舶價值，依市價決之。

參考資料

（一）強制執行法第60條：變賣

查封物應公開拍賣之。但有下列情形之一者，執行法院得不經拍賣程序，將查封物變賣之：

一、債權人及債務人聲請或對於查封物之價格為協議者。

二、有易於腐壞之性質者。

三、有減少價值之虞者。

四、為金銀物品或有市價之物品者。

五、保管困難或需費過鉅者。

第71條之規定，於前項變賣準用之。

（二）強制執行法第97條：權利移轉證書之發給

拍賣之不動產，買受人繳足價金後，執行法院應發給權利移轉證書及其他書據。

第114條之3（拍賣外國船舶及其優先抵押爭議之處理）

外國船舶經中華民國法院拍賣者，關於船舶之優先權及抵押權，依船籍國法。當事人對優先權與抵押權之存在所擔保之債權額或優先次序有爭議者，應由主張有優先權或抵押權之人，訴請執行法院裁判；在裁判確定前，其應受償之金額，應予提存。

解說

外國船舶執行之管轄：

外國船舶在我國領域內，為我國裁判權效力所及，我國執行法院自得對之為強制執行。

故，對外國船舶之執行程序應適用執行法院所在之法庭地法，而非外國船舶之本國法。

因此，強制執行之聲請、拍賣、分配等執行程序，均應適用我國強制執行法及其他我國之法令。

但，存在於外國船舶之優先權及抵押權；因前者係基於法律規定而發生，後者係基於當事人之合意而成立；而各國對優先權及抵押權之規定，諸如其優先順序、內容等又不一致，為

符合國際慣例，故船舶之優先權及抵押權不適用執行法院之法
庭地法，而係適用外國船舶依其船籍之本國法。

（一）船舶法第5條：中華民國船舶

　　本法所稱中華民國船舶，指依中華民國法律，經航政機關
核准註冊登記之船舶。

　　船舶合於下列規定之一者，得申請登記為中華民國船舶：

一、中華民國政府所有。

二、中華民國國民所有。

三、依中華民國法律設立，在中華民國有本公司之下列公
　　司所有：

　　（一）無限公司，其股東全體為中華民國國民。

　　（二）有限公司，資本二分之一以上為中華民國國民
　　　　　所有，其代表公司之董事為中華民國國民。

　　（三）兩合公司，其無限責任股東全體為中華民國國
　　　　　民。

　　（四）股份有限公司，其董事長及董事二分之一以上
　　　　　為中華民國國民，且其資本二分之一以上為中
　　　　　華民國國民所有。

四、依中華民國法律設立，在中華民國有主事務所之法人
　　團體所有，其社員三分之二以上及負責人為中華民國
　　國民。

（二）涉外民事法律適用法第38條：物權之準據法

　　關於物權依物之所在地法。

　　關於以權利為標的之物權，依權利之成立地法。

物之所在地如有變更，其物權之得喪，依其原因事實完成時物之所在地法。

關於船舶之物權依船籍國法；航空器之物權，依登記國法。

船舶優先權及抵押權爭議之處理

船舶優先權及抵押權，依其船舶船籍所在之本國法，即其船籍國法，如當事人對於優先權與抵押權之存在、優先順序等均無爭議，執行法院自得據以分配。

如當事人發坐爭議，則執行法院對此實體事項，並無認定權利，因此，應由主張有優先權或抵押權之人，訴請執行法院之民事庭裁判；法庭地之管轄法院民事庭，應依據船籍國法之規定，審認當事人所主張之抵押權、優先權是否成立及其優先順序，究屬如何。

在裁判確定前，受償金額，應先提存。

參考資料

（一）民事訴訟法第398條：判決確定時期

判決，於上訴期間屆滿時確定。但於上訴期間內有合法之上訴者，阻其確定。

不得上訴之判決，於宣示時確定；不宣示者，於公告時確定。

（二）22抗字第357號：

對於第一審判決之一部提起上訴時，該判決全部之確定即被阻斷，嗣後上訴人得於言詞辯論終結前，任意擴張其聲明，不受上訴期間之拘束。

（三）23抗字第3247號：

當事人對於第一審或第二審之判決，雖於上訴期間內提起上訴，但因上訴不合程式致被駁回者，與未提起上訴同，如非另有合法之上訴，其第一審或第二審判決，仍於上訴期間屆滿時確定。

（四）院字第3007號：

對於第二審判決，於上訴期間內有合法之上訴者，依民事訴訟法第397條第1項但書之規定阻其確定，原審法院雖認對於不得上訴之判決上訴，其上訴為不合法而予以裁定駁回，然當事人對於裁定於抗告期間內有合法之抗告者，其裁定既未確定，即無從斷定為非合法之上訴，第二審判決即不能認為確定。

（五）民法第326條：提存要件

債權人受領遲延，或不能確知孰為債權人而難為給付者，清償人得將其給付物，為債權人提存之。

（六）釋字第132號解釋：

本院釋字第39號解釋所謂之提存，不包括債務人為債權人依民法第326條所為之清償提存在內。惟清償提存人如依法得取回其提存物時，自仍有民法第125條規定之適用。

（七）46臺上字第947號：

因不能確知孰為債權人而難為給付者，清償人固得將其給付物為債權人提存之，惟其提存，除有雙務契約償權人未為對待給付或提出相當擔保之情形外，不得限制債權人隨時受取提存物，否則即難謂依債務之本旨為之，不生清償之效力。

（八）民法第327條：提存處所及通知

提存應於清償地之法院提存所為之。

（九）47臺上字第1702號：

　　提存後之通知，並非提存之生效要件，縱債務人與農會均怠於將提存之事通知債權人，依民法第327條第2項亦生損害賠償問題，與提存之效力並無影響。

第114條之4（航空器之強制執行）

民用航空法所定航空器之強制執行，除本法另有規定外，準用關於船舶執行之規定。

查封之航空器，得交由當地民用航空主管機關保管之。

航空器第一次拍賣期日，距公告之日，不得少於一個月。

拍賣航空器之公告，除記載第八十一條第二項第二款至第五款事項外，並應載明航空器所在地、國籍、標誌、登記號碼、型式及其他事項。

前項公告，執行法院應通知民用航空主管機關登記之債權人。但無法通知者，不在此限。

解說

　　由於航空器雖然為實體法上之動產，但其價值卻常遠高於不動產，因此在強制執行上視同不動產處理，原則上並準用關於船舶執行之規定。

參考資料

（一）民用航空法第19條：航空器抵押

　　航空器得為抵押權之標的。

　　航空器之抵押，準用動產擔保交易法有關動產抵押之規

定。

（二）民用航空法第20條：航空器之登記

航空器所有權移轉、抵押權設定及其租賃，非經登記不得對抗第三人。

查封航空器之保管

航空器之維護，需要非常專門之技術、人員與設備，故執行法院查封之航空器，得交由當地民用航空主管機關保管之。

又，航空器除法律另有規定外，自開始飛航時起，至完成該次飛航時止，不得扣留、扣押或假扣押。

（一）民用航空法第21條：共有航空器之準用海商法

共有航空器準用海商法第11條至第14條及第16條至第19條之規定。

（二）民用航空法第22條：航空器之扣留、扣押或假扣押

航空器，除本法或其他法律別有規定外，自開始飛航時起，至完成該次飛航時止，不得施行扣留、扣押或假扣押。

航空器之拍賣

航空器第一次拍賣期日，距公告之目，不得少於一個月。執行法院並應將拍賣公告通知民用航空主管機關登記的債權人；但無法通知者，不在此限。

拍賣航空器之公告，除記載第81條第2項第2款至第5款事項外，並應載明航空器所在地、國籍、標誌、登記號碼、型式及其他事項。

國際航空器權利公約第7條（1948年制定）

航空器的拍賣時間和地點，應至少提前六個星期確定。

第五節　對於其他財產權之執行

經濟社會中，財產不再限於有體物，而係逐漸走向無體，智慧財產權是其表徵，微軟公司總裁比爾蓋茲之崛起，是其例證。

而有別於物權，債權亦常為債務人之重要財產。

因此，新的財產權不斷的興起，以往限於以物為財產中心的概念，越來越難適應新的現實，而舊的法律型式，也無法一一列舉或確定新的權利態樣，因此，強制執行法，乃將物以外之財產關係：債權、智慧財產權（專利、商標、著作）及其他無法一一列舉的財產權（例如電話加入權），統稱為其他財產權。

其他財產權與動產、不動產、船舶、航空器等同為債務人之責任財產，債權人亦得對之為強制執行。

因此，所謂其他財產權，依本法約可分為三類：

（一）債務人對第三人之金錢債權：例如貨物賣出後之價金債權、員工對老闆之薪資債權。實務上區分債務人之財產為所有及所得兩項；所有，通常即指物的關係，尤其是債務人對不動產之所有；而所得，通常即指債務人每個月的工作收入。

（二）債務人基於債權或物權得請求第三人交付或移轉動產、不動產、船舶或航空器之權利：例如物的交付請求權

等。

（三）動產、不動產、船舶、航空器及以上兩種請求權以外之
　　　財產權：通常又稱無體財產權，例如礦業權、會員權，
　　　通常尤指智慧財產權，例如著作權、商標權、專利權
　　　等。

其他財產權成立之要件：

　　其他財產權，在分類上約如前述，然不論何種類別，其他
財產權成立，必須同時具備以下兩個要件：

（一）必須具有獨立財產之價值：由於強制執行的處分，在於
　　　滿足債權人的金錢債權，因此，其他財產權的權利，若
　　　非獨立，則無益於債權的滿足，自不得為金錢債權執行
　　　的對象。簡言之，其他財產權必是：

　　　1.須為獨立權利。

　　　2.須有財產價值。

（二）必須能夠讓與：因此若其他財產權性質上不得讓與，或
　　　法律上禁止讓與，則不得為其他財產權。

第115條（對第三人金錢債權之執行方法）

就債務人對於第三人之金錢債權為執行時，執行法院應發扣
押命令禁止債務人收取或為其他處分，並禁止第三人向債務
人清償。

前項情形，執行法院得詢問債權人意見，以命令許債權人收
取，或將該債權移轉於債權人。如認為適當時，得命第三人
向執行法院支付轉給債權人。

金錢債權因附條件、期限、對待給付或其他事由，致難依前

項之規定辦理者，執行法院得依聲請，準用對於動產執行之規定拍賣或變賣之。

金錢債權附有已登記之擔保物權者，執行法院依前三項為強制執行時，應即通知該管登記機關登記其事由。

解說

所謂「債務人對於第三人之金錢債權」，指債務人得請求第三人給付以金錢為標的物之債權，例如買賣的價金、消費借貸、租金、銀行存款、薪資、民意代表的研究費等。

所謂「就債務人對於第三人之金錢債權為執行」，係指執行法院就有異於動產、不動產等具體之物，為執行時，純係對此存在於觀念中的執行對象，依執行法院的觀念所為之處分；如此處分，與具體的查封、換價等殊異，介紹如次：

扣押命令

執行法院先以命令禁止債務人收取或為其他處分，並禁止第三人向債務人清償，是為扣押命令。

債權人聲請就債務人對第三人之金錢債權執行時，執行法院應依職權核發扣押命令。

惟債權人聲請時應具體表明應扣押債權的種類、數量及其他足以特定該債權的事項。

執行法院對債權人的聲請，應調查該債權是否為禁止扣押的債權，但不須調查該債權於實體上是否存在。

執行法院發扣押命令，應以書面為之。

命令中應清楚記載債權人、債務人、第三債務人、執行債權、被扣押債權之範圍及禁止債務人收取該債權或為其他處

分,並禁止第三人向債務人清償之意旨。

扣押命令之效力,及於扣押時存在之扣押債權被扣押之範圍內;若被扣押之標的,係金錢債權,且此金錢債權附有已登記之擔保物權者,例如金錢債權附有抵押權。則,執行法院於扣押時,應即通知登記機關登記其事由。

扣押命令係類如查封之程序,並無法滿足執行之債權。

故欲使執行債權能得滿足,尚須將被扣押之金錢債權經換價程序,始得以滿足債權。

故,本法第115條第2項、第3項規定,均為換價程序,約如下述。

收取命令

收取命令係執行法院以命令授與執行債權人收取債權之權利;執行債權人基於此項收取權,得以自己名義,為收取之必要行為,包括催告支付、提起訴訟或強制執行。

若有收取命令之債權人因第三債務人無資力,致債權全部或一部不能收取時,未收取部分之執行債權仍不消滅,債權人仍得依原執行名義,對債務人其他的責任財產強制執行;此為收取命令與移轉命令之不同點。

另外,債權人依收取命令收取債權金額以清償自己的債權,故須收取債權金額後,就收取的部分,其執行程序始為終結。在收取終結前,如有他債權人聲明參與分配,收取命令中所收取之債權金額仍應實施分配。

移轉命令

移轉命令係執行法院以命令將扣押的金錢債權,依命令中所示的範圍,移轉於債權人,以代替金錢支付,用以滿足執行

債權及費用。

　　被扣押的金錢債權，則因移轉命令，由債務人移轉予債權人，以扣押債權為代物清償，而清償債權。

　　移轉命令生效後，債務人喪失其為債權人的地位，執行債權則於移轉的範圍內，因清償而消滅。

　　執行債權人這時成為被扣押債權的受讓人，得以新債權人的地位，直接向第三債務人求償。此時即使第三債務人因為沒有資力而致無法獲得清償滿足，執行債權人因移轉命令之核發，而消滅之執行償權也不再能夠回復。

　　因此，移轉命令會使執行債權人負擔第三債務人沒有資力、無法給付的危險。

　　而且，移轉命令生效後，其執行債權因已經受償而消滅，執行程序因而終結，他債權人不得再參與分配；此點亦與收取命令的效果不同；故債權人之所以願意承擔第三債務人沒有資力、不能給付的危險，蓋在於移轉命令有優先受償之效果。

　　是以，執行法院之核發移轉命令，應依執行債權人之明示意見為之。

　　然執行法院發移轉命令，仍應具備以下四個要件：

（一）發移轉命令時，須有扣押命令存在：至於兩者同時核發或扣押命令先行核發，則無關係。

（二）須有券面額：指得以一定的金錢數額表示的債權額，因此若非金錢債權，或無券面額，或不能單純且確實地依其債權額決算者，因無券面額，也不許為移轉命令之核發。

（三）須無他債權人參與分配。

（四）須扣押的債權得為讓與或插銷。

參考資料

（一）民法第294條：債權讓與

債權人得將債權讓與於第三人。但下列債權，不在此限：

一、依債權之性質，不得讓與者。

二、依當事人之特約，不得讓與者。

三、債權禁止扣押者。

前項第2款不得讓與之特約，不得以之對抗善意第三人。

‧理由：

謹按債權人得將債權讓與他人，讓與之後，讓受人當然有讓與人之地位（即債權人）。但其讓與，為不要式行為，亦不需得債務人之承認。然有特種之債權，即非變更債權內容不得讓與之債權（如扶養請求權），及當事人約定不許讓與之債權，則不得讓與，所以保護公益當事人之利益也。又禁止扣押之債權（於執行法中規定之，例如民事訴訟執行規則第97條規定，債務人對於第三人之債權係維持生活必要費用者，不得為強制執行）。依同一之法意，亦不許其讓與。此第1項所由設也。前項第2款依當事人之特約，不得將債權讓與於他人者，此種特約，僅於當事人間發生效力，不得以之對抗善意之第三人。此第2項所由設也。

（二）26渝上字第1219號：

債權之讓與不過變更債權之主體，該債權之性質仍不因此有所變更，故因債權之性質所定之短期消滅時效，在債權之受讓人亦當受其適用。本件被上訴人向某甲受讓之債權，既為商人供給商品之代價請求權，則民法第127條第8款之規定，當然在適用之列。

（三）40臺上字第1235號：

　　被上訴人於受讓系爭房屋時，已含有受讓出租人對於承租人之一切權利之意思，其因此繼承出租人之地位，對於承租人行使其權利，不因登記之未完畢而受影響。

（四）50臺上字第539號：

　　違反禁止債權讓與契約所為之讓與，依民法第294條第1項第2款之規定固屬無效，惟此項不得讓與之特約，不得以之對抗善意第三人，為同法條第2項所明定，若第3人不知有此特約，其讓與應為有效。

（五）民法第295條：**從權利之隨同移轉**

　　讓與債權時，該債權之擔保及其他從屬之權利，隨同移轉於受讓人。但與讓與人有不可分離之關係者，不在此限。

　　未支付之利息，推定其隨同原本移轉於受讓人。

　•理由：

　　謹按債權之讓與，讓與人與受讓人契約完成，即生效力，無需債務人承諾，並無需向債務人通知，觀前條可知，無待明文規定。然擔保債權之權利，如質權、保證之類，及從屬於債權之權利，如優先權之類，以無反對之特約為限，當然隨債權移轉於受讓人。但其擔保或從屬之權利，與讓與人有不可分離之關係者，則不隨債權之讓與而移轉。故設第1項以明示其旨。凡以前未經債務人支付之利息，應否隨債權之讓與而移轉，亟應明白規定，以杜爭議。故設第2項以明示其旨。

（六）42臺上字第248號：

　　債權之讓與，讓債權之擔保權利隨同移轉於受讓人，對於為擔保之保證債務人，只須經讓與人或受讓人以此事由而為通知即生效力，不以債務人另立書據承認為其要件。

（七）民法第297條：**債權讓與之通知**

　　債權之讓與，非經讓與人或受讓人通知債務人，對於債務人不生效力。但法律另有規定者，不在此限。

　　受讓人將讓與人所立之讓與字據提示於債務人者，與通知有同一之效力。

　　•理由：

　　謹按債權之讓與，在當事人間，於契約完成時即生效力，無需通知於債務人。然債務人究未知有債權讓與之事，為保護債務人之利益起見，故使讓與人或受讓人負通知之義務。在未通知以前，其讓與行為僅當事人間發生效力，對於債務人不生效力，但法律別有規定者，則無需通知也。至債權之讓與，如立有讓與字據者，苟經受讓人將字據提示於債務人，即與通知生同一之效力，蓋以省無益之程序也。

（八）22上字第1162號：

　　債權之讓與，依民法第297條第1項之規定，非經讓與人或受讓人通知債務人，對於債務人固不生效力，惟法律設此規定之本旨，無非使債務人知有債權讓與之事實，受讓人對於債務人主張受讓事實行使債權時，既足使債務人知有債權讓與之事實，即應認為兼有通知之效力。

（九）39臺上字第448號：

　　債權之讓與，依民法第297條規定，非經讓與人或受讓人通知債務人不生效力，此項通知不過為觀念通知，使債務人知有債權移轉之事實，免誤向原債權人清償而已，在債務人既知債權已移轉於第三人，而向之請求返還擔保債務履行之契據，自不容猶藉詞債權之移轉尚未通知，拒絕對受讓人履行此項債務，而僅向之請求返還擔保債務之契據。

（十）民法第298條：表見讓與

讓與人已將債權之讓與通知債務人者，縱未為讓與或讓與無效，債務人仍得以其對抗受讓人之事由，對抗讓與人。

前項通知，非經受讓人之同意，不得撤銷。

• 理由：

查民律草案第410條理由謂債權之讓與人，若已將讓與之事，通知債務人，其債權之讓與雖不成立，或其讓與無效，債務人亦得以其對抗受讓人之事由，對抗讓與人，蓋其讓與不成立或無效，債務人無從知之，應保護其利益也。又債權讓與之通知，於受讓人之利益，亦生效力，故非經受讓人之同意，不得將其通知撤銷也。

（十一）民法第299條：對於受讓人抗辯之援用與抵銷

債務人於受通知時，所得對抗讓與人之事由，皆得以之對抗受讓人。

債務人於受通知時，對於讓與人有債權者，如其債權之清償期，先於所讓與之債權，或同時屆至者，債務人得對於受讓人，主張抵銷。

• 理由：

查民律草案第414條理由謂債權之讓與，在債務人若未與聞，則不得使債務人無故而變其地位，應使債務人於債權讓與時，對於讓與人所生之事由，得以與讓受人對抗。故設第1項以明示其旨。又同律第416條理由謂債權之讓與，並非欲使債務人陷於不利益之地位，故債權讓與後，債務人對於讓與人所有之債權，仍許其對於受讓人主張抵銷，然必該債權之清償期，先於所讓與之債權或同時屆至者，始許主張抵銷，蓋抵銷以彼此債權，均到清償期為要件也。故設第2項以明示其旨。

（十二）52臺上字第1085號：

　　債權讓與，債務人於受通知時所得對抗讓與人之事由，皆得以之對抗受讓人，民法第299條第1項定有明文。所謂得對抗之事由，不以狹義之抗辯權為限，而應廣泛包括，凡足以阻止或排斥債權之成立、存續或行使之事由在內，蓋債權之讓與，在債務人既不得拒絕，自不宜因債權讓與之結果，而使債務人陷於不利之地位。

（十三）72臺上字第4720號：

　　受任人本於委任人所授與之代理權，以委任人名義與他人為法律行為時，固直接對委任人發生效力；若受任人以自己之名義與他人為法律行為，因而為委任人取得之權利，則需經受任人依民法第541條第2項規定，將其移轉於委任人，委任人始得逕向該他人請求履行。前者，因法律行為發生之權利義務，於委任人及該他人之間直接發生效力；後者，則該他人得以對抗受任人之事由，對抗委任人，二者尚有不同。

（十四）民法第319條：代物清償

　　債權人受領他種給付以代原定之給付者，其債之關係消滅。

　　• 理由：

　　謹按債務人之清償債務，原應依債務之本旨而為履行，不得以他種給付，以代原定之給付。然為事實上之便利，債務人以他種給付代原定之給付，而債權人亦經承諾，且已受領者，是債權人既得達其目的，應使債之關係歸於消滅，方為公允，即所謂代物清償也。故設本條以明示其旨。

（十五）28上字第1977號：

　　清償既須依債務本旨為之，則以他種給付代原定之給付，

自非得債權人之承諾不可，故必債務人以代原定給付之意思為他種給付，債權人之受領他種給付亦係以許代原定給付之意思為之者，始與民法第319條之規定相符，若債務人未得債權人之承諾，自以代原定給付之意思而為他種給付，債權人則以增加擔保或其他之意思而受領者，債之關係不能因此消滅。

（十六）65臺上字第1300號：

代物清償為要物契約，其成立僅當事人之合意尚有未足，必須現實為他種給付，他種給付為不動產物權之設定或轉移時，非經登記不得成立代物清償。如僅約定將來應為某他種給付以代原定給付時，則屬債之標的之變更，而非代物清償。

（十七）民法第320條：間接給付——新債清償

因清償債務而對於債權人負擔新債務者，除當事人另有意思表示外，若新債務不履行時，其舊債務仍不消滅。

• 理由：

謹按民律草案債權編第一章第五節第4款原案謂債務之更改者，即以新債務之發生為原因，而消滅其舊債務之契約也。此種契約，在不認債務讓與或債務承擔之國家，其效用頗多，若既明認讓與及承擔，則更改之效用因而減少。各國立法例，有委諸契約之自由，不設特別規定者，如德意志民法是。有設更改之規定者，如法蘭西、義大利、日本諸國民法是。本法仿照德國，對於因清償債務而負擔新債務者，除當事人另有意思表示外，如新債務不履行時，舊債務仍不使其消滅，蓋不採更改制度所生之結果也。故設本條以明示其旨。

（十八）44上字第421號：

賭博為法令禁止之行為，其因該行為所生債之關係原無請求權之可言，除有特別情形外，縱使經雙方同意以清償此項債

務之方法而變更為負擔其他新債務時，亦屬脫法行為，仍不能因之而取得請求權。

（十九）46臺上字第2018號：

上訴人以訴外人某甲所簽發之支票二紙交與被上訴人，為其清償租金之方法，並非該訴外人與債權人或債務人間，有何訂立承擔債務之契約，上開支票既不能兌現，則其租金債務自難謂已消滅。

（二十）48臺上字第1208號：

上訴人將第三人所簽發之支票依背書交付與被上訴人，並未將被上訴人持有之借據收回或塗銷，顯係以負擔票據債務為使被上訴人受清償之方法，票據債務既未因履行而消滅，則兩造間原有之消費借貸債務，自仍屬存在。

支付轉給命令

所謂支付轉給命令係指執行法院命第三債務人將扣押的債權，以此債權金額先向執行法院支付，再由執行法院轉給債權人的命令；第三債務人於支付執行法院轉給之債權額度內，有使執行債權消滅之效力。第三債務人將債權金額支付法院後，於法院尚未轉給債權人之前，尚不生已清償執行債權之效力，執行債權既尚未因清償而消滅，其執行程序尚未終結，他債權人自得聲明參與分配；惟他債權人之聲明參與分配，仍須依本法第32條第1項之規定，於當次分配表作成之日一日前，以書狀聲明之。否則，只能就受償餘額受償。

參考資料

強制執行法第32條：參與分配之程序

　　他債權人參與分配者，應於標的物拍賣、變賣終結或依法交債權人承受之日一日前，其不經拍賣或變賣者，應於當次分配表作成之日一日前，以書狀聲明之。

　　逾前項期間聲明參與分配者，僅得就前項債權人受償餘額而受清償；如尚應就債務人其他財產執行時，其債權額與前項債權餘額，除有優先權者外，應按其數額平均受償。

結論

　　以上二～四之命令，基本上都需經查封程序，此處則名為扣押，即一之扣押命令。

　　申言之，執行法院應先以扣押命令，禁止債務人為收取或為其他處分，諸如捨棄等，並禁止第三債務人向債務人清償。

　　扣押後再將被扣押之債權換價，以命令許債權人收取，即收取命令。

　　扣押後直接將被扣押之債權移轉，則為移轉命令。

　　若命第三人將扣押之債權金額直接支付法院，由法院轉給債權人，則係支付轉給命令。

　　如金錢債權係附有條件、期限、對待給付或其他事由，致難依收取命令、移轉命令、支付轉給命令等三種執行命令辦理者，則執行法院得依聲請，準用對於動產執行的規定，予以拍賣或變賣。

　　金錢債權附有已登記之擔保物權，例如抵押債權；則執行法院為扣押命令，或收取命令、移轉命令、支付轉給命令，或為拍賣、變賣；均應即通知該管登記機關登記其事由。

如因執行人員之怠忽，而未即時通知該管登記機關，致有損害之發生，被害人得依國家賠償法之規定，請求國家賠償。

（一）48臺上字第1867號：

債務人於受通知時對於讓與人有債權者，以其債權之清償期先於所讓與之債權，或同時屆至者為限，債務人始得對於受讓人主張抵銷，上訴人於收受執行法院所發之轉付命令後，始代債務人墊付各款，自無主張抵銷之餘地。

（二）55臺上字第281號：

強制執行法第115條所稱金錢債權，並不以民法上發生之債權為限，即公法關係所生之請求權，如公務員之俸給請求權等亦包括在內，議會議員按月領取之研究費，在法律上既無設有如公務員退休法第14條，及公務員撫卹法第16條，不得扣押或讓與之規定，自非不得以之為強制執行標的。

（三）63臺上字第1966號：

執行法院所發之收取命令與移轉命令不同，前者債權人僅取得以自己名義向第三人收取金錢債權之收取權，債務人僅喪失其收取權，而未喪失其債權。後者債務人對於第三人之金錢債權已移轉於債權人，債務人即喪失其債權。

第115條之1（薪資或其他繼續性給付之執行方法）
對於薪資或其他繼續性給付之債權所為強制執行，於債權人之債權額及強制執行費用額之範圍內，其效力及於扣押後應受及增加之給付。

對於下列債權發扣押命令之範圍，不得逾各期給付數額三分之一：

一、自然人因提供勞務而獲得之繼續性報酬債權。

二、以維持債務人或其共同生活親屬生活所必需為目的之繼續性給付債權。

前項情形，執行法院斟酌債務人與債權人生活狀況及其他情事，認有失公平者，得不受扣押範圍之比例限制。但應預留債務人生活費用，不予扣押。

第一項債務人於扣押後應受及增加之給付，執行法院得以命令移轉於債權人。但債務人喪失其權利或第三人喪失支付能力時，債權人債權未受清償部分，移轉命令失其效力，得聲請繼續執行。並免徵執行費。

解說

本條於民國108年5月29日修正公布。

對於債權人之金錢債權而言，其執行之對象，當然係債務人之責任財產，然而債務人經常於執行之際，淪為既無信用，且無財力之人，此時，執行名義即與廢紙無異，債權人只能自負其責。

只是債權人鮮少有不盡其力，以查明債務人之責任財產者，以目前財稅中心所能得到之資料者，概分兩類，即債務人之所有；主要是其於各地之不動產物權資料。另則係債務人的所得來源：主要則係本條文所介紹的薪資等繼續性給付的債權。

繼續性給付債權

所謂繼續性給付債權，指以特定之法律關係為基礎，將來確實繼續發生的債權，例如薪資、租金、利息、終身定期金或分期付款的債權等。此種繼續性之給付，只要具有任何週期性或規則性即可。

本條第1項規定，債務人於扣押後應受及增加之給付，執行法院得以命令移轉於債權人，即法院得發移轉命令使債權人之債權獲得滿足，避免案件長時稽延。

債務人對於第三人之債權，如屬自然人因提供勞務而獲得之繼續性報酬債權，其全部或一部，通常為債務人及其共同生活親屬維持生活所必需，執行法院發扣押命令時，應預留相當數額，以供其暫維生計；其他繼續性給付債權，其給付目的如係供債務人或其共同生活親屬之生活所必需（例如：債務人依年金型保險契約得領取之退休年金），亦應為相同之處理。但執行法院受理強制執行進行扣押前，常無充足資訊釐清其數額。為使執行程序迅速明確，故本條第2項規定，此項扣押不得逾各期應給付數額三分之一。又所謂各期給付數額三分之一，應以各期債權全額計算，不涉實際支領數額之認定，以符迅速明確原則，並兼顧公平。

本條第3項規定，執行法院發扣押命令，依現有證據斟酌債務人與債權人生活狀況及其他情事，認有失公平者，得不受本條第2項關於扣押範圍的比例限制（例如：執行債權人請求執行債務人給付扶養費，為避免受扶養權利全部或大部分因扣押比例限制而無法實現，得逾執行標的債權各期給付數額三分之一為扣押），但是類此情形，仍應預留適當的生活費用予債務人。

　　本條第4項規定，鑑於繼續性給付之債權難免因債務人離職或租賃契約終止等債務人喪失權利事由，或因第三人喪失支付能力，致有無法清償之情形，故規定債務人喪失其權利或第三人喪失支付能力時，債權人未受清償部分，移轉命令失效，得繼續執行，並免徵執行費。

參考資料

（一）民法第126條：五年短期時效

　　利息、紅利、租金、贍養費、退職金及其他一年或不及一年之定期給付債權，其各期給付請求權，因五年間不行使而消滅。

（二）28上字第605號：

　　民法第126條所謂一年或不及一年之定期給付債權，係指基於一定法律關係，因每次一年以下期間之經過順次發生之債權而言，其清償期在一年以內之債權，係一時發生且因一次之給付即消滅者，不包含在內。

第115條之2（第三人金錢債權之提存及支付）

第三人於執行法院發第一百十五條第二項命令前，得將對債務人之金錢債權全額或扣押部分提存於清償地之提存所。

第三人於依執行法院許債權人收取或向執行法院支付轉給債權人之命令辦理前，又收受扣押命令，而其扣押之金額超過債務人之金錢債權未受扣押部分者，應即將該債權之全額支付扣押在先之執行法院。

第三人已為提存或支付時，應向執行法院陳明其事由。

解說

　　第三債務人於扣押命令效力存續期間，不得向債務人清償，否則不得以其清償對抗執行債權人。

　　惟，於假扣押或執行程序停止的情況，因執行債權人並沒有收取權；而第三人這方不能向執行債權人支付，那方也不能向債務人清償，故本條規定，第三人在收受送達扣押命令之後，在執行法院發收取命令、移轉命令或支付轉給命令之前；第三人得將對債務人的債權金額或扣押部分；向清償地的提存所提存（注意：不是執行法院的提存所），以免去自己的責任。

　　但第三人若已向清償地的提存所提存，應即向執行法院陳報其事由，以免執行法院繼續執行。

第三人金錢債權之支付

　　第三人就前述狀況的提存，係屬於執行提存，俟後，在程序上，執行法院應僅就其所為之提存金為執行。

　　然就實體法而言，第三人則因提存而發生對執行債務人清償的效力；其實亦係另一種支付型態。

　　惟本部分所謂之支付，則非指前述狀況而言，簡言之，對前述狀況，在程序法上仍稱之為提存，而非支付。

　　即本部分所謂之支付，係指對同一債權，有雙重扣押或複數扣押之情形。

　　此種情形，第三人只須在債權被扣押後，第三人尚未依執行法院之收取命令或支付轉給命令辦理前（備註：如已依收取命令或支付轉給命令辦理，已生清償效力，自無再支付義務）；而復收受扣押命令，而此複數扣押的合計金額超過第三

人應負的債權總額。

此時，第三人應即將債權的金額支付給扣押在先的執行法院，讓執行法院為公平分配。

第三人依本條規定支付執行法院後，其對執行債務人的債務，便發生清償的效果。但，第三人應即將此事由向執行法院陳報。

第116條（對於物的交付或移轉請求權）

就債務人基於債權或物權，得請求第三人交付或移轉動產或不動產之權利為執行時，執行法院除以命令禁止債務人處分，並禁止第三人交付或移轉外，如認為適當時，得命第三人將該動產或不動產交與執行法院，依關於動產或不動產執行之規定執行之。

基於確定判決，或依民事訴訟法成立之和解、調解，第三人應移轉或設定不動產物權於債務人者，執行法院得因債權人之聲請，以債務人之費用，通知登記機關登記為債務人所有後執行之。

解說

動產、不動產等所有權或其他權利為第三人時，而債務人基於債權或物權，得請求第三人交付或移轉動產、不動產的權利。債權人得依本條文第1項規定請求強制執行，其情形有二：

（一）債務人得請求第三人交付動產或不動產的權利：例如債務人基於信託、寄託、委任、租賃、使用借貸等債權關

係，請求第三人返還動產或不動產。或債務人基於無權
占有等物權關係，請求第三人返還動產或不勤產。

（二）債務人得請求第三人移轉動產、不動產之權利：例如債
務人基於買賣、互易、贈與等債機關係得請求第三人移
轉以取得所有權；或債務人基於典權屆期依法取得出典
物所有權。

債務人請求第三人交付或移轉請求權的執行程序

執行法院對前述兩種情形，應發扣押命令並送達。

扣押命令應記明應交付或移轉的動產或不動產，禁止第三
人向債務人交付或移轉，同時禁止債務人向第三人收取或處分
此項請求權。

執行法院發扣押命令後，如認為適當時，可再發交付命
令，命第三人將該不動產或動產交付執行法院；第三債務人如
依交付命令，交付不動產或動產予執行法院，執行法院收受
後，應依關於動產、不動產的執行規定執行之。

登記為債務人所有後執行

就債務人基於確定判決或訴訟上的和解、調解，得請求第
三人移轉或設定不動產物權為執行持，債務人如怠於聲請登記
機關辦理物權登記；執行法院得因債權人的聲請，以債務人的
費用，通知登記機關登記為債務人所有後執行之。

執行法院對此項請求權的執行，得先發扣押命令，再通知
地政機關登記為債務人所有後執行。

參考資料

（一）民法第345條：買賣

稱買賣者，謂當事人約定一方移轉財產權於他方，他方支付價金之契約。

當事人就標的物及其價金互相同意時，買賣契約即為成立。

（二）19上字第138號：

賣主就同一標的物為二重買賣，如前買約僅生債權關係，而後買約已發生物權關係時，前之買主不得主張後買約為無效。

（三）20上字第1207號：

不動產物權移轉之契約，雖以書立契據為必要之方式，而關於買賣不動產之債權契約，則本為不要式行為，若雙方就房屋之標的物及價金互相同意，即不能謂其買賣之債權契約尚未成立。

（四）61臺上字第964號：

契約有預約與本約之分，兩者異其性質及效力，預約權利人僅得請求對方履行訂立本約之義務，不得逕依預定之本約內容請求履行，又買賣預約，非不得就標的物及價金之範圍先為擬定，作為將來訂立本約之張本，但不能因此即認買賣本約業已成立。

（五）62臺上字第1546號：

上訴人與建築房屋之某建築公司所訂委建房屋合約書，核其內容係上訴人將價款交付某建築公司，於房屋建成後，由該公司將土地及房屋過戶與上訴人，名為委建，其實質仍為房屋之買賣，上訴人自不能主張係原始建築人而取得其所有權。

（六）72臺上字第938號：

買賣契約僅有債之效力，不得以之對抗契約以外之第三人。本件上訴人雖向訴外人林某買受系爭土地，惟在林某將系爭土地之所有權移轉登記與上訴人以前，既經執行法院查封拍賣，由被上訴人標買而取得所有權，則被上訴人基於所有權請求上訴人返還所有物，上訴人即不得以其與林某間之買賣關係，對抗被上訴人。

（七）民法第398條：互易

當事人雙方約定互相移轉金錢以外之財產權者，準用關於買賣之規定。

（八）民法第406條：贈與

稱贈與者，謂當事人約定，一方以自己之財產無償給與他方，他方允受之契約。

（九）26渝上字第1241號：

民法第406條所謂自己之財產，不以現在屬於自己之財產為限，將來可屬自己之財產，亦包含在內。

第116條之1（對第三人關於船舶、航空器請求權之執行）
就債務人基於債權或物權，得請求第三人交付或移轉船舶或航空器之權利為執行時，準用前條之規定辦理，並依關於船舶或航空器執行之規定執行之。

解說

即債權人就債務人基於債權或物權，得請求第三人交付或移轉船舶或航空器之權利為執行時，與請求交付或移轉動產或

不動產權利同，應先發扣押命令，再命第三人交付或移轉，於交付或移轉後，再依船舶或航空器的執行方法予以查封拍賣。

第117條（對於他種財產權執行）

對於前三節及第一百十五條至前條所定以外之財產權執行時，準用第一百十五條至前條之規定，執行法院並得酌量情形，命令讓與或管理，而以讓與價金或管理之收益清償債權人。

解說

簡言之，所謂其他財產權，泛指債務人所有之動產、不動產、船舶、航空器、債務人對第三人的金錢債權、債務人基於債權或物權得請求第三人交付或移轉動產、不動產、船舶、航空器之權利以外之其他財產權。

惟此處之其他財產權，須為獨立的權利，並具有財產價值，且得換價之權利。

具體而言，其他財產權有：承租人對於不動產之租賃權、借用人對於物之使用借貸權、合夥人之股份、有限公司的出資、電話使用權、專利權、商標專用權、著作權等。

參考資料

（一）民法第685條：合夥人股份之扣押及其效力

合夥人之債權人，就該合夥人之股分，得聲請扣押。

前項扣押實施後兩個月內，如該合夥人未對於債權人清償或提供相當之擔保者，自扣押時起，對該合夥人發生退夥之

效力。

• 理由：

謹按依第863條之規定，合夥人非經他合夥人全體之同意，不得處分其對於合夥財產應有之部分，則合夥人之債權人，似不得就合夥人之股份，聲請扣押。然必拘泥此例，不予變通，則所以保護合夥人之債權人者，未免失之過薄，殊非允當。故本條明定仍許債權人聲請扣押，但應於兩個月以前，負通知合夥人之義務，且使此項通知有為該合夥人聲明退夥之效力，蓋於保護合夥債權人之中，仍需顧及其他合夥人之利益也。故設本條以明示其旨。

（二）29上字第592號：

依民法第685條之規定，合夥人之債權人就該合夥人之股份聲請扣押，僅於通知合夥後有為該合夥人聲明退夥之效力，並無轉讓股份於債權人之效力。故債權人除就合夥人因退夥所得行使之出資返還請求權及利益分配請求權，得依執行法院之收取命令或移轉命令行使權利外，不得對於合夥主張其承受原合夥人之地位，而有繼續存在之股份。

（三）公司法第111條：有限公司出資之轉讓

股東非得其他股東表決權過半數之同意，不得以其出資之全部或一部，轉讓於他人。

董事非得其他股東表決權三分之二以上之同意，不得以其出資之全部或一部，轉讓於他人。

前二項轉讓，不同意之股東有優先受讓權；如不承受，視為同意轉讓，並同意修改章程有關股東及其出資額事項。

法院依強制執行程序，將股東之出資轉讓於他人時，應通知公司及其他股東，於二十日內，依第1項或第2項之方式，指

定受讓人；逾期未指定或指定之受讓人不依同一條件受讓時，視為同意轉讓，並同意修改章程有關股東及其出資額事項。

其他財產權之執行方法

如前所述，其他財產權種類繁多，故本條文除明定準用第115條及第116條之規定外，執行法院並得酌量情形，命令讓與或管理，而以讓與價金或管理的收益，用來清償債權，依此，其他財產權之換價方法主要有四：

（一）依金錢債權之執行方法發收取命令、移轉命令或支付轉給命令。

（二）依動產執行之規定，拍賣或變賣。

（三）依財產權之鑑定價格，以命令讓與方式，由法院依所定價額讓與債權人，用以抵償債權。

（四）選定管理人管理扣押之其他財產權，命令管理此其他財產權，以管理的收益來清償債權；命令管理的方式，通常用於諸如商標專用權或專利權等智慧財產權相關之權利，以其易於管理，並得依管理所得，用以清償債權。

第118條（命令之送達）
第一百十五條、第一百十六條、第一百十六條之一及前條之命令，應送達於債務人及第三人，已為送達後，應通知債權人。
前項命令，送達於第三人時發生效力，無第三人者，送達於債務人時發生效力。
但送達前已為扣押登記者，於登記時發生效力。

解說

執行法院依前述所發之各種命令，均應依職權送達債務人及第三人；並於送達債務人及第三人後，通知債權人。

以上命令究於何時生效，舊法無規定，新法則分別情形決定生效之時期：

（一）有第三債務人者，於送達第三債務人時發生效力。

（二）無第三債務人者，原則上於送達債務人時發生效力，但送達前已為扣押登記者，於扣押登記時發生效力。所謂無第三債務人者，例如有關智慧財產權之執行，即商標、專利、著作權等，此等權利之執行，只要由執行法院先函主管機關為扣押登記，則於登記時，即發生效力，執行法院之後再將扣押命令送達債務人即可。

第119條（扣押命令等之異議及執行）

第三人不承認債務人之債權或其他財產權之存在，或於數額有爭議或有其他得對抗債務人請求之事由時，應於接受執行法院命令後十日內，提出書狀，向執行法院聲明異議。

第三人不於前項期間內聲明異議，亦未依執行法院命令，將金錢支付債權人，或將金錢、動產或不動產支付或交付執行法院時，執行法院得因債權人之聲請，逕向該第三人為強制執行。

對於前項執行，第三人得以第一項規定之事由，提起異議之訴。

第十八條第二項之規定，於前項訴訟準用之。

解說

由於執行法院發扣押命令，扣押債務人對第三人之金錢債權或其他財產權，並不需對該金錢債權或其他財產權為實體之審認，亦不需預先詢問第三債務人；因此，扣押後，即有使第三債務人聲明的必要，以便確定被扣押的權利是否存在以及範圍為何。

第三債務人聲明異議之權利

因此，第三人若不承認債務人之債權或其他財產權存在，或在數額上有爭執，或有其他得對抗債務人請求的事由，例如債權附有條件、期限或對待給付等得拒絕債務人請求的事由；則應於接到執行法院命令後的十天內，提出書狀，向執行法院聲明異議。

此聲明異議之規定，係第三人之權利，而非其義務。

辦理強制執行事件應行注意事項第64項：

關於第119條、第120條部分：

（一）本法第119條第1項之「法院命令」，包括執行法院依第115條第1項、第2項、第116條第1項及第117條規定對第三人所發之命令在內，此項命令應附記第119條第1項及第2項之意旨；如第三人對之聲明異議，而債權人認該第三人之聲明為不實時，得依本法第120條規定提起訴訟，非得有確定勝訴之判決，不得逕向第三人為強制執行。

（二）本法第119條第2項所謂「執行法院命令」，係指同項所

稱「將金錢支付債權人，或將金錢、動產、不動產支付
或交付執行法院」之命令而言，不包括移轉命令在內。
（三）依本法第119條第2項規定逕向第三人為強制執行者，應
　　另行分案辦理。

不聲明異議之效果

　　第三人不於前項期間內聲明異議，亦未依執行法院命令，
將金錢支付債權人，或將金錢、動產或不動產支付或交付執行
法院時，執行法院得因債權人之聲請，逕向該第三人為強制執
行。

　　此種逕向第三人強制執行的效果，係我國獨創制度；然
而強制執行程序，本應給予債權人有參與的機會；因此，第三
人若未於法定期間的十天內聲明異議，並且未依執行法院的命
令，將金錢支付債權人，或將金錢、動產、不動產支付或交付
執行法院；執行法院固得依債權人的聲請逕向第三人為強制執
行；但若債權人並未聲請，則縱有前述原因，執行法院仍不得
依職權逕向第三人為強制執行。

第三人異議之訴

　　但，第三人雖未於法定期間內聲明異議，其實並不表示
承認對債務人的債務及數額；只是因為需要確定執行命令的效
果，本條文才規定債權人得聲請對第三人逕為強制執行；為
此，若第三人對債務人有債權或其他財產權不存在、數額有爭
議，或有任何抗辯事由者，該第三人仍得基於以上事由，以債
權人為被告，提起第三人的異議之訴。

　　起訴後，法院得因必要情形或依聲請定相當並確實的擔
保，為停止執行的裁定，以免損害擴大。

參考資料

（一）51臺抗字第213號：

　　執行法院依強制執行法第116條規定，以命令禁止第三人向債務人交付或移轉動產或不動產者，如第三人不承認債務人之債權或其他財產權之存在時，則需債權人提起訴訟對於第三人得有執行名義，始得向該第三人為強制執行，故第三人只依同法第119條向執行法院為上述不承認之聲明為已足，不得以債權人遲未提起訴訟而聲請撤銷上開命令，惟上開命令雖未撤銷，仍不得據以向該第三人為強制執行，即不得據上開命令而為查封該動產或不動產之處分。

（二）強制執行法第18條：執行不停止原則

　　強制執行程序開始後，除法律另有規定外，不停止執行。

　　有回復原狀之聲請，或提起再審或異議之訴，或對於和解為繼續審判之請求，或提起宣告調解無效之訴、撤銷調解之訴，或對於許可強制執行之裁定提起抗告時，法院因必要情形或依聲請定相當並確實之擔保，得為停止強制執行之裁定。

（三）23抗字第3165號：

　　強制執行開始後，雖有停止執行之裁定，但該裁定如以提出保證為停止執行之條件者，在提出保證以前仍不得停止執行。

（四）31抗字第370號：

　　強制執行法第18條第2項所謂前項裁定，係指同條第1項但書所稱停止強制執行之裁定而言，至駁回停止強制執行聲請之裁定，並不包含在內。

（五）69臺抗字第141號：

停止強制執行之裁定，當事人不得對之提起抗告，為強制執行法第18條第3項所明定，如此項裁定附有需提供如何擔保之條件者，讓條件即為裁定本身之重要部分，自不能謂其可與裁定分離，而得對之單獨提起抗告，此為當然之解釋。

第120條（債權人對第三人的訴訟）
第三人依前條第1項規定聲明異議者，執行法院應通知債權人。
債權人對於第三人之聲明異議認為不實時，得於收受前項通知後十日內向管轄法院提起訴訟，並應向執行法院為起訴之證明及將訴訟告知債務人。
債權人未於前項規定期間內為起訴之證明者，執行法院得依第三人之聲請，撤銷所發執行命令。

解說

第三債務人在接到法院的執行命令後，不承認債務人的債權或其他財產權的存在，或對於數額有爭議，並在法定期限內以書狀向執行法院聲明異議，執行法院應立即將第三債務人的聲明異議，通知債權人。

執行債權人如果認為第三債務人的聲明異議並不實在，可以在收受前項通知後的十天內，向管轄法院提起訴訟。

債權人對於第三人的訴訟，若係基於執行法院的扣押命令，則僅得提起確認債權或其他財產權存在的訴訟。若係基於執行法院的收取命令、支付轉給命令或交付命令，則債權人得

對第三人提起請求給付的訴訟。

以上訴訟均以執行債權人為原告，第三債務人為被告，向依民事訴訟法規定有管轄權的法院起訴，債權人提起訴訟後，應向執行法院陳報起訴的證明，例如有管轄法院收文戳的起訴狀繕本。並將訴訟告知債務人，以便債務人有參加訴訟的機會。

債權人如果未依本條文第2項規定，在收到第三人的聲明異議通知後十天內，向執行法院提出前述的起訴證明，則執行法院可以做第三人的聲請，撤銷所發的執行命令。

第121條（債務人拒交書據之處理）
債務人對於第三人之債權或其他財產權持有書據，執行法院命其交出而拒絕者，得將該書據取出，並得以公告宣示未交出之書據無效，另作證明書發給債權人。

解說

所謂「債務人對於第三人之債權或其他財產權持有書據」，指債務人所持有之契約書、提存書、存款簿、借據、執行名義等足以表示或證明權利的書據。但不包括有價證券，蓋有價證券係屬動產，應依本法動產執行之規定為之。

參考資料

（一）民法第296條：證明文件之交付

讓與人應將證明債權之文件，交付受讓人，並應告以關於主張該債權所必要之一切情形。

（二）強制執行法第48條：查封人員之權限及在場人

查封時，得檢查、啟視債務人居住所、事務所、倉庫、箱櫃及其他藏置物品之處所。

查封時，如債務人不在場，應命其家屬或鄰居之有辨別事理能力者到場，於必要時，得請警察到場。

（三）強制執行法第101條：書據之交出

債務人應交出書據而拒絕交出時，執行法院得將書據取交債權人或買受人，並得以公告宣示未交出之書據無效，另作證明書發給債權人或買受人。

第122條（禁止執行之債權）

債務人依法領取之社會福利津貼、社會救助或補助，不得為強制執行。

債務人依法領取之社會保險給付或其對於第三人之債權，係維持債務人及其共同生活之親屬生活所必需者，不得為強制執行。

債務人生活所必需，以最近一年衛生福利部或直轄市政府所公告當地區每人每月最低生活費一點二倍計算其數額，並應斟酌債務人之其他財產。

債務人共同生活親屬生活所必需，準用前項計算基準，並按債務人依法應負擔扶養義務之比例定其數額。

執行法院斟酌債務人與債權人生活狀況及其他情事，認有失公平者，不受前三項規定之限制。但應酌留債務人及其扶養之共同生活親屬生活費用。

解說

本條於民國107年6月13日修正公布。

本條第1項規定，債務人依法領取之社會福利津貼、社會救助或補助，因為性質上係維持債務人及其共同生活之親屬生活所必需，基於人道考量，故不得為強制執行。

本條第2項規定，債務人依法領取之社會保險給付或對於第三人的債權，是維持債務人及其共同生活的親屬生活所必需者，執行法院應為人道考量，不得為強制執行。但若此債權，只是維持債務人其共同生活的家屬，而非親屬，生活所必需者，仍得為強制執行。

因本條第2項所稱債務人及其共同生活親屬生活所必需數額，其計算標準易生爭議，故本條第3項參考衛生福利部、直轄市政府依社會救助法第4條第2項所定「最低生活費，所得未逾之者，可獲扶助或補助；逾之未滿一點五倍者，亦視個案情況可獲補助」之制度，規定以最近一年當地區每人每月最低生活費一點二倍為計算債務人及其共同生活親屬生活所必需之標準。但仍應斟酌債務人其他財產，以免重複保留生活所必需，損及債權人債權實現。

本條第4項規定，債務人共同生活親屬生活所必需，與債務人初無二致，應準用本條第3項計算基準（含斟酌債務人及其共同生活親屬有無其他財產）。但應以債務人負扶養義務為度，如果扶養義務人有數人，以債務人依法應負擔的比例為限。

如果債權人仰賴債權實現以維持生活，例如：債權人法定扶養權利受侵害，或依債權發生之原因或情節，例如：債務人故意犯罪損害債權人身體、健康或勞動能力，此時若僅保護債

務人一方，恐有失公平。故本條第5項規定，應由執行法院斟酌債務人及債權人生活狀況及其他情形，酌留債務人及其共同生活親屬生活所必需之適當費用，為衡平之處理，不受本條第2項至第4項規定之限制。

（一）民法第1122條：家

稱家者，謂以永久共同生活為目的而同居之親屬團體。

（二）民法第1123條：家屬

家置家長。

同家之人，除家長外，均為家屬。

雖非親屬而以永久共同生活為目的同居一家者，視為家屬。

（三）21上字第1128號：

成年之子就承受其父之遺產有自行處分之權，縱令母為家長，家務由母管理而其處分此項造產，仍無需經母之同意或承認。

（四）23上字第3096號：

男女訂定婚約尚未結婚者，與他方之父母固不發生親屬關係，但男方之父母以永久共同生活為目的，而與子之未婚妻同居一家者，依民法第1123條第3項之規定視為家屬。

（五）強制執行法第52條：酌留生活必需物

查封時，應酌留債務人及其共同生活之親屬二個月間生活所必需之食物、燃料及金錢。

前項期間，執行法官審核債務人家庭狀況，得伸縮之。但不得短於一個月或超過三個月。

（六）強制執行法第53條：禁止查封之動產

下列之物不得查封：

一、債務人及其共同生活之親屬所必需之衣服、寢具及其他物品。

二、債務人及其共同生活之親屬職業上或教育上所必需之器具、物品。

三、債務人所受或繼承之勳章及其他表彰榮譽之物品。

四、遺像、牌位、墓碑及其他祭祀、禮拜所用之物。

五、未與土地分離之天然孳息不能於一個月內收穫者。

六、尚未發表之發明或著作。

七、附於建築或其他工作物，而為防止災害或確保安全，依法令規定應設備之機械或器具、避難器具及其他物品。

前項規定斟酌債權人及債務人狀況，有顯失公平情形，仍以查封為適當者，執行法院得依聲請查封其全部或一部。其經債務人同意者，亦同。

（七）憲法第15條：生存權

人民之生存權、工作權及財產權，應予保障。

（八）釋字第37號解釋：

執行機關執行特種刑事案件沒收之財產，對於受刑人所負債務，固非當然負清償之責。惟揆諸憲法第15條保障人民財產權之精神，如不知情之第三人，就其合法成立之債權有所主張時，依刑事訴訟法第475條之規定，應依強制執行法有關各條規定辦理。

第六節 對於公法人財產之執行

　　公法人之財產可否強制執行？日本在早期，通說以為如果對公法人為強制執行，將有害於行政及公益，及至昭和，通說改採肯定說，認為公法人為債務人時，並不因為其為公法人而享有特權，故仍認有允許為強制執行，以實現給付，滿足清償債權的必要。

　　至於歐陸，則向來均採肯定說，但允許為特別規定之限制，例如德國民事訴訟法規定，可為強制執行之公法人限於聯邦、各邦及公法上之財團、社團。為此，新法乃依德國法，增列對於公法人財產執行之特別規定。

> **第122條之1**（適用範圍）
> 關於金錢請求權之強制執行，債務人為中央或地方機關或依法為公法人者，適用本節之規定。但債務人為金融機構或其他無關人民生活必需之公用事業者，不在此限。
> 第二十條至第二十五條之規定，於前項執行不適用之。

解說

　　關於金錢請求權之強制執行，債務人為中央或地方機關或依法為公法人者，適用本節之規定；但債務人為金融機構或其他無關人民生活必需之公用事業者，不在此限。簡言之，得為金錢債權強制執行對象之公法人，其範圍為：

（一）中央機關：包括行政、立法、司法、考試、監察。

（二）地方機關：同樣包括行政、立法、司法、考試及監察等。

（三）依法為公法人者：包括直轄市、農田水利會、縣、縣轄
　　　市、鄉、鎮及在未廢省以前之臺灣省。

（四）民生必需之公用事業：例如交通、電話、瓦斯等事業，
　　　如果是私法人，強制執行自無問題；但此等事業，即便
　　　是公法人，亦得為強制執行之對象。

　　不過，以上對公法人之執行，究有別於對私人之執行，因
此，並不適用本法第20條至第25條有關命債務人報告一年內的
財產狀況，以及拘提、管收的規定。

第122條之2（執行方法）

執行法院應對前條債務人先發執行命令，促其於三十日內依
照執行名義自動履行或將金錢支付執行法院轉給債權人。

債務人應給付之金錢，列有預算項目而不依前項規定辦理
者，執行法院得適用第一百十五條第一項、第二項規定，逕
向該管公庫執行之。

解說

　　執行法院對公法人的執行，有特別規定，與一般對私人的
強制執行有別，簡言之，主要有二：

（一）限期命其履行：執行法院對於為債務人之公法人之強制
　　　執行，在執行程序開始前，應先發執行命令，促其於
　　　三十日內依照執行名義自動履行，或將金錢支付執行法
　　　院轉給債權人。

　　　所謂三十天並非不變期間，而係一般法定期間；公法人
　　　縱有逾期，然在執行法院為正式執行時，已依執行名義

自動履行或已將金錢支付執行法院轉給債權人，則執行
法院仍不得對之為強制執行。

（二）逕向公庫為強制執行：債務人為公法人，應給付之金
錢，列有預算項目而不依前項限期履行之命令辦理者，
執行法院得適用第115條第1項、第2項之規定，對為債
務人之公法人發扣押命令及收取命令、移轉命令、支付
轉給命令。

以上規定得排除公庫法、國庫法之適用，逕向公庫為
強制執行，但仍須具備：1.應給付之金錢，公法人已編
列有預算項目。2.執行法院已先發限期三十天之履行命
令，而公法人逾期仍不履行。兩要件後，始可為之。

 參考資料

（一）公庫法第16條：經費之支出方式

各機關辦理各項支付，應簽具付款憑單，交各該管集中支
付機關（單位），依規定簽發公庫支票或以存帳入戶方式，直
接付與受款人。但下列各款支出之支付，得直接簽發各該機關
之指定人員或機關帳戶：

一、第14條第1項規定之各款支出，由各該機關依規定自
行保管支用者。

二、各機關員工薪餉、工資或其他給與之支出，由各該機
關代領轉發者。

（二）國庫法第16條：履行支付責任之義務

中央政府各機關之支出，應於履行支付責任時，簽具付款
憑單，通知各該管地區支付機構，核對分配預算或其有關之支
付法案支付之。

　　未實施集中支付機關之支出，由財政部依據核定分配預算或其有關之支付法案簽具撥款憑單，送經審計部核簽後，通知各該管地區支付機構，撥付各該機關在國庫開立機關專戶，依法支用。

（三）國庫法第17條：付款憑單

　　中央政府各機關簽具之付款憑單，應由各該機關長官或其授權代簽人及主辦會計人員，負責為合法支用之簽證。

第122條之3（執行之極限）

債務人管有之公用財產，為其推行公務所必需或其移轉違反公共利益者，債權人不得為強制執行。

關於前項情形，執行法院有疑問時，應詢問債務人之意見或為其他必要之調查。

解說

　　對於為債務人之公法人執行之限制，主要基於公益之維護，其要件有二：

（一）須為公用財產：所謂公用財產，包括公務用財產、公共用財產及非公司組織之公營事業使用之財產。

（二）須此公用財產，為公法人推行公務所必需或其移轉違反公共利益。

　　具備此兩要件，始能禁止為強制執行。然關於是否具備此兩要件，執行法院若有疑問，應依職權調查或詢問債務人的意見。

國有財產法第4條：國有財產之種類

國有財產區分為公用財產與非公用財產兩類。

下列各種財產稱為公用財產：

一、公務用財產：各機關、部隊、學校、辦公、作業及宿
　　舍使用之國有財產均屬之。

二、公共用財產：國家直接供公共使用之國有財產均屬之。

三、事業用財產：國營事業機關使用之財產均屬之，但國
　　營事業為公司組織者，僅指其股份而言。

非公用財產，係指公用財產以外可供收益或處分之一切國
有財產。

第122條之4（對非公用財產之執行）

債務人管有之非公用財產及不屬於前條第一項之公用財產，
仍得為強制執行，不受國有財產法、土地法及其他法令有關
處分規定之限制。

解說

　　債務人管有的非公用財產及不屬於推行公務所必需或其移
轉違反公共利益之公用財產，仍得為強制執行，不受國有財產
法、土地法及其他法令有關處分規定的限制。

（一）國有財產法第28條：處分收益公用財產之限制

　　主管機關或管理機關對於公用財產不得為任何處分或擅為

收益。但其收益不違背其事業目的或原定用途者，不在此限。

（二）土地法第25條：公有土地處置之限制

　　直轄市或縣（市）政府對於其所管公有土地，非經該管區內民意機關同意，並經行政院核准，不得處分或設定負擔或為超過十年期間之租賃。

|第三章|
關於物之交付請求權之執行

　　所謂物的交付請求權，係非金錢之強制執行種類之一，即以交付金錢以外的有體物為目的，由執行法院以強制力，將債務人對標的物的現實支配狀況，移轉於債權人或特定人；其與金錢債權之強制執行，最大不同在於：

　　金錢債權之強制執行，執行機關可直接對債務人的責任財產予以查封、換價，用以滿足債權人之金錢債權之實現。是，金錢債權之強制執行，以直接強制為主，即由執行法院對債務人之財產直接行使強制力，以直接實現請求權。僅於例外之情形，採間接強制，對債務人拘提、管收或處以怠金，予債務人心理壓力，促其履行，以實現請求權之內容。

　　至於非金錢債權之強制執行，其中之物的交付請求權，其執行方法，則無間接強制之規定，而採直接強制之執行方法；至間接強制部分，僅於權利憑據部分有準用之規定。

　　以下分別各條文之規定，敘述如次。

第123條（交付動產之執行方法）

執行名義係命債務人交付一定之動產而不交付者，執行法院得將該動產取交債權人。

債務人應交付之物為書據、印章或其他相類之憑證而依前項規定執行無效果者，得準用第一百二十一條、第一百二十八條第一項之規定強制執行之。

解說

　　執行名義係命債務人交付一定之動產而不交付者，執行法院得將該動產取交債權人。

　　所謂動產，指民法之動產及有價證券，但不包括通用貨幣，蓋通用貨幣之交付，應依金錢債權之執行程序。

　　債務人應交付之物為書據、印章或其他相類之憑證而依前項規定以強制力取交無效果者，例如根本就找不到；此時，執行法院得準用強制執行法第121條之規定，以公告宣示未交出之書據無效，另作證明書給債權人；或準用強制執行法第128條規定，以拘提、管收或處以怠金之間接強制方式，強迫債務人交出權利憑據，此部分之規定，限於權利憑據始有適用餘地。惟，執行法院既可依法宣示其無效，並另行開立證明書給債權人，應儘可能避免使用此部分之間接強制方法，以免過當。

（一）民法第67條：動產

　　稱動產者，為前條所稱不動產以外之物。

（二）強制執行法第121條：債務人拒交書據之處理

債務人對於第三人之債權或其他財產權持有收據，執行法院命其交出而拒絕者，得將該書據取出，並得以公告宣示未交出之書據無效，另作證明書發給債權人。

（三）強制執行法第128條第1項：不可代替行為請求權之執行法

依執行名義，債務人應為一定之行為，而其行為非他人所能代履行者，債務人不為履行時，執行法院得定債務人履行之期間。債務人不履行時，得處新臺幣3萬元以上30萬元以下之怠金。其續經定期履行而仍不履行者，得再處怠金或管收之。

> **第124條**（交付不動產之執行方法）
> 執行名義係命債務人交出不動產而不交出者，執行法院得解除債務人之占有，使歸債權人占有。如債務人於解除占有後，復即占有該不動產者，執行法院得依聲請再為執行。
> 前項再為執行，應徵執行費。
> 執行名義係命債務人交出船舶、航空器或在建造中之船舶而不交出者，準用前二項規定。

解說

本條規定係指不動產由債務人占有時之情形者而言。

所謂債務人占有，指債務人直接占有之情形，若債務人為間接占有者，不得依本條規定執行。

又，所謂債務人占有，實務上包括債務人之受僱人、學徒、或與債務人共同生活而同居一家之人，或基於其他相類關係，受債務人之指示而占有不動產者，例如債務人為法人，其

法定代理人占有不動產,當然得對法定代理人為執行。

即占有人若係債務人之占有輔助人,仍有本條規定之適用;但不包括間接占有之情形。

參考資料

（一）民法第940條:占有人

對於物有事實上管領之力者,為占有人。

• 理由:

查民律草案第1261條理由謂占有之意義,古今學說暨立法例均不一致。本法以事實上管領物之人為占有人,不問其為自己,抑為他人,均保護之,所以重公益也。但占有輔助人,例如僱工承僱主之命管領其物,則不得為占有人。故設本條以明示其旨。

（二）44臺上字第721號:

強制執行法第15條,所謂就執行標的物有足以排除強制執行之權利者,係指對於執行標的物有所有權、典權、留置權、質權存在情形之一者而言。占有,依民法第940條之規定,不過對於物有事實上管領之力,自不包含在內。

（三）53臺上字第861號:

占有僅占有人對於物有事實上管領力為已足,不以其物放置於一定處所,或標示為何人占有為生效條件。苟對於物無事實上管領力者,縱令放置於一定處所,並標示為何人占有,亦不能認其有占有之事實。

（四）民法第941條:間接占有

地上權人、農育權人、典權人、質權人、承租人、受寄人,或基於其他類似之法律關係,對於他人之物為占有者,該

他人為間接占有人。

（五）43臺上字第176號：

　　租賃物交付後，承租人於租賃關係存續中，有繼續占有其物而為使用收益之權利。故其占有被侵奪時，承租人自得對於無權占有之他人，行使其占有物返還請求權，此就民法第423條、第941條及第962條等規定觀之甚明。

（六）民法第942條：**占有輔助人**

　　受僱人、學徒、家屬或基於其他類似之關係，受他人之指示，而對於物有管領之力者，僅該他人為占有人。

（七）65臺抗字第163號：

　　所謂輔助占有人，重在其對物之管領，係受他人之指示，至是否受他人之指示，仍應自其內部關係觀之，所謂內部關係，即民法第942條所指受僱人、學徒或其他類似關係。再抗告人雖為債務人之女，並與之住於同一屋內，但其本人如確已結婚成家獨立生活，而無從自內部關係證明其使用被執行之房屋係受債務人之指示時，尚難謂該再抗告人為債務人之輔助占有人。

（八）民法第943條：**占有權利之推定**

　　占有人於占有物上行使之權利，推定其適法有此權利。

　　前項推定，於下列情形不適用之：

　　一、占有已登記之不動產而行使物權。

　　二、行使所有權以外之權利者，對使其占有之人。

（九）39臺上字第127號：

　　占有人以占有之事實，而主張占有物之所有權者，必爭執此所有權之人無相反之證明，或其所提出之反證無可憑信，始依民法第943條規定，生推定之效力。

第125條（物之交付請求權執行方法之準用）

關於動產、不動產執行之規定，於前二條情形準用之。

解說

有關動產執行規定可以準用者，如本法第46條執行查封人員及其協助機關，第48條查封人員權限及在場人，第55條查封時間之限制。

有關不動產執行規定得準用者，如本法第76條查封不動產之方法，第99條不動產之點交，第100條不動產內未拍賣動產之點交。

參考資料

（一）強制執行法第46條：執行查封之人員與其協助機關

查封動產，由執行法官命書記官督同執達員為之。於必要時得請有關機關、自治團體、商業團體、工業團體或其他國體，或對於查封物有專門知識經驗之人協助。

（二）強制執行法第48條：查封人另之權限及在場人

查封時，得檢查、啟視債務人居住所、事務所、倉庫、箱櫃及其他藏置物品之處所。

查封時，如債務人不在場，應命其家屬或鄰右之有辨別事理能力者到場，於必要時，得請警察到場。

（三）強制執行法第55條：查封的時間限制

星期日或其他休息日及日出前、日沒後，不得進入有人居住之住宅實施關於查封之行為。但有急迫情事，經執行法官許可者，不在此限。

日沒前已開始為查封行為者，得繼續至日沒後。

第1項許可之命令，應於查封時提示債務人。

（四）強制執行法第76條：查封不動產之方法

查封不動產，由執行法官命書記官督同執達員依下列方法行之：

一、揭示。

二、封閉。

三、追繳契據。

前項方法，於必要時得併用之。

已登記之不動產，執行法院並應先通知登記機關為查封登記，其通知於第1項執行行為實施前到達登記機關時，亦發生查封之效力。

（五）強制執行法第99條：不動產之點交

債務人應交出之不動產，現為債務人占有或於查封後為第三人占有者，執行法院應解除其占有，點交於買受人或承受人；如有拒絕交出或其他情事時，得請警察協助。

第三人對其在查封前無權占有不爭執或其占有為前條第2項但書之情形者，前項規定亦適用之。

依前二項規定點交後，原占有人復即占有該不動產者，執行法院得依聲請再解除其占有後點交之。

前項執行程序，應徵執行費。

（六）強制執行法第100條：不動產內未拍賣動產之點交

房屋內或土地上之動產，除應與不動產同時強制執行外，應取去點交債務人或其代理人、家屬或受僱人。

無前項之人接受點交時，應將動產暫付保管，向債務人為限期領取之通知，債務人逾限不領取時，得拍賣之而提存其價金，或為其他適當之處置。

前二項規定，於前條之第三人適用之。

第126條（應交付之物為第三人占有時之執行方法）
第一百二十三條及第一百二十四條應交付之動產、不動產或
船舶及航空器為第三人占有者，執行法院應以命令將債務人
對於第三人得請求交付之權利移轉於債權人。

解說

應交出之不動產由第三人占有時，執行法院不得直接解除
該第三人之占有，此點與本法第124條有關應交出之不動產由
債務人占有時，執行法院得直接解除其占有不同。

此時，若債務人對第三人有請求交付之權利者，執行法
院應以命令將權利移轉於債權人；如債務人與第三人共同占有
者，只能對債務人占有部分，予以解除其占有，仍不得對共同
占有者強制執行。

執行之終結

交出不動產之執行程序，在執行人員解除債務人之占有，
使債權人取得占有時，執行程序即告終結。

交付動產之執行程序，則以執行法院將該動產由債務人處
交由債權人占有時，或權利憑據由執行法院依法宣告無效，並
另行發給權利證明時終結。

|第四章|
關於行為及不行為請求權之執行

　　行為及不行為請求權與前章之物之交付請求權，同為非金錢債權強制執行之內容。

　　所謂行為、不行為請求權，指債權人依據執行名義，得請求債務人為積極行為，以「作為」為執行的內容；或債權人依據執行名義，請求債務人為消極行為，以「不作為」為執行的內容。

　　因此，行為、不行為請求權的執行，與金錢債權強制執行不同，亦與物的交付請求權之執行不同；基本上在於行為、不行為請求權的執行，在性質上往往不能依直接強制的方法來強制執行。其立法例有改採支付金錢方式，給與非金錢債權之債權人代償的滿足，亦有不惜對債務人為人格之強制，使債務人履行其原來義務之內容者。

　　近代法制，通常則採折衷作法。

第127條（可代替行為請求權之執行方法）
依執行名義，債務人應為一定行為而不為者，執行法院得以

債務人之費用，命第三人代為履行。

前項費用，由執行法院酌定數額，命債務人預行支付或命債權人代為預納，必要時，並得命鑑定人鑑定其數額。

解說

本條作法，則以改令支付金錢方式，給與非金錢債權之債權人代償原來債務人應履行之義務；就立法沿革言，係採羅馬法之作法。

其要件有三：

（一）此債務人應為之一定行為，必係可代替行為：即，給付內容的行為，由第三人或債務人為之，對債權人而言，在經濟上或法律上並無不同效果，則此行為有代替性。

（二）預付費用：可代替行為係以債務人之費用，由第三人代為履行，實務上多先由債權人先付，再依本法第29條第1項，聲請執行法院確定費用後，再對債務人之責任財產取償。

（三）命第三人代為履行：即，執行法院以裁定使第三人代替債務人為特定之行為。至，代為履行之第三人得為確定，亦得不確定，如未確定債權人得自行為之，或自行選定第三人為之。

參考資料

（一）強制執行法第29條：執行費用之確定

債權人因強制執行而支出之費用，得求償於債務人者，得準用民事訴訟法第91條之規定，向執行法院聲請確定其數額。

前項費用及其他為債權人共同利益而支出之費用，得求償

於債務人者，得就強制執行之財產先受清償。

（二）42臺抗字第152號：

和解筆錄所載抗告人之耕地優先承租權，其和解真意如係指對於相對人之租賃契約訂立請求權而言，即與強制執行法第127條以下所謂關於行為之請求權相當，自非不得為執行名義。

第128條（債務人未履行不可代替行為義務之執行規定）

依執行名義，債務人應為一定之行為，而其行為非他人所能代履行者，債務人不為履行時，執行法院得定債務人履行之期間。債務人不履行時，得處新臺幣三萬元以上三十萬元以下之怠金。其續經定期履行而仍不履行者，得再處怠金或管收之。

前項規定，於夫妻同居之判決不適用之。

執行名義，係命債務人交出子女或被誘人者，除適用第一項規定外，得用直接強制方式，將該子女或被誘人取交債權人。

解說

不可代替行為

所謂不可代替行為，係指給付內容之行為無代替性，亦即若債務人本身不行為，即不能達到原來請求的目的，例如命債務人道歉。

因此，不可代替行為，應以間接強制的方式執行，亦即定債務人履行之期間，並於債務人不履行時，處以新臺幣3萬

元至30萬元之怠金。如再經定期履行而仍不履行,則得再處怠金,甚至不惜對債務人為人格上之強制,即予以管收,以使其履行義務。就立法沿革言,係承襲日耳曼法。

然而,並非所有不可代替行為,均適合以間接強制,即管收或處以怠金之方式為之。例如夫婦同居的義務,若依此強制,反有違文明及人道,因此,本條文第2項特別明定排除其適用。

至若有關命債務人交出子女或被誘人者,除得適用第1項之間接強制方法外,亦得採用直接強制方法,將該子女或被誘人取交債權人,反而更為省事。

參考資料

(一)刑法第240條:和誘罪

和誘未成年人脫離家庭或其他有監督權之人者,處三年以下有期徒刑。

和誘有配偶之人脫離家庭者,亦同。

意圖營利,或意圖使被誘人為猥褻之行為或性交,而犯前二項之罪者,處六月以上五年以下有期徒刑,得併科50萬元以下罰金。

前三項之未遂犯罰之。

(二)51臺上字第2272號:

刑法上之和誘,係指被誘人知拐誘之目的而予同意者而言,如施行詐術等不正當手段,反乎被誘人之意思,而將其置於自己實力支配之下,則為略誘,而非和誘。

(三)29上字第2442號:

刑法上之和誘,原係指得被誘人同意將其誘出置於自己支

配力之下者而言，某婦雖自願背夫與被告偕逃，而既係出自被告之引誘，要難謂與和誘之要件不符。

（四）刑法第241條：略誘罪

略誘未成年人脫離家庭或其他有監督權之人者，處一年以上七年以下有期徒刑。

意圖營利，或意圖使被誘人為猥褻之行為或性交，而犯前項之罪者，處三年以上十年以下有期徒刑，得併科200萬元以下罰金。

和誘未滿十六歲之人，以略誘論。

前三項之未遂犯罰之。

（五）20上字第1309號：

略誘罪之成立，須以強暴脅迫詐術等不正之手段而拐取之為要件，若被誘者有自主之意思，或並得其承諾，即屬和誘範圍，不能以略誘論。

（六）37抗字第63號：

命夫妻之一方同居之判決，既不得拘束身體之自由而為直接之強制執行，民事訴訟執行規則第88條第1項所定間接強制之執行方法，依同條第2項之規定又屬不能適用，此種判決自不得為強制執行。

第129條（債務人未履行不作為義務之執行規定）
執行名義係命債務人容忍他人之行為，或禁止債務人為一定之行為者，債務人不履行時，執行法院得處新臺幣三萬元以上三十萬元以下之怠金。其仍不履行時，得再處怠金或管收之。

前項情形，於必要時，並得因債權人之聲請，以債務人之費
用，除去其行為之結果。
依前項規定執行後，債務人復行違反時，執行法院得依聲請
再為執行。
前項再為執行，應徵執行費。

解說

不行為請求權

　　所謂不行為請求權，係指執行名義係命債務人容忍他人之
行為，或禁止債務人為一定之行為者。

　　不行為請求權之執行方法，原則上依日耳曼法，若債務
人不履行時，執行法院得處新臺幣3萬元以上30萬元以下之怠
金。其仍不履行時，得再處怠金或對債務人為人格上之強制，
即予以管收，以使其履行義務。

　　間接強制後，債務人猶不履行時，執行法院得再次為間接
強制。

　　然因間接強制中之拘提、管收涉及人權，近代文明法治國
家，通常非常謹慎，非無其他方法可為，並有十分必要時，絕
不輕易為之。

　　債務人違反其不行為之義務，若有行為之結果存在，執
行法院得因債權人之聲請，以債務人的費用，除去其行為之結
果，以保護債權人的利益。如果除去後，債務人復違反，執行
法院得因債權人之聲請，再為強制執行。

　　不過，再為執行，雖不需新的執行名義，但需債權人為聲
請，執行法院不得依職權為之；而且必須另徵執行費。

63臺抗字第429號：

　　強制執行法第七章，係規定保全程序強制執行之方法，假處分裁定為執行名義之一種，若執行債務人違反假處分時，執行法院自非不得依強制執行法第129條予以處理。

第129條之1（行為及不行為請求之協助）
債務人應為第一百二十八條第一項及前條第一項之行為或不行為者，執行法院得通知有關機關為適當之協助。

解說

　　命債務人為一定不可代替行為或禁止債務人為一定行為的強制執行，若債務人仍有違反時，執行法院得通知有關機關為適當的協助。

第130條（意思表示請求權之執行）
命債務人為一定之意思表示之判決確定或其他與確定判決有同一效力之執行名義成立者，視為自其確定或成立時，債務人已為意思表示。
前項意思表示有待於對待給付者，於債權人已為提存或執行法院就債權人已為對待給付給予證明書時，視為債務人已為意思表示。公證人就債權人已為對待給付予以公證時，亦同。

解說

意思表示請求權

所謂意思表示請求權，係指債務人應為一定意思表示的債務，為不可代替行為之一種。

此種為意思表示之債務，本以發生觀念的法律效果為目的，即若發生此觀念的法律效果，債權人即已達執行目的。

因此，有關意思表示請求權之實現，本法乃直接以法律擬制的方式，就命為意思表示的執行名義，視為自判決確定時已為其意思表示。

則，債權人之請求，既已達到同樣的法律效果，自不需再另為執行。

意思表示請求權之適用範圍

惟，如何始能使債權人取得債務人為意思表示之相同的法律效果？而達執行目的？

本法規定有二：

（一）確定判決：即命債務人為一定之意思表示之確定判決。

（二）與確定判決有同一效力之執行名義：例如訴訟上之和解或調解等，與確定判決有同一效力之執行名義。

對待給付

命債務人為一定之意思表示之判決確定或其他與確定判決有同一效力之執行名義成立者，若該確定判決或執行名義中，並無命債權人為對待給付，則，視為自其確定或成立時，債務人已為意思表示。

若該確定判決或執行名義中，有意思表示有待於債權人

為對待給付者，則，於債權人已為提存或執行法院就債權人已為對待給付給予證明時，視為債務人已為意思表示。公證人就債權人已為對待給付予以公證時，亦同。簡言之，若須對待給付，則視為債務人已為意思表示之基準點為：

（一）債權人已將對待給付提存時。

（二）執行法院給予證明時。

（三）公證人公證時。

參考資料

（一）民法第94條：意思表示送達

　　對話人為意思表示者，其意思表示，以相對人瞭解時，發生效力。

　　• 理由：

　　謹按向對話人之意思表示，應取瞭解主義，自相對人瞭解其意思表示時，即生效力是屬當然之事。惟對話不以見面為必要，如電話等雖非見面，亦不礙其為對話也。故設本條以明示其旨。

（二）57臺上字第3647號：

　　對話人為意思表示者，以相對人瞭解時發生效力，非對話者，以通知達到相對人時發生效力，民法第94條及第95條定有明文。同法第451條所謂表示反對之意思是否發生效力，自亦應分別對話或非對話，以相對人已否瞭解或通知已否達到相對人為斷。

（三）民法第95條：非對話意思表示之生效時期

　　非對話而為意思表示者，其意思表示，以通知達到相對人時，發生效力。但撤回之通知，同時或先時到達者，不在此

限。

表意人於發出通知後死亡或喪失行為能力，或其行為能力受限制者，其意思表示，不因之失其效力。

• 理由：

謹按向非對話人之意思表示，即向不得直接通知之相對人為意思表示是也。此種表示，應於何時發生效力，立法例有表意主義、發信主義、受信主義、瞭解主義四種。本法採用受信主義，以其通知達到於相對人時發生效力，但表意人既經表意後，又將表意撤回時，其在撤回之通知未達到以前，表意之效力，當然存在，必俟撤回之通知達到後，其表意始失其效力。若撤回之通知，與表意之通知，同時或先時達到於相對人，其意思表示，當然不生效力，此本條第1項之所由設也。表意人於發出通知後，死亡或失其行為能力（如受監護宣告），或其行為能力受限制（例如第85條第2項情形）者，其意思表示，似應無效，然相對人不知表意人之死亡，或失其能力，或其能力受限制，因而為種種之行為者有之，此時如使無效，則相對人易蒙不測之損害，此第2項之所由設也。

（四）54臺上字第952號：

民法第440條第1項所謂支付租金之催告，屬於意思通知之性質，其效力之發生，應準用同法關於意思表示之規定（參見41年臺上字第490號判例）；而民法第95條第1項規定：「非對話而為意思表示者，其意思表示以通知達到相對人時發生效力」。所謂達到，係僅使相對人已居可瞭解之地位，即為已足，並非須使相對人取得占有，故通知已送達於相對人之居住所或營業所者，即為達到，不必交付相對人本人或其代理人，亦不問相對人之閱讀與否，該通知即可發生為意思表示之效

力。

（五）58臺上字第715號：

非對話而為意思表示者，其意思表示以通知達到相對人時，發生效力，民法第95條第1項定有明文，所謂達到，係指意思表示達到相對人之支配範圍，置於相對人隨時可瞭解其內容之客觀之狀態而言。

（六）民法第264條：同時履行抗辯權

因契約互負債務者，於他方當事人未為對待給付前，得拒絕自己之給付。但自己有先為給付之義務者，不在此限。

他方當事人已為部分之給付時，依其情形，如拒絕自己之給付有違背誠實及信用方法者，不得拒絕自己之給付。

• 理由：

查民律草案第531條理由謂就雙務契約言之，各當事人之債務，互相關聯，故一方不履行其債務，而對於他方請求債務之履行，則為保護他方之利益起見，應使其得拒絕自己債務之履行（同時履行之抗辯）。然若自己負有先履行之義務者，則不得以相對人未履行為理由，而拒絕自己債務之履行。此第1項所由設也。

謹按雙務契約當事人之一方，雖得因他方當事人不履行其債務，而拒絕自己債務之履行，然若他方當事人已經為一部分債務之履行，所餘至微，而自己仍藉口以拒絕債務之履行，則依其情形，顯有違背誠實及信用之方法。故於此時，應使其不得拒絕自己債務之履行。

（七）29上字第895號：

被告在裁判上援用民法第264條之抗辯權時，原告如不能證明自己已為給付或已提出給付，法院應為原告提出對待給付

時，被告即向原告為給付之判決，不能遽將原告之訴駁回。

（八）59臺上字第850號：

　　所謂同時履行之抗辯，乃係基於雙務契約而發生，倘雙方之債務，非本於同一之雙務契約而發生，縱令雙方債務在事實上有密切之關係，或雙方之債務雖因同一之雙務契約而發生，然其一方之給付，與他方之給付，並非立於互為對待給付之關係者，均不能發生同時履行之抗辯。

（九）62臺上字第2783號：

　　上訴人公司係依公司法成立之社團法人，其以私法人地位，與被上訴人公司成立本件互易契約，既未附有何種停止條件，自難謂尚未生效。此種私經濟行為，應受私法之適用，不因內部稽察程序而有所影響，被上訴人以其已依契約履行自己應負之義務，爰訴請上訴人亦就系爭建地為所有權移轉登記與伊，即無不合。

（十）63臺上字第828號：

　　被上訴人以系爭耕地六筆，均已劃入都市計畫範圍，必須收回建築，乃於訴狀表示某終止租約之意思，自其訴狀送達於上訴人時，租約即為終止。至實施都市平均地權條例第56條第2項所規定之改良費及補償金，與同條第1項所規定之終止租約收回耕地，並非立於互為對待給付之關係，自不發生同時履行抗辯問題。

（十一）63臺上字第2327號：

　　承攬人苟無特別約定，固負有將工作物賸餘材料返還於定作人之義務，但此項義務，與定作人給付報酬之義務，並無對價關係。定作人不得以承攬人未返還賸餘材料，而拒絕自己之給付。

（十二）75臺上字第534號：

雙務契約之一方當事人受領遲延者，其原有之同時履行抗辯權，並未因而歸於消滅。故他方當事人於其受領遲延後，請求為對待給付者，仍非不得提出同時履行之抗辯。除他方當事人應為之給付，因不可歸責於己之事由致給付不能，依民法第225條第1項規定，免其給付義務者外，法院仍應予以斟酌，如認其抗辯為有理由，應命受領遲延之一方當事人，於他方履行債務之同時，為對待給付。

（十三）49臺上字第1225號：

被上訴人既持有判令上訴人應辦理所有權移轉登記之確定判決，原得依強制執行法第130條之規定，單獨向地政機關申請辦理登記，此觀土地登記規則第18條、第26條第2項之規定自明。執行法院對此確定判決除依強制執行法第130條發給證明書外，並無開始強制執行程序之必要。

第131條（繼承財產、分割共有物之執行方法）
關於繼承財產或共有物分割之裁判，執行法院得將各繼承人或共有人分得部分點交之；其應以金錢補償者，並得對於補償義務人之財產執行。
執行名義係變賣繼承財產或共有物，以價金分配於各繼承人或各共有人者，執行法院得予以拍賣，並分配其價金，其拍賣程序，準用關於動產或不動產之規定。

解說

分割裁判之執行

　　繼承人得請求分割遺產，共有物之共有人亦得請求分割共有物。

　　分割方法一般以繼承人之協議或共有人之協議為之；協議不成，則得訴請法院裁判分割。

　　裁判分割，原則上以原物分配予共有人，以原物分配時，如共有人有不能按其應有部分分配時，得以金錢補償之。裁判分割，例外則以變賣共有物，而以價金分配予各共有人。

　　共有人因分割共有物之判決，取得單獨所有權，本係基於分割判決之形成而發生，於分割判決確定時，即自然形成其法律效果，不須另為強制執行。惟事實上，共有人分得之部分，如係他共有人占有並拒絕交付，或他共有人應以金錢補償，而拒絕支付；共有人若須另行起訴，則未免太過；為此，本條文第1項規定：「關於繼承財產或共有物分割之裁判，執行法院得將各繼承人或共有人分得部分點交之；其應以金錢補償者，並得對於補償義務人之財產執行。」

　　依此，共有物分割之判決，其執行方法，原則上有二：

（一）**分得部分之點交**：即，繼承人或共有人為取得分割部分之占有，得以分割共有物之判決為執行名義，聲請執行法院點交。

　　　又，繼承人或共有人依本項規定聲請強制執行點交應分得之部分土地，如土地上有他共有人之建物，實務上認為當然得併為請求執行法院，逕行為拆屋還地。

（二）**金錢補償之執行**：以原物分割之裁判，共有人中如有不

能使其應有部分受分配者，得以金錢補償之。如補償義務人不為給付時，有補償請求權之共有人，得以命補償之分割共有物裁判為執行名義，對補償義務人之財產為強制執行。

（一）民法第823條：共有物之分割

各共有人，除法令另有規定外，得隨時請求分割共有物。但因物之使用目的不能分割或契約訂有不分割之期限者，不在此限。

前項約定不分割之期限，不得逾五年；逾五年者，縮短為五年。但共有之不動產，其契約訂有管理之約定時，約定不分割之期限，不得逾三十年；逾三十年者，縮短為三十年。

前項情形，如有重大事由，共有人仍得隨時請求分割。

（二）29上字第1529號：

共有物分割請求權為分割共有物之權利，非請求他共有人同為分割行為之權利，其性質為形成權之一種，並非請求權。民法第125條所謂請求權，自不包含共有物分割請求權在內。

（三）50臺上字第970號：

民法第823條第1項所謂因物之使用目的不能分割，係指共有物繼續供他物之用，而為其物之利用所不可缺，或為一權利之行使所不可缺者而言，僅因聚族而居之傳統關係，究難認有不能分割情形存在。

（四）58臺上字第2431號：

共有道路，除請求分割之共有人，願就其分得部分土地為他共有人設定地役權外，原則上不得分割。原審以系爭共有

道路，因該土地之使用目的，不能分割，駁回上訴人分割之請求，於法尚無違誤。

（五）67臺上字第3131號：

提起分割共有物之訴，參與分割之當事人，以共有人為限。請求分割之共有物，如為不動產，共有人之應有部分各為若干，以土地登記總簿登記者為準，雖共有人已將其應有部分讓與他人，在辦妥所有權移轉登記前，受讓人仍不得以共有人之身分，參與共有物之分割。

（六）73臺上字第2642號：

債務人就查封物所為移轉、設定負擔或其他有礙執行效果之行為，依強制執行法第51條第2項規定，僅對於債權人不生效力而已，並非絕對無效；裁判分割，既係法院基於公平原則，決定適當之方法分割共有物，自不發生有礙執行效果之問題，債權人即不得對之主張不生效力；且債務人之應有部分，經實施查封以後，因裁判分割，其權利即集中於分割後之特定物，此為債務人原有權利在型態上之變更，當為查封效力之所及，於假處分亦無影響。

（七）民法第824條：共有物之分割方法

共有物之分割，依共有人協議之方法行之。

分割之方法不能協議決定，或於協議決定後因消滅時效完成經共有人拒絕履行者，法院得因任何共有人之請求，命為下列之分配：

一、以原物分配於各共有人。但各共有人均受原物之分配顯有困難者，得將原物分配於部分共有人。

二、原物分配顯有困難時，得變賣共有物，以價金分配於各共有人；或以原物之一部分分配於各共有人，他部

分變賣，以價金分配於各共有人。

以原物為分配時，如共有人中有未受分配，或不能按其應有部分受分配者，得以金錢補償之。

以原物為分配時，因共有人之利益或其他必要情形，得就共有物之一部分仍維持共有。

共有人相同之數不動產，除法令另有規定外，共有人得請求合併分割。

共有人部分相同之相鄰數不動產，各該不動產均具應有部分之共有人，經各不動產應有部分過半數共有人之同意，得適用前項規定，請求合併分割。但法院認合併分割為不適當者，仍分別分割之。

變賣共有物時，除買受人為共有人外，共有人有依相同條件優先承買之權，有二人以上願優先承買者，以抽籤定之。

（八）29上字第1792號：

裁判上定共有物分割之方法時，分配原物與變賣之而分配價金，孰為適當，法院本有自由裁量之權，不受任何共有人主張之拘束。

（九）63臺上字第2680號：

關於共有物之分割，如依原物之數量按其應有部分之比例分配，價值顯不相當者，依其價值按其應有部分比例分配，仍不失為以原物分配於各共有人，否則不顧慮經濟上之價值，一概按其應有部分核算之原物數量分配者，將顯失公平，惟依其價值按應有部分比例分配原物，如有害經濟上之利用價值者，應認有民法第824條第3項之共有人中有不能按其應有部分受分配之情形，得以金錢補償之。

（十）64臺上字第420號：

　　共有耕地整筆變賣，以價金分配共有人，並不發生農地細分情形，應不在農業發展條例第22條限制之列。是以共有耕地之共有人請求採變賣共有物分配價金之分割方法，並非不得准許。

（十一）68臺再字第44號：

　　共有物之協議分割，只須共有人全體同意分割方法，即生協議分割之效力，不因共有人中之一人或數人因協議分割取得之利益不等，而受影響。

（十二）69臺上字第1134號：

　　法院裁判分割共有物以原物分配於各共有人時，係使共有關係變更為單獨所有，其性質為共有人間應有部分之交換，自屬處分行為，如係變賣共有物而以價金分配於共有人，即係以處分共有物為分割之方法，均以共有人之處分權存在為前提，如果共有人就共有物並無處分權可資行使，法院即無從基此為裁判分割。本件被上訴人之繼承人某甲及某乙死亡後，被上訴人迄未辦理繼承登記，依民法第759條規定，自不得處分該應有部分，上訴人未先行或同時請求被上訴人辦理總承登記，遂訴請分割共有物，自有未當。

（十三）69臺上字第1831號：

　　分割共有物，以消滅共有關係為目的。法院裁判分割共有土地時，除因該土地內部分土地之使用目的不能分割（如為道路）或部分共有人仍願維持其共有關係，應就該部分土地不予分割或准該部分共有人成立新共有關係外，應將土地分配於各共有人單獨所有。

（十四）院解字第3583號：

（設有甲在乙地基上強建房屋，乙登時出頭阻止無效，旋即起訴，經一審判決令甲返還地基，甲收受判決書，一面提起上訴，一面將房屋出售與丙，並委丙為訴訟代理人，確定判決維持一審判決）丙為甲之特定繼承人，依民事訴訟法第400條第1項之規定，該事件之確定判決對丙亦有效力。至該確定判決雖僅命甲返還地基，並未明白命甲拆卸房屋，然由強制執行法第125條所準用之同法第100條法意推之，該確定判決當然含有使甲拆卸房屋之效力，甲之特定繼承人丙，如不拆卸房屋返還地基，應依同法第127條、第124條、第125條、第100條辦理。

變賣共有物之執行

本條第2項規定：「執行名義係變賣繼承財產或共有物，以價金分配於各繼承人或各共有人者，執行法院得予以拍賣，並分配其價金，其拍賣程序，準用關於動產或不動產之規定。」

簡言之，有關變賣共有物之執行方法，係依執行名義為命變賣共有物，以價金分配予各共有人之裁判，因此，各共有人均得聲請執行法院予以拍賣；而此拍賣共有物之程序，因係屬於金錢債權之執行，故應分別準用動產或不動產之執行程序。

參考資料

（一）民法第1164條：遺產分割

繼承人得隨時請求分割遺產，但法律另有規定或契約另有訂定者，不在此限。

（二）19上字第702號：

　　家產之分析果由當事人同意重分，亦非無效，應以後之所分為準。

（三）19上字第887號：

　　同居共財之兄弟分析祖遺財產，應以現存財產為限，在同居共財時已經消費之財產，除管理人確有侵占肥私之情形，得命其賠償外，若係為日常生活之必要，致減少財產之一部或加重財產上之負擔者，自不能強令管理人回復原狀，據為分析之標準。

（四）54臺上字第2664號：

　　民法第1164條所指之分割，非不得由各繼承人依協議方法為之，苟各繼承人已依協議為分割，除又同意重分外，殊不許任何共有人再行主張分割。

（五）73臺上字第4052號：

　　繼承人協議分割遺產，原非要式行為，故就遺產之分割方法，於繼承人間苟已協議成立，縱令有繼承人漏未在鬮書加蓋印章，於協議之成立，亦不發生影響。

第五章
假扣押假處分之執行

　　假扣押係債權人就金錢請求或得易為金錢請求之請求，為保全將來之強制執行，將債務人之財產查封，以防止其責任財產因債務人之處分而減少或消失。

　　假處分則係債權人就金錢以外之請求，欲保全強制執行，禁止債務人變更系爭標的之現狀，或就爭執之法律關係，請求定其暫時狀態之處分。

　　假扣押、假處分，均為保全程序，又可分為二，其一係必須先有保全訴訟，規定於民事訴訟法第七編；其二係保全執行，即本章之規定。

第132條（執行時期）
假扣押或假處分之執行，應於假扣押或假處分之裁定送達同時或送達前為之。前項送達前之執行，於執行後不能送達，債權人又未聲請公示送達者，應撤銷其執行。其公示送達之聲請被駁回確定者亦同。
債權人收受假扣押或假處分裁定後已逾三十日者，不得聲請執行。

解說

由於假扣押、假處分之執行，常具有急迫性，因此，假扣押或假處分之執行，應於假扣押裁定送達同時或送達前為之：此與一般強制執行程序，於執行前應先送達執行名義者不同。

實務上，依司法院訂頒各級法院承案期限規則，應於收到聲請狀後五天內辦理完畢，如當事人親自到場請求立即辦理者，應自收到聲請狀後兩天內辦理完畢。

惟，假扣押執行後，如債務人的送達處所不明，以致於不能送達者，債權人應聲請公示送達；如債權人未聲請公示送達，或聲請公示送達被駁回確定，則應立即撤銷假扣押或假處分的程序，以兼顧債務人權益。

又，假扣押、假處分執行具有緊急性，如債權人取得假扣押裁定後，超過三十天，仍未聲請執行，顯已無緊急性，因此，新法規定，逾期聲請，應以聲請不合法，裁定駁回：如執行法院疏未注意，仍予執行，債務人得聲明異議，執行法院應即撤銷強制執行。

參考資料

（一）民事訴訟法第522條：聲請假扣押之要件

債權人就金錢請求或得易為金錢請求之請求，欲保全強制執行者，得聲請假扣押。

前項聲請，就附條件或期限之請求，亦得為之。

（二）26渝上字第867號：

假扣押雖係禁止債務人處分其財產，以保全強制執行，但債務人處分其財產時，惟對於該聲請假扣押之債權人為無效，故債務人與該債權人成立和解，將該項財產權讓與該債權

人者，不得謂其處分為無效，嗣後他債權人就該財產聲請執行持，該債權人自得提起異議之訴。

（三）31聲字第151號：

假扣押程序係為債權人保全強制執行而設，若債權人之請求已有確定終局判決可為執行名義，即得逕行聲請強制執行，自無聲請假扣押之必要。

（四）49臺抗字第4號：

債權人取得執行名義後，因債務人發生動員時期軍人及其家屬優待條例第9條第9款規定之事由，固不得為強制執行，而保全程序既不在該條例禁止之列，則債權人如具有假扣押之原因聲請假扣押，即非法所不許。

（五）民事訴訟法第523條：假扣押之限制

假扣押，非有日後不能強制執行或甚難執行之虞者，不得為之。

應在外國為強制執行者，視為有日後甚難執行之虞。

（六）19抗字第232號：

假扣押非日後不能強制執行或恐難執行者不得為之，所謂不能強制執行，如債務人浪費財產、增加負擔、或就其財產為不利益之處分，將成為無資力之情形等是，所謂恐難執行，如債務人將移住遠方或逃匿是也。

（七）26渝抗字第374號：

設定有抵押權之債權，債權人苟未能釋明抵押物不足供其債權全部之清償或有其他特別情事，不得謂有日後不能強制執行或甚難執行之虞，該債權人聲請假扣押自應予以駁回。

（八）民事訴訟法第524條：假扣押之管轄法院

假扣押之聲請，由本案管轄法院或假扣押標的所在地之地

方法院管轄。

本案管轄法院,為訴訟已繫屬或應繫屬之第一審法院。但訴訟現繫屬於第二審者,得以第二審法院為本案管轄法院。

假扣押之標的如係債權或須經登記之財產權,以債務人住所或擔保之標的所在地或登記地,為假扣押標的所在地。

(九)29聲字第31號:

民事訴訟法第520條第1項所謂本案管轄法院,依同條第2項之規定,除訴訟現繫屬於第二審者外,係指訴訟已繫屬或應繫屬之第一審法院而言,故訴訟現已繫屬於第三審者,聲請假扣押應向第一審法院為之,不能逕向第三審法院聲請。

(十)民事訴訟法第525條:聲請假扣押之程式

假扣押之聲請,應表明下列各款事項:

一、當事人及法定代理人。

二、請求及其原因事實。

三、假扣押之原因。

四、法院。

請求非關於一定金額者,應記載其價額。

依假扣押之標的所在地定法院管轄者,應記載假扣押之標的及其所在地。

(十一)民事訴訟法第526條:假扣押原因之釋明

請求及假扣押之原因,應釋明之。

前項釋明如有不足,而債權人陳明願供擔保或法院認為適當者,法院得定相當之擔保,命供擔保後為假扣押。

請求及假扣押之原因雖經釋明,法院亦得命債權人供擔保後為假扣押。

夫或妻基於剩餘財產差額分配請求權聲請假扣押者,前項

法院所命供擔保之金額不得高於請求金額之十分之一。

（十二）53臺抗字第279號：

　　因釋明假扣押之原因而怯之擔保，係擔保債務人因假扣押所應受之損害，故必待無損害發生或債權人本案勝訴確定，或就所生之損害已經賠償時，始得謂供擔保之原因消滅，至於債權人依本案宣告附條件假執行之判決供法院所定之擔保，係擔保被告因假執行所受之損害，二者性質不同，不得謂債權人（原告）供假執行之擔保後，其因聲請假扣押所供擔保之原因消滅。

（十三）61臺抗字第589號：

　　假扣押為保全程序而非確定私權之訴訟程序，請求及假扣押之原因雖應釋明，或由債權人就債務人所應受之損害供法院所定之擔保以代釋明，但債權人本案債權是否確實存在，則非保全程序所應審認之事項，此觀民事訴訟法第526條之規定自明。

（十四）77臺抗字第141號：

　　聲請假扣押，應就其請求釋明之，民事訴訟法第526條第1項規定甚明。如其欲依假扣押保全執行之請求，已為確定判決所否認，則其聲請自屬不能准許（參看本院27年抗字第713號判例）。而提起再審之訴，非有阻斷判決確定之效力。是故對該確定判決提起再審之訴，亦不得就該業經否認之請求聲請假扣押。

（十五）63臺抗字第59號：

　　執行名義成立後，除法律另有特別規定外，不得阻卻其執行力，債務人或第三人不得依一般假處分程序，聲請予以停止執行。

（十六）63臺抗字第142號：

法院定擔保金額而為准許假處分之裁定者，該項擔保係備供債務人因假處分所受損害之賠償（民訴第533條準用第526條第2項、第531條），其數額應依標的物受假處分後，債務人不能利用或處分該標的物所受之損害額，或因供擔保所受之損害額定之，非以標的物之價值為依據。

（十七）69臺上字第1879號：

民事訴訟法第531條假扣押裁定，因自始不當而撤銷者，債權人應賠償債務人因假扣押或供擔保所受損害之規定，依同法第533條規定，於假處分程序固有準用。惟所謂自始不當而撤銷者，係指假處份裁定後，債務人提起抗告，經假處分裁定法院或抗告法院認為依命假處分時客觀存在之情事，不應為此裁定者而言，若係因以後之情事變更而撤銷該裁定，即與自始不當而撤銷者有間，不得據以請求損害賠償。

第132條之1（假扣押、假處分之撤銷）
假扣押、假處分或定暫時狀態之處分裁定經廢棄或變更已確定者，於其廢棄或變更之範圍內，執行法院得依聲請撤銷其已實施之執行處分。

解說

債務人對假扣押、假處分裁定，得抗告，因此，如原假扣押、假處分裁定經抗告法院廢棄或變更確定者，於廢棄或變更之範圍內，假扣押、假處分之執行，亦隨之而失效，執行法院應依聲請，撤銷已實施的執行處分，如將已查封之財產，予以

啟封，回復未執行前之狀態。

　　但，若假扣押、假處分之執行，因如本法第134條或第140條之規定，已發生實體法上之效果者，則需另有執行名義，否則無以回復，故無本條適用餘地。

參考資料

（一）強制執行法第134條：拍賣假扣押動產之權宜

　　假扣押之動產，如有價格減少之虞或保管需費過多時，執行法院得因債權人或債務人之聲請或依職權，定期拍賣，提存其賣得金。

（二）強制執行法第140條：假處分執行方法之準用

　　假處分之執行，除前3條規定外，準用關於扣押、金錢請求權及行為、不行為請求權執行之規定。

第132條之2（人身自由之限制）

債權人依民法第一百五十一條規定拘束債務人自由，並聲請法院處理，經法院命為假扣押或假處分者，執行法院得依本法有關管收之規定，管收債務人或為其他限制自由之處分。

解說

　　本條文規定對債務人人身自由的限制，係新法為配合民法自助行為的規定所增訂的，依本條規定，其要件有三：

（一）必須是債權人依民法自助行為的規定，聲請法院處理。

（二）必須再經民事訴訟法之規定為對人的假扣押或假處分的裁定。

（三）必須債務人仍然未提供擔保。

　　不過，以本條文規定，實務上難上加難，蓋有何種可能，債權人依民法自助行為，聲請法院處理，且能依民事訴訟法規定取得對人的假扣押或假處分的裁定，並於其時對債務人聲請執行法院為人的保全執行？難不成法院、律師都能如此無事可做，專門靜待此一事件發生，並於其時配合無間不成？因此，條文之制訂，尤其是新訂，實不宜脫離事實太遠，以免成為具文。

參考資料

（一）民法第151條：自助行為

　　為保護自己權利，對於他人之自由或財產施以拘束、押收或毀損者，不負損害賠償之責。但以不及受法院或其他有關機關援助，並非於其時為之，則請求權不得實行或其實行顯有困難者為限。

（二）民法第152條：程序

　　依前條之規定拘束他人自由或押收他人財產者，應即時向法院聲請處理。

　　前項聲請被駁回或其聲請遲延者，行為人應負損害賠償之責。

第133條（收取金錢及分配金額之提存）
因執行假扣押收取之金錢，及依分配程序應分配於假扣押債權人之金額，應提存之。

解說

假扣押之執行，乃在確保將來之強制執行，是為保全程序，而非滿足或實現債權的程序；因此，因執行假扣押收取的金錢，及依分配程序應分配於假扣押債權人的金額，應先予以提存。

參考資料

（一）民法第327條：提存

提存應於清償地之法院提存所為之。

（二）47臺上字第1702號：

提存後之通知，並非提存之生效要件，從債務人與農會均怠於將提存之事通知債權人，依民法第327條第2項亦僅生損害賠償問題，與提存之效力並無影響。

（三）民法第328條：危險負擔之移轉

提存後，給付物毀毀損、滅失之危險，由債權人負擔，債務人亦無須支付利息，或賠償其孳息未收取之損害。

（四）17上字第833號：

債務人將清償之標的物提存後，債權人固應擔負其物滅失、損毀或落價之危險，惟所謂標的物者，自指當事人之約定者而言。如約定以現金給付為標的，債務人強欲以業經落價之紙幣或有價證券為給付，而又不肯按市價折合現金者，則在債權人自得拒絕受領，雖經債務人將該紙幣或有價證券提存，嗣後更行落價，亦非債權人遲延所致，自不能令其負擔由此所坐之損失。

（五）民法第329條：提存物之受取及受取之阻止

　　債權人得隨時受取提存物。如債務人之清償，係對債權人之給付而為之者，在債權人未為對待給付，或提出相當擔保前，得阻止其受取提存物。

（六）民法第330條：受取權之消滅

　　債權人關於提存物之權利，應於提存後10年內行使之，逾期其提存物屬於國庫。

第134條（拍賣假扣押動產之權宜）

假扣押之動產，如有價格減少之虞或保管需費過多時，執行法院得因債權人或債務人之聲請或依職權，定期拍賣，提存其賣得金。

解說

　　終局執行得使債權人滿足實現權利內容，至假扣押則僅在保全將來的強制執行，並不適合為拍賣或變賣之行為，惟因，為假扣押之動產，如有價格減少或保管需費過多時，執行法院為兼顧債權人與債務人之利益，得因債權人或債務人的聲請，或逕依職權，定期拍賣此動產，並提存其實得價金。

　　即，得以拍賣之要件有二：

（一）須係動產。

（二）須此動產有價格減少之虞或保管需費過多：例如新鮮疏果或魚貨，若不予拍賣，價格會立即減少，保管亦需費過多。

（一）民法第331條：拍賣給付物

給付物不適於提存，或有毀損滅失之虞，或提存需費過鉅者，清償人得聲請清償地之法院拍賣，而提存其價金。

（二）民法第332條：變賣

前條給付物有市價者，該管法院得許可清償人照市價出賣，而提存其價金。

（三）釋字第55號解釋：

質權人因有民法第893條情形而拍賣質物者，仍應依照本院院字第980號解釋辦理。如不自行拍賣而聲請法院拍賣時，即應先取得執行名義。

第135條（對債權其他財產權執行假扣押之方法）
對於債權或其他財產權執行假扣押者，執行法院應分別發禁止處分清償之命令，並準用對於其他財產權執行之規定。

解說

對於債權或其他財產權執行假扣押時，地方法院民事執行處應該分別對債務人發送禁止處分命令或對第三人發送禁止清償命令，並準用本法第115條至第122條「對於其他財產權之執行」規定。

第136條（假扣押執行方法之準用）
假扣押之執行，除本章有規定外，準用關於動產、不動產、船舶及航空器執行之規定。

解說

假扣押執行之標的，有：動產、不動產、船舶、航空器、債權或其他財產權，因此，其執行方法除另有規定外，應準用本法有關對於各該標的之執行方法。

所謂準用，原則上亦僅限於保全階段之所許可者，即查封、扣押命令及其他各種禁止處分或禁止清償命令。

44臺上字第1328號：

假扣押之執行，依強制執行法第136條準用關於動產、不動產執行之規定。故假扣押之執行亦係以查封為開始，而以假扣押之標的脫離假扣押之處置，如將假扣押標的交付執行或撤銷假扣押，其程序方為終結。原判以假扣押查封完畢，認為執行程序業已終結，不得提起執行異議之訴，自難謂合。

第137條（系爭物之管理）

假處分裁定，應選任管理人管理系爭物者，於執行時，執行法院應使管理人占有其物。

解說

假處分，有就金錢請求以外，欲保全強制執行者，有需定暫時狀態者，其中型態變化萬千，因此，假處分所必要之方法，由法院酌量定之；其執行方法，亦屬多樣；若有應選任管理人管理系爭物者，於執行時，執行法院應使管理人占有系爭物，以免債務人將占有之標的物處分，以致他日本案執行時，

管理人無法將系爭物交付債權人。

　　所謂執行法院執行時，應使管理人占有其物，係指應令債務人將系爭物交付或移轉管理人，否則，執行法院應將動產取交管理人，如系爭物係不動產，則應解除債務人的占有，使歸管理人占有。

參考資料

（一）民事訴訟法第532條：假處分要件

　　債權人就金錢請求以外之請求，欲保全強制執行者，得聲請假處分。

　　假處分，非因請求標的之現狀變更，有日後不能強制執行，或甚難執行之虞者，不得為之。

（二）民事訴訟法第535條：假處分方法

　　假處分所必要之方法，由法院以裁定酌定之。

　　前項裁定，得選任管理人及命令或禁止債務人為一定行為。

（三）21抗字第37號：

　　假處分應選任管理人時，其管理人人數及選任何人，法院自得酌量定之，非當事人所得任意指摘。

（四）27抗字第437號：

　　假處分得選任管理人，雖為民事訴訟法第531條第2項（舊）所明定，惟選任管理人係屬假處分之辦法，有無選任之必要，應由法院於為假處分裁定時酌定，若法院於為假處分裁定時，認為無此必要未予選任，嗣後即非當事人所得要求。

第138條（假處分裁定之送達）

假處分裁定，係命令或禁止債務人為一定行為者，執行法院應將該裁定送達於債務人。

解說

假處分，有因假處分裁定立即發生形成效果，不需強制執行者，例如定暫時狀態中之停止執行職務或保全受僱地位之假處分；此類定暫時狀態，並無其他強制執行的問題。

假處分，亦有命令或禁止債務人為一定行為者，其執行，需債務人配合為一定行為或不行為。

因此，執行法院應將裁定送達於債務人，送達後，債務人始能知悉裁定之內容。

參考資料

（一）民事訴訟法第123條：職權送達

送達，除別有規定外，由法院書記官依職權為之。

（二）民事訴訟法第124條：送達機關

送達，由法院書記官交執達員或郵務機構行之。

由郵務機構行送達者，以郵務人員為送達人。

（三）民事訴訟法第125條：囑託送達

法院得向送達地地方法院為送達之囑託。

（四）民事訴訟法第126條：交付送達

法院書記官，得於法院內，將文書付與應受送達人，以為送達。

第139條（假處分裁定之揭示）

假處分裁定，係禁止債務人設定、移轉或變更不動產上之權利者，執行法院應將該裁定揭示。

解說

所謂揭示，係指將假處分裁定張貼於不動產所在地，以便眾所皆知。

故，禁止債務人設定、移轉或變更不動產上權利之假處分，既在防止債務人對不動產為處分，其執行方法，除實施查封、函令地政機關為查封登記外，並應將假處分裁定張貼於不動產所在地。

如係船舶，應將裁定揭示於船舶所在地，或船籍港所在地。

第140條（假處分執行方法之準用）

假處分之執行，除前三條規定外，準用關於假扣押、金錢請求權及行為、不行為請求權執行之規定。

解說

有關假處分之執行，除以上三條文之特別規定外，並得準用本法有關假扣押、金錢請求權及行為、不行為請求權執行之規定。

第六章

附　則

　　附則其實是整理強制執行法的結語，簡短的說明兩件事：
（一）執行程序依現行法，即：

第141條（施行前已開始執行事件之結案方法）
本法施行前，已開始強制執行之事件，視其進行程度，依本
法所定程序終結之。其已進行之部分，不失其效力。

（二）本法的施行日，即：

第142條（施行日）
本法自公布日起施行。
中華民國一百零七年五月二十二日修正之條文，自公布日施
行。

解說

　　民國107年5月22日修正之條文，為第65條、第84條及第
142條。

國家圖書館出版品預行編目資料

強制執行法／蘇盈貴著，　蘇銘翔校
訂.--五版--.--臺北市：書泉出版
社,2021.05
面；　公分
ISBN 978-986-451-212-6（平裝）

1.強制執行法

586.89　　　　　　　110002348

3TF2　新白話六法系列　015

強制執行法

作　　　者 ― 蘇盈貴（418）

校 訂 者 ― 蘇銘翔

發 行 人 ― 楊榮川

總 經 理 ― 楊士清

總 編 輯 ― 楊秀麗

副總編輯 ― 劉靜芬

責任編輯 ― 黃郁婷

封面設計 ― 姚孝慈

出 版 者 ― 書泉出版社

地　　　址：106台北市大安區和平東路二段339號4樓

電　　　話：(02)2705-5066　傳　　真：(02)2706-610

網　　　址：https://www.wunan.com.tw

電子郵件：shuchuan@shuchuan.com.tw

劃撥帳號：01303853

戶　　　名：書泉出版社

總 經 銷：貿騰發賣股份有限公司

電　　　話：(02)8227-5988　傳　　真：(02)8227-598

地　　　址：23586新北市中和區中正路880號14樓

網　　　址：www.namode.com

法律顧問　林勝安律師事務所　林勝安律師

出版日期　1999年 1 月初版一刷
　　　　　2003年 7 月二版一刷
　　　　　2011年 2 月三版一刷
　　　　　2017年 1 月四版一刷
　　　　　2021年 5 月五版一刷

定　　　價　新臺幣480元

經典永恆・名著常在

五十週年的獻禮——經典名著文庫

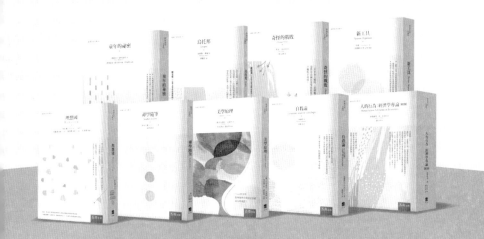

五南，五十年了，半個世紀，人生旅程的一大半，走過來了。
思索著，邁向百年的未來歷程，能為知識界、文化學術界作些什麼？
在速食文化的生態下，有什麼值得讓人雋永品味的？

歷代經典・當今名著，經過時間的洗禮，千錘百鍊，流傳至今，光芒耀人；
不僅使我們能領悟前人的智慧，同時也增加廣我們思考的深度與視野。
我們決心投入巨資，有計畫的系統梳選，成立「經典名著文庫」，
希望收入古今中外思想性的、充滿睿智與獨見的經典、名著。
這是一項理想性的、永續性的巨大出版工程。
不在意讀者的眾寡，只考慮它的學術價值，力求完整展現先哲思想的軌跡；
為知識界開啟一片智慧之窗，營造一座百花綻放的世界文明公園，
任君遨遊、取菁吸蜜、嘉惠學子！